경제발전의 철학적 기초

이념논쟁의 극복을 위한

경제발전의 철학적 기초

실증 정치경제학 입문

초판 1쇄 발행 2012년 5월 30일
초판 4쇄 발행 2015년 3월 20일

지은이 좌승희
펴낸곳 서울대학교출판문화원
펴낸이 성낙인

출판등록 제15-3호

주소 151-742 서울 관악구 관악로 1
대표전화 02-880-5252 **팩스** 02-888-4148
마케팅팀(주문상담) 02-889-4424, 02-880-7995
이메일 snubook@snu.ac.kr
홈페이지 www.snupress.com

ISBN 978-89-521-1294-1 93320

이념논쟁의 극복을 위한

경제발전의 철학적 기초

실증 정치경제학 입문

좌승희

서울대학교출판문화원

For the resolution of ideological disputes in economic policy

Philosophical Basis for Economic Development

An introduction to a positive theory of political economy

Sung-Hee Jwa

Seoul National University Press

머리말

저자는 그동안 경제학이 경제발전문제에 대해 적절한 답을 하지 못하고 있음을 지적해왔으며 그래서 경제학을 다시 써야 한다는 주장을 해왔다. 이런 관점에서 저자는 지난 수년간 발전경제학을 새로 쓰는 작업을 진행해왔으며, 본서는 바로 이러한 연구의 연장선상에 있다.

특히 저자는 그동안 자본주의경제에 대한 기존의 세계관이 잘못되었음을 지적해왔다. 20세기 중반이후 인류가 지향해온 수정자본주의체제나 오늘날의 일부 선진국들의 사회민주주의체제나 이미 몰락한 사회주의체제나 모두 정도의 차이가 있을 뿐 '자본주의경제는 부의 불평등을 초래하는 모순된 체제'라는 인식을 바탕으로 하고 있다. 저자는 이런 자본주의 모순관은 잘못된 세계관이며 이런 잘못된 이념에 기초하여 모순을 교정하려는 정치, 경제, 사회 체제나 정책은 부의 불평등을 완화하기보다는 오히려 심화시키는 결과를 가져올 수 있음을 지적해왔다. 본서는 자본주의 경제의 본질은 흥하는 이웃이 있어 내가 망하는 계급투쟁의 장이 아니라 "흥하는 이웃이 있어야 나도 흥할 수 있다"는, 상생과 동반발전이 실현되는 장이라는 세계관을 기초로 하고 있다. 내 주위에 나보다 흥하는 이웃을 두고 따라 배워 더 높은 차원으로 창발하는 것만이 내가 발전할 수 있는 유일한 길이라는 신 자본주의경제관을 바탕으로 하고 있다.

본서는 경제발전에 있어 경시해서는 안 될 제일의 중요한 사안임에도 그동안 경제학이 소홀히 다뤄온 경제철학의 문제를 다루고 있다. 경제학은 그동안 자유, 평등, 정의, 공정 등의 정치이념을 정치철학의 영역으로 간주하여 소홀히 다뤄왔다. 그러나 이런 이념들은 궁극적으로 시장의 경제제도를 결정하는 중요한 요인으로 개인은 물론 국민경제의 성과에 심대한 영향을 미친다. 결국 이념 문제는 경제철학의 문제임에도 경제학이 소홀히 다뤄온 것이다. 그래서 본서의 첫 번째 관심은 이념과 경제발전과의 관계를 규명함으로써 정치철학을 경제학의 영역으로 통합해보고자 하는 데 있다. 이는 그동안 규범경제학의 영역에 머물렀던 정치경제학적 문제를 실증경제학으로 통합함으로써 실증정치경제학을 구축한다는 것을 의미한다. 그동안 정치철학이 경제를 주도해온 정치경제학적 관점에서 벗어나, 경제발전의 관점에서 정치를 보는 "경제정치학"이 필요하다고 보는 셈이다. 이래야 인류가 부딪치고 있는 정치적 이념 논쟁을 종식시킬 수 있다는 생각이기도 하다.

그런데 이념 문제를 적절히 다루기 위해서는 불가피하게 이런 문제를 체계적으로 다룰 수 있는 경제발전원리가 필요하다. 저자는 그동안 기존 주류경제학의 대안으로 새로운 경제발전원리를 찾는 작업을 진행해왔다. 본서는 또한 이런 작업의 결과를 정리하고 더 발전시키고자 하는 뜻도 가지고 있다. 특히 본서에서는 그동안 주류경제학이 소홀히 다뤄온 기업의 경제발전역할을 집중 조명함으로써 발전경제학적 관점에서 본 자본주의 경제는 '기업경제'라 할 수 있다는 새로운 관점을 제시하고 있다. 자본주의 경제를 '시장경제'라고 하기보다 '기업경제'라고 부르는 것이 더 적절할 정도로 유한책임 주식회사인 기업은 자본주의 경제발전에서 그 중요성이 지대하다. 그럼에도 불구하고 주류경제학은 기업문제를 소홀히 다루고 있다. 이러한 문제점을 보완한 신 발전원리가 이념문제를 다루는 실증 정치경제학의 이론적 틀이 되고 있다.

나아가 본서는 이러한 신 발전원리를 바탕으로 세계경제발전의 역사와 미래를 간략히 조망하고 있다. 그리고 우리 경제의 지난 60년 발전역사를 조망하고 미래 발전전략을 제시하고 있다. 국내외의 경제발전역사에 대한 개관은 바로 우리의 신 발전원리와 실증 정치경제학의 현실설명력을 검증하는 작업의 일환이지만 본서의 중심주제는 아니다. 따라서 그 논의의 깊이나 상세함에 있어 개관의 범위를 크게 못 벗어나고 있다.

저자는 지난 2년여 동안 여러 기회에 이념과 경제발전문제를 다루는 논문이나 다소 가벼운 글들을 발표해왔으며, 본서의 일부는 이런 글들을 포함하고 있다. 특히 2010년 4월에 한국경제사학회 학술대회에서 기조발제를 했던 「경제발전과 기업」이라는 제하의 논문과 2011년 3월 한국경제학회와 경제인문사회연구회가 공동으로 주최한 “공정한 사회: 새 패러다임”이라는 제하의 학술대회에서 발표했던 「한국경제발전의 새 패러다임과 공정사회」라는 제목의 논문이 본서의 주요부분이 되었다. 그러나 책의 일관성과 논리적 흐름에 맞춰 원 논문들에 많은 편집과 수정이 있었다. 물론 이 모든 글들의 뿌리는 졸저, 『신 국부론』(2006), 『대한민국 성공경제학』(2010), 그리고 『발전경제학의 새 패러다임』(2012) 등에서 제시한 새로운 경제발전이론이다. 따라서 일부 논의들은 이들 저서들의 같은 내용을 조금씩 표현이 다르게 언급한 경우도 없지 않고, 때에 따라서는 일부 전제한 경우도 있다. 이런 경우는 적절히 주석을 통해 명기하였다.

원고를 집필하는 과정에서 서울대학교 경제학부의 이지순 교수님의 논평이 큰 도움이 되었다. 이 교수는 원고의 전편을 읽고 상세한 논평을 해주셨다. 신고전파 성장이론을 연구해온 분으로서 이를 비판하는 글을 다 읽고 친절한 논평과 격려를 보내주신 데 대해 감사를 드린다. 필자의 주장이 명확하지 않은 부분에 대한 지적과 특히 필자의 신고전파 주류 경제학에 대한 비판에 대한 문제제기는 필자의 논지를 보다 명확히 하는 데 큰 도움이 되었다. 그리고 서울대학교 영문학과 이성원 교수님은 본서의 전편에 대한 많은 건설적인 제안을 해주셨다. 특히 본서가 시도하는 '정치철학을 경제학의 영역으로 통합'하는 것이 원천적으로 가능한 것인지에 대한 근본적인 의문을 제기해 주셨는데 그동안 아무도 시도해 보지 않은 이 작업의 성공여부에 대한 판단은 결국 독자들의 몫일 수밖에 없으리라 생각된다. 한편 본서 제4장의 신자유주의이념에 대한 비판에 대해 하이에크 경제사상을 오랫동안 연구해온 강원대학교 경제학과의 민경국 교수님이 문제제기를 해주셨는데 이 또한 필자의 논지를 보다 명확히 하는 데 도움이 되었다. 세 분께 모두 감사를 드린다. 물론 남은 오류는 전적으로 본인의 책임이다. 그리고 마지막으로 출판을 도와 진행한 서울대학교출판문화원에도 깊은 감사를 드린다.

2012년 4월 반포우거에서

저자 씀

차례

제3장 시장경제를 넘어 기업경제로

제4장 어떤 이념이 발전친화적인가?

제5장 어떤 정의관이 발전친화적인가?

프롤로그

경제발전의 철학적 과제: 어떤 하느님이 발전친화적인가?

리차드 도킨스(Richard Dawkins, 2007)는 창조주 하느님인 신은 만들어졌다는 명제를 증명하기 위해 애를 썼고, 어느 정도 성공한 것으로 보인다. 그리고 스티븐 호킹 · 레오나르도 믈로디노프(Stephen Hawking · Leonard Mlodinow, 2010)는 창조론을 부정한 데 이어 최근에는 '내세란 없다'는 주장으로 신의 존재를 부정하는 견해를 연이어 발표함으로써 우리의 관심을 끌고 있다. 그러나 신이 진정으로 없다 하더라도 우리 인간은 또 다른 신을 찾아 나설 것이 분명하다. 왜냐하면 인간은 신이라는 '이념' 없이는 살 수 없어 보이기 때문이다. 그렇다면 신이 없다는 것을 증명하는 것 못지않게 어떠한 신이 발전 친화적인지를, 즉 '어떤 신이 나와 가족과 사회와 나아가 국가의 발전에 도움이 될 것인가'를 밝히고 나아가 다수 국민들이 발전친화적인 신을 믿도록 함으로써 보다 나은 세상을 만들어내는 일이야말로 과학의 더 중요한 책무가 아닌가 생각한다.

본서는 어떤 하느님이 더 발전친화적인가 하는 질문에 대한 답을 찾는 것이 발전경제학의 책무라고 주장한다. 이를 위해서는 하느님을 보다 객관화하고 어느 하느님이 더 발전친화적인지를 규명하고 이를 기초로 우리의 필요에 따라 발전친화적 하느님을 선택할 수 있도록 도와줄 수 있는 이론이 필요하다. 인간은 이념으로 산다. 이념은 세계관, 인생관의 또 다른 표현이다. 이념은 믿음이며 그래서 하느님과 같다. 자기가 믿는 이념은 자신의 하느님이다. 경제학에는 하느님이 많다. 주류경제학에는 완전경쟁시장모형이 하느님이다. 시장 근본주의자들에게는 시장이 전능하신 하느님이며, 반대편의 생각을 가진 사람들에게는 정부가 하느님이다. 사회주의나 자본주의 이념도 하느님에 가깝다. 시장경제를 지향하는 사람들에게는 경제적 자유가 하느님이나 다름없다. 반면에 사회주의자들은 평등을 하느님처럼 받든다. 경제적 불평등은 평등사회를 위해 넘어야 할 산이다. 사회정의관에 있어서도 평등분배를 지향하는 분배정의는 하느님이다. 진보적이라는 좌파경제학자들에게 기업, 특히 대기업은 청산대상이다. 이들에게 있어 경제력 집중은 악으로 이념화되었다.

그래서 경제학자들의 경제정책에 대한 입장도 이념의 영향에서 벗어나지 못한다. 이와 관련해서 최근 헤덴그렌 · 클라인 · 밀턴(Hedengren, Klein and Milton, 2010)이 발표한, 미국 경제학자들의 경제정책선호유형이 얼마나 이념적 성향에 따라 영향을 받고 있는지에 대한 연구결과는 대단히 흥미로운 시사를 주고 있다. 이들은 미국에서 1994–2009년까지 16년간 경제학자들이 공개적으로 서명을 통해 찬반의견을 제시한 총 35건의 특정 정책이슈에 대한 청원에 대해 정책선호성향이 얼마나 이념에 의해 영향을 받고 있는지 분석하였다.[1] 그런데 가장 흥미로운 발견은 한 경제학자가 자유주의적 입장과 반자유주의적 입장을 넘나든 경우가 거의 없고, 거의 모든 적극적인 참여자들은 자유주의적이거나 아니면 개

1. 35개의 청원 중에 그 성격상 15개는 경제적 자유를 신장하는 자유주의적 성격인 반면 13개는 정부개입을 강화하는 반자유주의적 성격이며 7개는 중립적 성격의 청원이었고 전체 서명 수는 1만 792개에 달하였다.

입주의적인 방향으로 극심하게 한편으로 기울어 있다는 사실이다. 예컨대, 최소 8번 이상의 자유주의적 지지서명을 한 63명의 적극적인 자유주의 경제학자들은 전체적으로 564번의 자유주의적 서명에 참여했으나 반자유주의적 서명에는 단 다섯 번만 참여하였다. 한편 최소 네 번 이상 반자유주의적 서명에 참여한 102명의 적극적인 개입주의 경제학자들은 전체적으로 461번의 반자유주의적 서명에 참여했으나 자유주의적 서명은 단 16번에 불과하였다. 노벨상수상 경제학자들도 마찬가지였다. 25명의 노벨상수상참여자들 중에서는 다섯 사람이 적어도 세 번 이상 자유주의적 서명에 참여했으나, 이들 중 한 사람도 개입주의적, 반자유주의적 서명에는 참여하지 않았다.[2] 한편 최소 두 번 이상 반자유주의적 서명에 참여한 6명의 노벨상 수상자들의 경우는 겨우 세 번만 자유주의적 서명에 참여했을 뿐이었다.[3] 이는 경제학자들의 정책적 사고가 얼마나 자유와 반 자유(혹은 정부개입)에 대한 이념적 성향에 의해 깊이 영향을 받고 있는지 잘 보여주고 있는 것이다. 경제학자들마저도 이념과 세계관이 정책입장을 결정하는 근본적인 요인임을 여실히 보여주고 있는 것이다. 하물며, 정치인들이나 공무원들, 일반국민들의 경우는 어떠하겠는가?

이와 같이 주류경제학은 특이한 경제학자 종(種)을 만들어내고 있다. 주류경제학의 완전경쟁모형은 철저하게 이념이나 경제제도가 사상된 현실과 괴리된 추상화된 모형이다. 그래서 이 모형은 자본주의 경제모형도 되고 사회주의 계획경제모형으로도 쓰인다. 주류경제학(자들)은 이

---

2. 이들은 Vernon Smith, Milton Friedman, Edward Prescott, Thomas Schelling, 그리고 Robert E. Lucas Jr 등이다.

3. 이들은 Kenneth Arrow, Joseph Stiglitz, Robert Solow, George Akerlof, Lawrence Klein, 그리고 Daniel McFadden 등이다.

제 현실의 이념이나 경제제도나 체제문제에서 해방된 셈이다. 다시 말해 이제 이념은 그것이 가져올 경제적 성과에 대한 영향을 고민함이 없이 각자의 정치적 취향에 따라 취사선택할 수 있는, 선택의 기회비용이 대단히 적거나 아주 없는 일종의 자유재(free good)가 된 셈이다. 그래서 꼭 같은 이론을 꼭 같은 선생에게서 공부해도 정치적 취향에 따라 좌파 경제학자도, 우파 경제학자도, 좌파 지식인도, 우파 지식인도 되는 세상이 되었다. 그래서 현실의 정책선택은 완전경쟁모형 이론과 관계없이 각자가 믿는 이념에 의해 이루어진다. 단지 이들 모두는 완전 경쟁모형에 대한 확고한 믿음을 통해 그 종족의 일체감을 유지하고 있는 셈이다.

다양한 이념적 성향들은 반드시 논리적 근거를 갖는 것은 아니다. 특정한 하느님을 믿는 것이 반드시 논리적 이유에서가 아닐 수 있는 것과 같이 그냥 '좋아서' 믿을 수도 있는 것이다. 그러나 특정 이념은 특정한 정치성향과 이를 통한 특정한 경제제도와 정책을 만들어낸다. 이는 다시 국민들의 경제적 행동에 영향을 미치게 되고 궁극적으로 경제성과, 즉 경제발전에 영향을 미치게 된다. 그러나 경제학은 이러한 이념적 성향들을 분석하는 틀을 가지고 있지 않다. 주류경제학은 이런 이념들을 외생변수로 본다. 경제학이 어떻게 할 수 없는 주어진 여건이라는 것이다. 이는 결국 경제학이 경제발전의 근본 동인을 제대로 다루지 못하고 있다는 의미가 된다.

이런 문제인식하에 본서는 이념을 내생변수화하여 선택변수로 포괄하는 경제발전이론이 필요하다고 주장한다. 그리고 그러한 발전 이론을 구축하여 인간의 다양한 이념성향의 발전친화성 여부를 판별함으로써 이념을 객관화하고 선택변수화하는 작업을 하고자 하는 목적을 가지고 있다. 비경제적 변수라는 소위 정치, 사회적 변수를 다 포괄하는 경제발전의 일반이론을 모색한다는 의미이다. 어떤 하느님이 발전친화적인지 규명함으로써 옳은 하느님을 선택하는 작업인 셈이다. 바라건대 본서가 이미 해체된 경제발전이론의 재건에 다소나마 기여할 수 있기를 바란다. 물론 이를 통해 빈곤에 허덕이는 후진국, 중진국 함정 혹은 선진국병에 걸려 저성장과 양극화에 시달리는 나라들이 경제발전의 활력을 찾는 데 한 가닥이라도 길잡이가 되기를 바란다.

본서의 제1장은 바로 이념과 제도문제를 사상함으로써 과학화의 길을 걸어온 주류경제학의 문제점을 지적하고 이를 시정하기 위해서는 이념을 내생화하는 경제발전원리가 필요하다고 주장한다. 그리고 경제발전의 관점에서 볼 때 자본주의 경제의 본질은 기업이 주도하는 '기업경제'임에도 불구하고 주류경제학에서는 기업의 경제발전역할이 거의 무시되고 있고 더구나 반기업 정서가 이념화되고 있는 상황은 인류의 경제발전에 장애가 되고 있다는 점을 지적한다. 이런 문제를 풀기 위해서는 이념을 내생화할 수 있고 동시에 기업의 경제발전역할을 적절히 통합할 수 있는 새로운 경제발전원리가 필요함을 지적한다.

제2장과 3장은 발전경제학의 새로운 원리를 모색하고 있다. 제2장은 시장, 기업, 정부 모두가 경제발전에 필수불가결한 역할을 하는 자본주의경제 신 발전원리를 제시한다. 시장과 정부는 더 이상 이분법적 선택대상이 아니며 기업도 더 이상 시장의 예외적인 현상이 아니다. 신 발전원리는 그동안 주류경제학에 대한 대안을 모색해온 여러 가지 비주류 접근방법들을 종합적으로 활용하고 있다. 주류경제학은 물론 복잡성과학, 진화경제학, 신 제도경제학 등을 원용하여 복잡한 발전현상을 단순한 원리로 풀어내고자 시도하였다. 경제발전의 단순한 원리는 다음과 같이 정리된다. 경제발전이란 스스로 도와 성공하는 경제주체들을 우대하는 경제적 차별화를 통해 모든 주체들이 동기부여되어 경쟁적으로 흥하는 주체들을 따라 배움으로써, 결국 성공문화유전자가 되풀이 복제 · 양산

되어 이를 체화한 경제주체들의 수가 증폭되는 과정이다. 여기서 경제발전전략이란 바로 스스로 도와 성공하는 경제주체들을 양산하는 전략이며, 경제적 차별화가 바로 그 전략인 셈이다. 다른 말로 경제적 차별화가 경제발전의 필요조건인 셈이다. 이 원리에 따르면 주류경제학의 주장과는 달리 기업과 정부가 경제발전에 필수적인 역할을 하며 따라서 경제발전은 시장과 기업, 정부가 삼위일체가 되어 경제적 차별화에 나설 때라야만 가능하다.

제3장은 기업의 경제발전역할을 중시하는 제2장의 신 발전원리의 연장선상에서 '기업경제'의 모습을 보다 구체적으로 논의하고 있다. 자본주의 경제는 기업경제라 불러야 옳다. 기업 없이 경제발전은 시작될 수도 없고 기업의 성장 없이 발전이 지속될 수도 없다. 그래서 기업 친화적 경제사회문화를 정착시켜 기업경제를 일으키는 사회가 경제발전에 유리할 수밖에 없다. 기업은 시장의 영역을 확대시키는 자본주의 경제의 발전의 원동력이며 정부의 경제발전역할은 바로 강한 경쟁력이 있는 기업을 양산해낼 수 있는 경제체제를 구축하는 일이다. 수직적 명령조직이라는 기업의 본질에 맞지 않는 투명성개혁이나 경영민주화개혁은 기업경제에 해가 될 가능성이 많다. 그리고 한국의 개발연대 산업정책의 성공은 바로 정부가 경제적 차별화를 통해 강한 기업을 키워낼 수 있었기 때문이었다.

제4장과 5장은 각각 이념과 사회정의관의 경제적 역할을 집중 조명하고 있다. 그동안 정치철학의 담론이었던 이 문제들을 실증경제학의 영역으로 통합함으로써 경제철학의 새장을 열어보고자 하는 시도이다. 제4장은 이념의 경제적 역할과 발전친화적 이념의 선별문제를 본격적으로 논의하고 있다. 제2장과 3장의 신 발전원리에 기초하여 이념의 발전친화성을 보다 객관적, 체계적으로 논의하고 있다. 그동안 외생변수로 처

리해온 이념문제를 발전경제학적 차원에서 보다 객관화하여 이념의 발전친화성 여부를 분석하고 있다. 동시에 이념을 발전친화적으로 바꾸기 위한 정치리더십의 역할과 전략을 논의한다. 이 장에서는 버려야 할 이념과 더 강화해야 할 이념을 판별하게 될 것이다.

제5장은 그동안 주로 정치철학의 담론에 머물러 있었던 경제정의나 공정의 문제를 발전경제학적 차원에서 논의하고 있다. 연구주제의 핵심은 제2장과 3장의 신 발전원리에 비추어 어떤 정의, 공정의 개념이 발전친화적이냐 하는 것이다. 그동안 평등분배를 강조해온 분배정의 차원의 담론은 발전친화적일 수 없음을 밝히고 있다. 그리고 그동안 부의 분배문제에 천착해온 정의, 공정의 담론은 이제 부의 창출문제로 전환되어야 한다고 주장한다.

제6장은 이상의 발전경제학의 새로운 분석체계를 바탕으로 인류의 지난 200여 년의 경제 발전사를 개관하고 간략하게나마 앞으로의 미래에 대해 언급하고 있다. 제7장은 한국경제의 발전역사와 현재 상황, 그리고 미래 나아갈 방향에 대해 새로운 발전경제학적 관점에서 논의하고 있다. 특히 오늘날 한국의 이념적 성향이 너무 발전역행적인 방향으로 전개되고 있음을 지적하고 있다. 그리고 최근 관심이 고조되고 있는 동반발전메커니즘의 약화와 경제양극화문제에 대해 그 원인과 해법의 큰 방향에 대해 논의하고 있다. 필자는 그동안 한국경제에 대해 너무 많은 얘기를 해왔다고 생각한다. 그래서 본서에서는 논의의 완결성을 위해 불가피하게 한국경제에 대한 장을 포함시켰지만 그 내용은 지극히 간단하다. 한국경제에 대한 보다 상세한 논의를 원하는 독자들에게는 필자의 졸저들(2006, 2010, 2012)과 좌승희 · 김창근(2010)을 권할 수밖에 없음을 양해해주시기 바란다.

제1장

위기의 경제학

I. 정치철학의 하위학문으로 전락한 경제학

1. 경제제도 정책은 정치적 이념의 산물이 되었다

경제학은 정치경제학이라는 이름으로 출발하였다. 그러나 오늘날 경제학은 사회과학의 꽃이라 불릴 정도로 과학화되었지만 경제정책은 점점 정치적 담론의 영역으로 빠져 들어가고 있다. 특히 경제발전의 성과를 결정하는 핵심정책이라 할 수 있는 경제제도정책은 많은 경우 정치이념의 산물이 되었다고 해도 과언이 아니다. 경제제도정책은 경제논리에 의해 결정되는 것이 바람직하지만 현실적으로는 문화, 전통, 관행은 물론 특히 오늘날의 민주정치사회에서는 정치적 이념에 의해 크게 영향을 받고 있다.

이미 반세기도 훨씬 전에 밀턴 프리드만(Milton Friedman)은 경제정책은 이미 이념의 영역을 벗어났으며 이제는 실증경제학의 예측력을 높이는 일만 남았다고 선언했다.

"그러나 나는 감히 오늘날 서구, 특히 미국에 있어 특정 이해관계에서 자유로운 시민들 간의 경제정책에 대한 견해 차이는 인간이 궁극적으로 서로 다툴 수밖에 없는 차이, 즉 기본적 가치에 있어서의 근본적인 차이 때문이라기보다는 압도적으로 정책의 경제적 효과에 대한 서로 다른 예측 때문이라고 생각한다. 여기서 예측의 차이라는 것은 원칙상 실증경제학의 발전에 의해 해소될 수 있는 것이다."[1]

그러나 필자는 프리드만의 선언 이후 50년도 더 지난 지금, 그것도 심지어 20세기 후반 사회주의 국가들의 멸망에도 불구하고 프리드만의 예측과는 달리 경제정책에 대한 이념의 영향은 오히려 강화되면 되었지 결코 약화되지는 않았다고 생각한다. 아마도 프리드만은 자유의 이념과 더불어 민주주의의 양대 이념을 형성하는 평등의 이념이 민주주의 발전에 따라 경제정책 형성에 미칠 영향을 과소평가했던 것이 아닌가 생각한다. 아마도 유사한 낙관적인 생각에서 프란시스 후쿠야마(Francis Fukuyama)도 21세기에는 지금까지의 체제경쟁의 승자로서 민주주의와 시장경제 체제가 보편화되고 심지어 이념과 체제경쟁이 종식될 것이라고 선언하게 된 것이 아닌가 싶다.[2] 민주주의의 평등 이념과 시장경제의 차별원리는 태생적으로 같이 가기가 어려우며 끝없는 충돌의 원천일 수밖에 없다는 것이 필자의 생각이다.[3] 시장경제와 평등의 이념은 항상 상

---

1. I venture the judgment, however, that currently in the Western world, and especially in the United States, difference about economic policy among disinterested citizens derive predominantly from different predictions about the economic consequences of taking action−differences that in principle can be eliminated by the progress of positive economics− rather than from fundamental differences in basic values, differences about which men can ultimately only fight. Friedman(1953), p.5에서 인용

2. Fukuyama(1992) 참조

3. 후술하는 바와 같이 시장은 차별화를 통해 적자(適者)를 선택하는 경제 진화의 장이다. 이를 자연선택과 유사하게 시장선택이라 부를 수 있다. 이에 대해서는 좌승희(2006, 2012)를 참조.

충될 소지를 안고 있는 것이다.

문제는 여기에 그치지 않는다. 경제정책 영역이 점점 정치적 담론차원으로 바뀌면서 경제학은 이제 정치철학의 하위학문으로 바뀌어 가고 있다. 정치가 결정해주는 경제체제 속에서, 그것도 그 체제가 가져올 궁극적 국민경제의 성과에 대한 깊은 분석도 없이, 정치적 권력(power)의 배분이라는 정치과정 속에서 다수당의 이념에 따라 잉태되는 경제제도를 외생적 여건으로 받아들여야 하는 경제학은 분명 정치철학의 하위 학문으로 전락하게 되는 것이다.

그럼 이러한 상황에 무슨 문제가 있다는 것인가? 경제정책이 정치이념에 의해 좌지우지 되는 것이 무슨 문제가 있는 것인가? 경제학의 자존심 문제인가? 우리는 이 문제가 학문 간의 영역문제를 떠나 인류문명의 미래와 관련된 중대 사안이라고 생각한다. 우선은 사회주의체제의 등장이 사회주의적 경제제도가 항구적으로 국민경제의 발전과 국민 개개인의 경제적 복지의 향상을 가져올 것이라는 무슨 정치(精緻)한 경제이론을 수용한 결과라기보다는 단지 경제적 평등이라는 아름다운 이념을 실현해보고자 했던 정치적 실험에 불과하였다는 사실을 상기할 필요가 있을 것이다. 더구나 20세기 이후 100여 년에 걸친 민주주의 정치체제하에서 우리가 경험한 경제발전의 역사도 이 문제에 대해 여러 가지 흥미로운 시사를 던지고 있다. 민주주의 국가에서 일상적으로 발견되는 전형적인 평등주의 이념에 기초한 포퓰리즘(populism) 정치는 그 폐해에도 불구하고 사라질 줄을 모르고 풍미하고 있다. 좌파(진보)와 우파(보수)라는 서로 다른 이념의 정당 간 정권교체경험은 이념에 따라 경제제도정책이 달라지고 나아가 국가의 경제적 성과도 크게 달라진다는 점을 확인시켜 주고 있다. 특히 좌파적 혹은 사회주의적 이념이 지배적 이념이 되어 경제제도 정책을 주도하게 되면 그 경제는 적어도 한 세대 이상에 걸친 장기 추세하락을 경험하게 되는 것으로 확인되고 있다.[4] 말하자면 한 세대 이상에 걸친 이념적 장기경기순환현상이 발견되고 있는 것이다. 나아가 미국의 주택금융위기에서 파급된 오늘날의 세계적 금융위기도 실상은 저소득 계층의 자가 주택보유를 확대하겠다는 미국 민주주의의 포퓰리즘 정책의 결과임을 부정할 수 없다.[5] 이와 같이 한 나라가 어떠한 이념적 노선을 택하느냐에 따라 그 나라의 경제제도정책과 나아가 경제성과와 국민의 경제적 복지수준이 지대한 영향을 받고 있음에도 불구하고 경제학은 이념과 경제제도정책문제를 경제학의 영역이 아닌 듯 정치에 맡기고 있는데 이는 경제학이 그 본연의 직무를 유기하고 있는 것이나 다름없는 것이다. 경제학은 부의 창출을 통한 경제발전의 방법을 탐구하는 학문으로 출발하였지만 이제 정치와 경제발전의 관계에 대한 이해가 없이는 이 문제에 대한 답을 구하기는 어렵게 되었다.

2. 경제학의 과학화는 이념과 제도를 사상하는 과정이었다

경제학의 과학화란 경제학에서 이념과 제도를 사상하는 과정이었다. 오늘날 신고전파 주류경제학은 제도가 사상(捨象)된, 다시 말해 현실과 괴리된 진공 속의 경제학으로 태어났다.

존 네빌 케인즈(John Neville Keynes)는 현존하는 사물(what is)에 대한 체계적 지식의 집합을 실증과학(positive science)으로, 사물이 어떻게 존재해야 하는가(what ought to be)의 논거에 대한 체계적 지식의 집합을 규범과학(normative science)으로, 그리고 주어진 목표를 달성하기 위

4. 이에 대해서는 좌승희(2006, 2012) 참조.

5. 이에 대해서는 좌승희 · 황상연(2009) 참조.

한 규칙체계를 하나의 기술(an art)이라고 정의하고, 뚜렷한 학문분야로서 '실증 정치경제학(positive science of political economy)'을 정립해야 한다고 설파하였다.[6] 그 이후 밀턴 프리드만은 이 논리를 따라 실증경제학을 어떤 특정 윤리나 도덕, 규범적 판단 등 가치판단이 배제된 경제학의 영역으로 정의하였다.

> "실증경제학은 원칙적으로 어떤 특정 윤리나 규범적 판단과 독립된 경제학을 말한다. … 그러나 규범경제학이나 경제학의 응용기술(art)은 실증경제학과 독립적일 수는 없다. 여하한 정책적 결론도 반드시 이 일을 할지 저 일을 할지 하는 정책선택에 따른 경제적 결과에 대한 예측, 다시 말해 명시적이든 묵시적이든 실증경제학 분석에 근거할 수밖에 없는 예측을 기초로 하지 않으면 안 된다."[7]

그러나 이러한 프리드만의 제언은 실현되지 못하고 있는 것 같다. 고전적인 정치경제학이 완전경쟁모형을 만나 제도적인 틀을 벗어내고 수학적 정치화와 추상화의 길을 걸어 이제 '실증경제학'(positive economics)은 노벨상의 반열에 올랐지만, 경제제도정책은 많은 경우 아직도 규범경제학(normative economics)이라는 도덕철학, 혹은 정치철학의 영역에 내맡겨지고 있다. 실증경제학은 0의 거래비용을 가정하고 있기 때문에 후술하는 바와 같이 제도의 중요성이 사상된 것이나 다름없고 따라서 제도정책에 대해 체계적인 시사를 주기 어렵다. 그래서 실증경제학의 제도정책에 대한 영향력은 프리드만의 기대에 미치기가 어려운 형편이다. 이제 제도선택은 정책결정자들의 세계관, 즉 이념, 가치관에

6. Friedman(1953), p. 3에서 인용.

7. Friedman(1953), p. 4-5.

따라 크게 영향을 받을 수밖에 없게 되었다. 바로 이 후자의 영역을 일컬어 규범경제학이라 부르는 셈인 것이다.

이념은 경제 분석에 의해 선택되는 것이 아니라 경제학의 외곽에서 경제정책의 선택을 좌지우지함으로써 국민경제의 성과에 지대한 영향을 미치고 있다. 실증경제학이 이념을 내생화하여 어떠한 이념이 발전친화적인 지를, 그리고 국민의 이념을 어떻게 바꿀 수 있는지를 규명해내지 못하는 한 경제제도정책이 정책결정자들의 정치적 이념성향에 의해 좌지우지되는 문제는 해결책을 찾기 어려울 것이다.

3. 실증경제학과 규범경제학을 분리한 잘못된 패러다임, 실증 정치경제학으로 통합되어야 한다

실증경제학과 규범경제학을 분리함으로써 보편타당한 경제학의 발전을 시도한 노력은 진공 속의 경제학을 배태함으로써 오히려 경제학을 아주 특수한 니르바나(Nirvana) 상황에서만 적용되는 특수이론으로 한정시키는 결과를 가져왔다.[8] 이에 따라 규범경제학이 실증경제학의 상위

---

8. 여기서 진공이나 니르바나라는 상황은 거래비용이라는 현실적 마찰이 하나도 없는 완전경쟁모형을 지칭하는 것이다. 신고전파 완전 경쟁모형은 일종의 진공을 가정한 낙하법칙, $s=(1/2)gt^2$ (여기서 s는 낙하 거리, g는 진공 속에서 낙하물체의 가속도, t는 낙하시간인 초)처럼, 거래비용이 영이고 제도가 사상된 그래서 국적 없는, 즉 현실과는 괴리된 진공을 상정하는 모형인 셈이다. 그러나 Friedman(1953)은 이 경우 완전경쟁시장이론의 타당성을 평가하는 데는 완전경쟁이라는 가정, 다른 말로 제도가 없다는 가정에 의해서가 아니라 낙하법칙에 있어서와 같이 진공을 가정하는 모형의 현실 예측력 혹은 현실설명력에 의해서만 평가되어야 한다고 주장한다. 그러나 필자의 생각으로는 어떠한 경우에도 이론의 설명력은 어떤 가정을 도입하느냐에 의해 영향을 받지 않을 수 없기 때문에, 가설검증이란 결국은 가정이 얼마나 현실적이냐를 검증하는 것과 마찬가지라 생각한다. 예컨대 "뉴턴의 중력 법칙은 사과가 떨어지는 이유를 '지구와 사과 사이의 만유인력'으로 설명한다. 반면 아인슈타인의 중력 법칙(일반상대성이론)은 '지구의 질량에 의해 휘어진 시공간 속으로 사과가 굴러떨어지는 것'이라고 본다. 그는 질량에 의해 빛조차 휘어진다고 했다. 하지만 중력이 약한 지

에 놓이게 되고 더 나아가 이념을 다루는 정치철학이 실증경제학의 상위 학문으로 자리하게 되는 결과를 초래하게 된 것이다.

우리는 이제 실증경제학과 규범경제학의 통합을 통해 이념을 포함하는 제도를 내생화한 실증 정치경제학의 새 패러다임을 추구함으로써 이 문제를 풀어낼 수 있다고 생각한다. 최근 신 제도경제학은 신고전파 경제학과 구 제도경제학을 통합하여 제도를 내생화하려는 시도를 하고는 있지만 이 제도의 최상위제약인 이념을 내생화하고 이념의 발전친화성 여부를 규명하는 단계에는 이르지는 못하고 있다. 우리는 경제학이 다양한 이념들이 사회의 제도로서 국가사회의 발전에 어떠한 영향을 미칠지에 대해 체계적인 분석을 내놓지 못한다면 부의 창출과 이를 통한 인간의 복지향상을 목적으로 내건 학문으로서의 책임을 다하지 못하는 것이라고 본다.

구에선 두 이론 중 어느 쪽이 맞는지 확인할 방법이 없다. 1919년 아서 에딩턴 경이 태양(질량이 지구의 33만 배)에 의해 별빛이 휘어지는 장면을 촬영하는 데 성공하고 나서야 아인슈타인의 이론이 옳다는 게 입증됐다."(중앙일보, 2011.04.11자 "아인슈타인의 중력 법칙 나왔다고 뉴턴 법칙 쓸모없어지는 건 아니다"라는 제하의 기사에서 인용). 이는 결국 이론의 설명력은 채택한 가정이 얼마나 현실적이냐에 의해 결정된다는 것을 보여주는 것이다. 나아가 Friedman의 주장을 그대로 받아들인다 하더라도 신고전파 성장론의 경제발전현상에 대한 예측력이나 설명력이 그다지 신통치 못하다는 것은 이미 충분히 받아들여지고 있는 학계의 공통된 견해이다. 이에 대해서는 좌승희(2006, 2011)를 참조.

II. 기업 없는 경제학, 경제발전을 설명할 수 없다

1. 기업은 자본주의 경제의 만악의 근원인가?

자본주의체제이전의 인류는 토지를 삶의 터전이며 부의 원천으로 하는 농경생활을 영위하였다. 그래서 맬서스 함정(Malthus trap)을 벗어나지 못하고 모두 빈곤의 악순환 속에서 그렇게도 오랜 세월을 보낼 수밖에 없었다.[9] 그러나 19세기 산업혁명과 더불어 인류는 삶의 터전과 부의 원천을 토지가 아니라 '기업'이라는, 특히 '유한책임 주식회사'라는 조직 속에서 찾는 새로운 경제사회시스템인 자본주의 경제체제를 창출해 내었다. 이제 기업은 우리의 토지이며 생명줄이 되었다. 선진국일수록 국부창출에서 농업의 비중은 한 자리수, 심지어 1-2% 수준으로 떨어지고 그것마저도 기업형 농업이 주를 이루면서 기업조직이 없이 경제의 부가가치창출은 불가능한 시대가 되었다. 자본주의 경제는 '기업경제'라 불러야 할 정도로 경제발전에 있어서 기업의 영향력이 막대한 경제체제가 되었다. 경쟁력 있는 기업조직에 일자리를 확보하여 삶의 터전을 잡은 개인은 신분상승의 기회를 누리지만 기업의 일터에서 분리된 사람들은 저소득 취약계층으로 떨어지고, 그래서 기업의 일자리가 줄어들수록 사회의 양극화는 심화되는 기업의존형 경제체제가 된 것이다. 자본주의 체제는 모두가 빈곤한 그러나 부의 평등이 실현되었던 농경사회를, 모두 발전하지만 부의 불평등을 수반하는 산업사회로 바꾸어 놓았다.

---

9. 맬서스 함정이란, 인구는 기하급수적으로 증가하는데 농업생산은 산술급수적으로 증가한다는 맬서스의 「인구론」에서의 주장에 근거하여, 농경사회는 결국 빈곤의 함정에서 벗어나기 어렵다는 의미로 쓰이는 표현이다.

그러나 동시에 기업은 그 영향력의 확대와 더불어 칼 마르크스적 자본주의 체제의 모순론을 신봉하는 사회주자들의 공격의 대상이 되었다. 이제 기업은 자본주의의 부의 상징이 되었지만 역으로 노동착취의 현장이며 부의 불평등의 원인으로 지목되고 그래서 계급투쟁의 장으로 인식되었다. 이들에게 기업은 육성대상이 아니라 청산대상이 되었다. 특히 잘 나가는 대기업들은 자본주의 경제의 만악(萬惡)의 근원인 것처럼 인식되게 되었다. 이런 반 기업, 특히 반 대기업정서는 사회주의 평등이념 등과 더불어 이제 견고한 반자본주의 이념의 하나로 자리 잡게 되었다.

2. 기업이 빠진 신고전파성장론, 경제발전을 설명할 수 없다

그러나 과거나 현재나 기업의 성장 없이 경제발전을 이룬 경제는 어디에서도 찾아볼 수 없다. 그럼 기업의 경제발전에 있어서의 역할에 대해 주류경제학은 무슨 논의를 할 수 있는가? 불행하게도 주류경제학은 기업에 대해서도, 발전에 대해서도 별로 할 얘기가 없는 학문이 되었다. 기업이라는 주체가 없어도 경제원론에 아무런 문제가 없고, 성장론을 논하는 데도 별 문제가 없다. 소비자와 생산자, 공급자는 있어도 '기업'이라는 주체는 없다. 시장과 정부의 역할에 대한 논쟁은 있어도 시장과 기업의 역할에 대한 논쟁은 없다. 산업은 있으나 기업은 없어도 아무런 문제가 없다. 그래서 산업정책논쟁은 있으나 기업정책논쟁은 없다.[10] 기

10. 경제학에서 공급함수는 산업의 공급함수지 기업의 공급함수가 아니다. 시장의 균형은 수요함수와 산업의 공급함수가 서로 만나는 점에서 형성된다. 그래서 기업의 공급함수를 고민하지 않고도 시장균형분석을 하는데 아무런 문제가 없다. 물론 산업은 그 효율성이 다른 다수의 기업으로 구성된다. 이를 묶어 산업공급곡선을 유도하는 일은 대단히 어려운 일이다. 그래서 알프레드 마셜(Alfred Marshall)은 대표기업(representative firm)이라는 개념을 창안했다. 이 전통이 오늘날까지 이어져, 암묵적으로 산업을 하나의 기업으로 상정하여 분석하

업이라는 실체가 경제이론 속에 유기적으로 통합되지 않고 있는데 어떻게 기업과 경제발전의 문제를 체계적으로 논할 수 있을 것인가?

이러다 보니 기업은 논자의 필요에 따라 청산대상이 되기도 하고, 뭇매의 대상이 되기도 하다. 또 어떤 경우에는 일자리창출의 주체라고 너도 나도 서로 러브콜을 보내는 대상이 되기도 한다. 기업은 자본주의 경제의 꽃이라고 하기도 하고 자본주의 모든 악의 근원인 것처럼 매도되기도 한다. 그래서 기업에 대한 호불호는 옳고 그름의 이론의 문제가 아니라 가치나 정서, 감정의 문제가 되었다. 자본주의 경제의 대기업과 이들의 경제력 집중은 많은 경우 정의와 공정, 평등의 적이 되고 청산대상이 된다. 자본주의 경제에서 반 대기업정서는 나라마다 정도의 차이는 있지만 소위 진보적이라는 지식인들의 보편적인 이념이 되었다.

첫째로 주류경제학(의 기본이 되는 완전경쟁모형)은 기업이라는 용어를 쓰고 있기는 하지만 완전정보가정하에서 기업은 사실상 필요치 않다. 현실의 기업은 후술하는 바와 같이 시장거래에 수반하는 거래비용을 내부화하기 위해 등장하는 주체인데 완전정보가정은 시장에서의 거래비용이 0이라고 가정하는 것과 같기 때문에 이러한 가정하에서 기업이 설 땅은 없는 것이다. 즉 거래비용이 0이 되는 완전정보가정하에서는 소비자가 소비를 위해 자신이 직접 요소시장을 이용해서 자가 생산하거나, 혹은 모형의 필요상 생산자 혹은 공급자라는 역할을 맡은 외부 생산자에게서 구매하거나 생산-소비행위의 비용효율성에는 아무런 차이가 없다. 즉 내가 생산해서 소비하나 외부시장에서 구입해서 소비하나 비용에 차이가 없다는 말이다. 그래서 모형의 필요상 공급자로서 기업이라는 말을 쓰고 있기는 하지만 이는 현실의 거래비용을 최소화하기 위

게 된 것이다. 여기서 산업을 분석대상으로 하는 전통이 정착된 것으로 보인다.

한 복잡한 조직으로서의 기업과는 동떨어진, 그냥 투입물이 들어가면 자동적으로 최적배분을 통해 생산물을 내놓는 생산기계(생산함수)에 불과한 셈이다. 그래서 주류경제학에서의 기업은 잘 알 수 없는 블랙박스(black box)나 다름없다고 비판받고 있는 것이다.

둘째로, 이상과 같은 이유로 주류경제학의 성장론에는 자본이나 노동은 있으나 기업은 없다. 기업을 구성하는 생산요소는 있으나 이를 조직화하는 사회적 기술로서의 기업은 등장시킬 필요가 없게 되는 것이다. 그래서 신고전파 성장이론은 성장회계학으로 전락하게 된 것이다. 신고전파이론이 기업을 그 구성요소로 분해하여 회계학적 관점에서 보는 패러다임은, 후술하는 바와 같이 본서가 채택하고 있는, 경제발전을 경제의 복잡성의 증가현상으로 보는 복잡계 이론에 기초한 새로운 관점에서 보면 치명적 약점일 수 있다. 새로운 관점에서 보면 기업은 전체로서 그 의미가 있지, 각 구성인자로 분해되면 더 이상 기업일 수 없다. 그동안의 주류경제학의 기업관은 일종의 환원주의(reductionism)로서 자본과 노동으로 분리할 수도, 합칠 수도 있으며, 전체로 보나 분리해서 보나 차이가 없다는 시각이라 할 수 있다. 그러나 새로운 관점은 자본과 노동이 합해진 기업은 자본이나 노동의 단순한 선형적인 합과는 전혀 다른 새로운 고차원의 비선형적 질서인 '기업'이라는 전체를 창발할 수 있다고 본다. 기업이라는 주체를 전일주의(全一主義)적으로 파악하고 경제발전과의 유기적 관계를 규명할 필요가 있다는 주장인 것이다.

셋째로 최근 들어, 신고전파성장론의 기초가 된 솔로우(Solow) 모형에서 그동안 가정해온 기술혁신의 외생성을 완화하기 위해 소위 내생적 성장론이 등장하였다. 내생적 성장이론은 기술혁신 혹은 지식의 외부성과 그로 인한 수확체증의 중요성을 강조함으로써 기술혁신을 내생화하는 데 성공하였으나 지식의 외부성이나 스필오버 효과(spillover effect)가 결국은 그 출발인 완전경쟁모형의 기본가정(외부성의 부재)을 부정하게 되는 문제를 안고 있다. 더구나 이러한 접근법 자체의 유용성에 대한 비판도 적지 않다. 경제학은 아직 외부효과에 따른 시장실패 경우의 성장 문제를 다루는 데 한계를 가지고 있는 것이다.[11]

넷째로 신고전파 전통과는 다른 견해를 가졌던 슘페터(Schumpeter, 1974, 1962)는 경제발전을 불균형적이고 동태적인, '창조적 파괴' 과정으로 보고 이러한 변화의 동력은 혁신을 주도하는 기업가정신에서 나온다고 봤다. 이와 같이 슘페터는 경제발전에 있어서의 기업과 기업가 정신을 중히 여겼다는 점에서 후술하는 본고의 경제발전관과 유사한 입장을 취하였지만 신고전파 경제학과 마찬가지로 자본주의 경제에서 기업이 왜 필요한 것인지에 대한 이론이 부재하다는 문제를 가지고 있다. 사실상 그의 이론에서 기업이나 기업가 정신은 외생적으로 주어지는 요소라고 할 수 있다. 더구나 그는 기업의 성장이 결국 자본주의 체제의 몰락을 가져온다는 주장을 전개함으로써 기업은 자본주의 경제의 발전을 가져오기도 하고 몰락을 가져오기도 하는 해괴한 존재가 되었다.[12]

마지막으로 경제발전정책 논쟁에 있어 시장과 정부의 역할에 대한 논

---

11. 흥미로운 것은 Romer(1986)는 지식전파의 외부성과 그로 인한 규모의 경제, 즉 수확체증 현상이 내생적 성장을 가져올 수 있다고 주장하면서도 이로 인한 시장실패현상을 방지하기 위해 지식생산에 있어서의 수확체감을 가정함으로써 전체적으로는 완전경쟁모형의 틀을 유지하고 있다. 한편 Romer(1990)는 여기서 나아가 명시적으로 R&D와 기술혁신에 대한 독점력을 인정하는 독점적 경쟁모형을 제시하고 있다. 그러나 Parente(2001)가 지적한 바와 같이 전자의 경우는 "인구규모가 클수록 성장률이 항구적으로 높다"는 예측이 현실과 괴리되고, 후자의 경우는 지식자본의 스필오버효과가 크다면 과거 100−200년 전에 비해 지금처럼 지식이 광범위하게 공유되는 세상에 국가 간의 소득격차가 지금처럼 클 수가 없고, 한국, 일본, 중국 등 지식복제를 통해 성장했거나 하는 나라와 그렇지 못하는 나라의 차이, 즉 국가 간 소득격차문제에 대한 현실 설명력이 떨어진다는 등의 비판들이 제기되고 있다.

12. 슘페터는 기업(가)을 자본주의 발전을 가져오는 혁신의 주체로 봤지만 이러한 기업이 대기업으로 성장하게 되면 독점기업화되고 지식인들의 혐오를 불러옴으로써 결국 정치과정을 통해 국유화(사회주의화)의 길을 걷게 된다고 보았다. 칼 마르크스가 촉구한 무산자의 무력혁명이 아니라 대기업에의 경제력 집중이 결국 사회주의화를 촉진시킴으로써 자본주의의 몰락을 가져온다고 보았다. 이에 대해서는 Schumpeter(1962) 참조.

쟁은 있으나 기업의 역할에 대한 논쟁은 없다. 기업은 정부와 마찬가지로 수직적 위계질서로서 명령에 의한 자원배분 메커니즘을 기본으로 하는 명령조직인 데 반해 시장거래는 쌍방 간의 합의를 바탕으로 하는 수평적 거래질서이다. 그런데 소위 시장실패가 있으면 정부라는 공공조직의 역할이 필요하다는 명제는 있으나 민간조직인 기업의 역할에 대한 논의는 없다.

우리는 기업조직, 특히 현대적 주식회사제도는 인류가 창안해낸 최고의 사회적 기술로서 근대 산업혁명과 그 이후 세계경제발전을 이끈 원동력이라고 본다. 이런 기업의 역할을 내생화해내지 못하는 경제발전이론은 현실설명력을 가지기가 어렵다고 본다. 기업의 역할이 내생화되지 못한 완전경쟁모형이나 이를 바탕으로 하는 신고전파 성장론은 현실경제 발전의 복잡성 문제를 다룰 수 없다고 생각한다. 우리는 기업의 경제발전에 있어서의 역할을 새롭게 조명할 필요가 있다고 본다.

III. 경제철학의 빈곤에서 탈피해야 한다

과학화한다는 명분하에 경제학이 현실에서 점점 멀어져가는 동안 정치철학과 현실정치가 경제학을 대신하여 경제정책을 결정하는 민주주의 시대가 만개하고 있다. 이제 경제정책은 정치의 산물인 시대가 되었고 경제학은 정치사회체제나 경제제도정책에 대한 논의에서 점점 격리되고 있다. 정치란 이념의 실현과정이다. 그래서 이념은 정치와 입법과정을 통해 일국의 경제제도를 결정한다. 사회정의관이나 공정사회관도 이념과 마찬가지로 정치과정을 통해 국가의 경제제도에 영향을 미친다. 그러나 경제학은 어떤 정치이념이, 혹은 어떤 사회정의관이 경제발전에 도움이 되는지 알지 못한다. 경제학에 있어 이념이나 정의는 일종의 하느님과 같은 외생변수이다. 정치, 사회철학만이 논의할 수 있는 신성한 주제인 셈이다. 그래서 주류 실증경제학은 이들 문제를 규범경제학의 문제로 보고 정치경제학의 영역이라 본다. 정치경제학을 규범적 학문으로 보는 것이다. 그래서 이념과 정의의 문제를 다루지 않아도 된다는 위안을 삼고 있는 것이다.

이런 상황은 결국 경제철학의 빈곤, 혹은 부재에 기인하는 것이다. 정치철학 담론의 경제적 영향을 규명하지 못하는 한, 즉 소위 정치경제학을 실증경제학화하지 못하는 한 이런 상황은 개선되지 못할 것이다. 필자는 이러한 상황을 타파하는 것만이 경제학을 진정한 의미의 발전경제학으로 소생시켜 경제사회발전에 기여하는 길이라고 본다. 이념과 정의관을 내생변수화하여 경제선택변수로 다룰 수 있는 경제발전이론이 정립되어야 한다는 주장이다. 어떤 이념, 어떤 정의관이 발전친화적인지 여부를 판별할 수 있는 발전경제학이 정립되어야 한다는 주장이다. 이는 규범적 정치경제학을 실증적 정치경제학으로 바꿔내는 작업이기도 한 것이다. 이념과 정의관은 하느님도 아니고 부처님도 아니다. 우리의 발전에 도움이 되면 선택하고 그렇지 않으면 버릴 수 있으며, 필요하면 도움이 되는 방향으로 바꿔낼 수도 있는 선택 변수인 것이다.

한편 자본주의 경제는 앞에서 지적한대로 농경사회를 기업이라는 생산조직이 주도하는 산업사회로 바꾸어 놓았다. 이제 흥하는 기업이 등장하고 대규모의 주식회사제도가 등장하여 부의 창출과 집적을 만들어내기 시작하였다. 이제 기업은 우리의 삶의 터전이고 자본주의 경제의 부의 상징이 되었다. 그러나 동시에 이미 지적한대로 기업을 노동자를 착취하는 자본주의 모순의 상징으로 보는 칼 마르크스(Karl Marx)의 이념 또한 자본주의 경제의 발전과 동시에 잉태되었다. 그래서 기업, 그것도 성공한 대기업들이 부의 불평등과 자본주의 모순의 원인으로 그려지기도 한다. 흥미롭게도 경제발전 메커니즘을 누구보다도 잘 이해했던 것으로 알려진 슘페터마저도 대기업의 성장이 자본주의 경제의 몰락을 가져온다고 부정적으로 그리고 있다. 그래서 반 기업 정서가 자연스럽게 형성되고 이 정서는 이제 이념화되었다 해도 과언이 아니다. 그럼 이 이념은 발전친화적인가? 경제학은 이 질문에 대한 논리적, 체계적 답을 할 수 있는 이론을 가지고 있지 못하다. 기업의 경제발전역할에 대한 체계적인 이론을 가지고 있지 못하기 때문인 것이다.

필자는 이와 같이 이념을 외생변수로 방치하고 기업의 경제발전역할을 체계화하지 못하는 경제철학의 빈곤상황을 방치한다면 인류의 경제발전의 미래가 밝지 않다고 생각한다. 일인일표에 의한 민주정치가 꽃필수록 경제정책은 정치적 이념에 의해 주도되고 심지어 포퓰리즘의 영향을 받지 않을 수 없는데, 경제학이 국외자(局外者)로 남아 있게 된다면 경제발전의 미래는 누가 책임질 것인가? 이제 경제발전의 미래를 정치가 아니라 경제학이 책임질 수 있도록 발전경제학을 다시 쓰는 작업에 나서야 할 때가 되었다. 경제발전의 철학적 기초를 놓는 작업이 필요한 때이다.

제2장

자본주의 경제의 신 발전원리*

I. 새로운 발전경제학이 필요하다

아담 스미스(Adam Smith) 이래 경제학은 두 가지의 문제를 풀기 위해 노력해왔다. 그 하나는 주어진 자원과 재화를 효율적으로 배분하는 문제이며, 또 다른 하나는 부(자원과 재화)를 새롭게 창출하는 문제이다. 발전은 배분의 문제가 아니라 새로운 부의 창출문제이다. 아담 스미스는 부의 창출문제를 분업과 전문화를 통한 생산성향상문제로 보았고, 배분문제는 자원을 적재적소, 즉 가장 유용하게 쓸 수 있는 용도에 배분하여 그 효율을 극대화하는 문제로 보았으며 그의 '보이지 않는 손'은 바로 배분문제를 푸는 메커니즘이다. 그러나 신고전파 이후 경제학은 자원배분문제를 다루는 배분경제학(allocation economics)으로 자리매김하게 되었으며, 오늘날의 주류경제학은 바로 이 분야의 과학화를 통해 사회과학의 꽃으로 발전하여 노벨상의 반열에까지 올랐다. 그래서 경제학은 '주어진 용도에 희소자원을 효율적으로 배분하는' 배분경제학이라 불

* 이 장은 저자의 『발전경제학의 새패러다임』(2011, 율곡출판사)을 축약한 것으로 본서의 본론에 해당되는 다음 장들의 준거이론으로서 역할을 한다. 일부 새로운 관점과 설명이 추가되기는 했지만 이론의 기본내용은 같다. 이 이론의 좀 더 상세한 내용에 대해서는 동서(同書)를 참고하기 바람.

리는 것이다. 그러나 경제발전의 문제는 앞에서 지적한대로 상대적으로 소홀하게 다루어지고 있는 것이다.

그러나 신고전파 주류경제학과는 달리 슘페터는 발전의 문제를 기존 재화의 생산량 증가와는 다른 질적 변화를 수반하는 보다 동태적인 혁신 과정으로 보았다. 그는 "경제발전이란 시스템 안에서 일어나는, 낡은 균형점에서 조금씩, 조금씩 미세한 변화를 통해서는 도달할 수 없는 새 균형점으로의 변화현상이다. 아무리 우편마차를 많이 이어도 기차는 한 대도 만들어지지 않는다(Add successively as many mail coaches as you please, you will never get a railway thereby.)."고 지적하고 있는데 이 주장은 발전문제의 새로운 차원을 적절하게 지적하고 있는 것이다.[1]

자원배분의 문제가 마차를 타는 경제에서 몇 대의 마차를 생산하는 것이 적절한가 하는 것이라고 한다면, 발전의 문제는 두 가지의 측면에서 볼 수 있다. 하나는 10개의 마차를 생산하는 경제가 주어진 자원을 보다 더 효율적으로 배분하여 100개의 마차를 생산하는 문제, 즉 기존 재화의 생산량을 늘리는 문제이며, 또 다른 측면은 마차를 생산하던 경제가 어떻게 자동차, 더 나아가 비행기를 생산하는 경제로 변화하게 되는가, 즉 어떻게 경제의 복잡성이 증가하게 되는가 하는 문제라 할 수 있다. 두 번째 측면의 문제는 슘페터의 용어를 빌린다면 마차에서 기차 경제로의 질적 도약의 문제라 할 수 있다.

여기서 전자의 문제는 성장의 문제이기는 하지만 결국은 주어진 자원을 더 효율적으로 배분함으로써 그 생산성을 높이는 선형적인 양적성장 문제로서 — 이 경우 10배의 생산성 향상과 성장을 가져왔다고 본다. — 기본적으로 배분경제학의 문제라고 볼 수 있다. 신고전파 성장론은 대

1. Schumpeter(1974)의 p 64, footnote 1에서 인용.

개가 이 범주에 해당된다 할 것이다. 그런데 특이한 현상은 신고전파 주류경제학의 자원배분의 기본 모형인 완전경쟁모형은 주어진 자원의 배분문제를 푸는 이론으로 손색이 없어 심지어 사회주의 계획경제의 자원배분문제의 교과서가 되기도 했지만, 정작 경제성장의 문제를 다룸에 있어서는 최근의 내생적 성장이론 등이 시사하는 바와 같이 한계가 있음이 드러나고 있다. 내생적 성장의 원천이 외부경제효과에 있다는 내생적 성장론의 주장은 바로 완전경쟁모형을 버려야 경제성장을 논할 수 있다는 역설을 보여주고 있는 것이다. 이런 점에서 양적성장문제마저도 새로운 분석틀을 요구하고 있다고 할 것이다.

우리는 기존의 성장론이 다뤄온 양적성장문제가 중요하지 않은 것은 아니지만 발전의 본질은 질적 변화를 본질로 하는 경제 복잡성의 증가에 있다고 본다. 따라서 발전 경제학은 기본적으로 마차경제에서 기차, 자동차, 비행기, 우주선 경제로 그 차원을 달리하는 경제의 복잡성의 증가문제를 다룰 수 있어야 한다고 주장한다. 물론 이 문제에 대한 답을 얻게 된다면 선형적 양적성장문제에 대한 답은 저절로 얻어지게 될 것이다. 이런 관점에서 보면 경제학은 아직도 발전의 문제, 부의 새로운 창출문제에 대해 설득력 있는 답을 가지고 있지 않다고 할 수 있다.

결국은 경제발전 이론이 사실상 부재하다는 현실이 바로 정치철학이나 심지어는 포퓰리즘이 경제제도나 경제발전정책을 좌지우지할 수 있는 배경이 되고 있는 것이다.

II. 발전경제학의 과제

위에서 지적한 바와 같이 발전을 복잡성의 증대에 있다고 본다면 경제발전현상을 이해하기 위해서는 복잡계 과학의 접근방법을 원용할 필요가 있다. 우리는 경제발전 문제를 복잡계 경제의 창발(emergence)현상으로 이해할 때라야 발전문제를 제대로 이해할 수 있다고 본다. 복잡계란 부분의 합이 부분과는 다른 새로운 질서를 만들어내는 열린 시스템을 일컫는 말로 고차원의 새로운 질서의 등장을 창발이라 한다. 예컨대 브라질에서 한 마리의 나비가 날면 머지않아 텍사스에 토네이도가 일어난다는 소위 나비효과는 복잡계 현상의 전형인 창발현상이다. 한 마리의 나비가 날고 또 다른 나비가 날고 또 다른 나비가 날고, 이러한 무수히 많은 나비의 날갯짓의 연쇄반응들이 일어나면서 어느 순간 이 파장의 덩어리가 수만의 이재민을 초래하는 토네이도와 같은 고차원의 새 질서로 바뀌어 괴력을 발휘하게 된다는 것이다.[2] 한편 복잡계의 전형인 생명현상의 경우 배아세포가 더 많은 세포로 분열하고 또 분열하여 결국 단순한 세포덩어리를 넘어 고차원의 질서인 생명을 만들어내는 현상도 창발이라 할 수 있다. 그런데 여기서 나비의 파장의 집적이 어떻게 토네이도가 되었나, 그리고 세포 덩어리가 어떻게 사람 역할을 하게 되었나 하는 질문은, 어떻게 마차경제가 자동차, 비행기, 우주선 경제로 도약하게 되었

2. 나비효과라는 말은 최초(초기조건)의 조그만 차이가 연쇄작용을 통해 대규모의 변화를 초래한다는 복잡계 현상의 전형적인 예로서 에드워드 로렌즈(Edward Lorenz)가 1972년에 워싱턴(Washington, D.C.)에서 열린 American Association for the Advancement of Science 회의에서 발표한, "예측가능성: 브라질에서 시작된 나비의 날갯짓이 텍사스에 토네이도를 초래할 수 있을까?, Predictability: Does the Flap of a Butterfly's Wings in Brazil set off a Tornado in Texas?"라는 논문의 제목에서 유래한다.

나 하는 질문과 전혀 다르지 않은 것이다.

그동안 뉴턴 이후의 기계론적 환원주의 과학관은 모든 시스템은 그 구성부분으로 다 환원될 수 있으며 그 가장 작은 구성부분들을 철저히 이해하면, 즉 분석(分析)하면 전체를 이해할 수 있다는 관점이었다. 이러한 환원주의 세계관은 그러나 전체를 이해하는 데 실패했다는 평가이다. 분석(分析)이라는 말은 나눌 '分' 쪼갤 '析'의 합성으로 어떤 물질이나 현상을 아주 자세하게 나누고 쪼개어 본다는 뜻이다. 영어로는 'analysis'라고 하는데 그 어원은 그리스말인 '해방시킴'에서 나왔다고 한다. 전체로 묶여 있던 것을 나누고 쪼개어 그 구성요소들을 하나하나 해방시킨다는 뜻이다. 대개 어떤 물질이나 현상을 분석한다고 하는 것은 그 물질이나 현상에 대해 하나하나 나누고 쪼개어 자세하게 본다는 뜻이 된다. 자연과학에서 화학은 물질을 이루는 요소에 대해 하나하나 나누고 쪼개어 물질의 구성요소를 파악하는 학문이며, 사회과학이란 어떤 사회적 현상에 대해 하나하나 나누고 쪼개어 현상의 본질요인을 파악하려는 학문이라 할 수 있다. 그런데 이러한 학문방법은 지나치게 부분에 얽매여 전체를 보는 데 소홀하게 되는 경향이 있을 뿐 아니라 분석을 거쳐 부분을 통합(synthesis)하는 경우에 있어서도 복잡계의 창발현상을 이해하기는 어려워진다. 이러한 세계관으로는 위에서 논의한 나비효과나 생명현상을 이해하기도 설명하기도 어렵다는 것이다.

대안으로 등장한 복잡계적 세계관은 세상은 부분들이 합쳐져 부분들과는 다른 보다 높은 차원의 복잡한 질서를 만들어낸다는 것이다. 부분과 전체는 성질이 다르다는 것이다. 전체를 단순한 부분의 합으로서가 아니라 전일적(全一的; holistic)으로 이해하고자 하는 노력이다. 경제가 본질적으로 복잡(적응)계(complex adaptive system)임은 이미 잘 알려진 명제이다. 이런 관점에서 보면 발전은 부분 간의 상호작용을 통해 부분과는 전혀 다른 새로운 질서를 창출하는 창발현상으로 이해할 수 있다. 마차경제에서 자동차경제로의 진화는 일종의 복잡경제의 창발현상이다. 마차경제가 선형적 상호작용의 결과라면 자동차경제로의 도약은 비선형적 상호작용의 결과인 셈이다. "1+1=2(마차)인, 즉 같은 마차를 계속 이어가는 선형경제"가 "1+1=3, 10, 혹은 100이라는 새로운 질서(자동차)를 만들어내는 고차원적인 비선형 경제"로 창발하는 현상을 발전이라 할 수 있다. 예컨대 경제생활에 있어 발전은 농경생활에서 산업사회, 첨단 도시생활로의 변신의 문제라고 할 수 있다. 인류는 수렵과 채집시대 이후 지난 18세기 후반에서 19세기 중반에 걸쳐 영국을 중심으로 산업혁명을 통한 산업사회로의 대변혁의 시대로 접어들었는데, 발전이라는 관점에서 보면 인류의 오랜 교환경제생활 역사에서 발전의 역사는 지난 200여 년에 불과하다 할 수 있다. 우리나라의 경험에 비춰본다면 농경사회를 탈피하여 산업화에 성공한 개발연대이후를 발전의 과정이라 할 수 있을 것이다. 이 경우 발전경제학적(development economics) 질문은 어떻게 같은 인류가 혹은 같은 한국인들이 기존의 농경사회와는 전혀 다른 고차원의 경제를 만들어낼 수 있었나 하는 것이다. 혹은 한반도 내부로 눈을 돌린다면 어떻게 동일한 한국인들이 남한에서는 산업화를 이뤘는데 북한에서는 지구상 최악의 경제를 만들어냈나 하는 질문이 발전경제학적 질문이 될 것이다.

우리는 여기까지 신고전파 주류경제학의 기본이 되는 완전경쟁모형과 이 틀을 활용하는 접근 방법의 문제점을 지적해왔다. 주지하는 바와 같이 완전경쟁모형은 ① 독립적인 동일한 경제주체, ② 효용/이익 극대화, ③ 합리적 선택, ④ 완전하고 대칭적인 정보, ⑤ 고정된 선호체계, ⑥ 유일 균형 등의 엄격한 가정하에 있다. 그리고 이 모형은 제도를 사상한 모형이다. 그러나 우리는 여기서 그동안 주류 신고전파경제학이 완전경쟁모형의 한계를 극복하기 위해 경주(傾注)해온 노력과 그 성과에 대해서도 눈을 감아서는 안 된다는 점도 지적하고자 한다. 독점적 경쟁, 불확실성하에서의 경제행위문제, 비대칭적 정보의 문제들을 다루는 모형의 개발, 동태모형의 개발, 수확체증문제를 다룰 수 있는 모형의 개발, 게임이론의 등장, 산업조직론의 등장, 이미 논의한 내생적 성장모형의 개발 등 많은 성과가 있었음을 확인하고자 한다.

그러나 해체된 경제발전론분야를 대신하여 발전론 역할을 자임하고 있는 주류경제학의 성장론은 아직도 기업이론, 거래비용이론, 신 제도경제학, 진화경제학 등의 대안적 접근을 충분히 통합하지 못하고 있어 여전히 제도가 없는 경제학을 탈피하지 못하여 현실을 설명하는 데 한계를 보이고 있다. 보다 근본적으로는 신고전파 경제학 전체가 딛고 서 있는 핵심바탕인 '균형'이라는 개념이 고전 물리학의 원리인 열역학 제1법칙인 에너지 불변의 법칙에 기초하고 있기 때문에 이러한 균형개념으로는 현대물리학의 열역학 제2법칙인 엔트로피 증가의 법칙을 따르는, 경제라는 복잡적응계의 동태적, 불균형적 진화과정을 설명할 수 없다는 문제가 지적되고 있다.[3] 그리고 이런 균형(equilibrium)을 가정한 접근은 완전경쟁모형의 동일성(equality) 가정들과 함께 여러 가지 엄격한 균등 혹은 평등원칙들을 양산해냄으로써 불균등, 불평등의 현실경제와 발전의 동태적 과정을 사전적으로 차단하거나 등한시하는 결과를 가져오고 있다. 예컨대 동질적 재화, 동일한 소비자와 생산자, 정보의 대칭성, 완전정보, 선형적 환원주의, 나아가 민주주의 평등의 이상에는 맞을지 몰라도 반드시 경제발전과 양립한다고 보기는 어려운, 실체적 기회의 평등, 균등한 소득분배, 극단적인 경우는 심지어 결과의 평등 등의 가정이

3. 이에 대해서는 좌승희(2012)와 Beinhocker(2006)를 참조.

나 개념들이 '균형세계관'에 의해 뒷받침되면서 주류경제학은 불균형, 불평등, 다름, 차등 등을 상대적으로 소홀히 다루는 경향에 빠졌다고 생각한다. 이 결과가 바로 발전의 문제보다 배분의 문제를 더 중시하는 결과를 가져왔다고 본다.[4]

필자는 이제 이러한 인식하에 거래비용경제학, 신 제도경제학, 진화경제학적인 접근법을 원용하여 경제의 변화현상을 복잡계 현상으로 보는 세계관, 다시 말해 이 세상은 차별적이고 불균형적 과정을 통해 변화한다는 '불균형 세계관'을 가지고 경제발전의 문제를 분석해보고자 하는 것이다.

III. 발전경제학의 새 패러다임

1. 창발과 시너지, 그리고 외부경제효과가 발전의 원천이다

창발현상은 어떻게 일어나나? 어떻게 부분의 합이 부분과는 다른 전체를 만들어내나? 어떻게 동일한 사람들과 자원이 어떤 경우에는 선형적인 합, 즉 자원덩어리에 불과한 전체(마차)를 만들어내지만 어떤 경우에는 전혀 알 수 없는 새로운 질서(자동차)를 만들어내는 것인가? 복잡계의 창발현상의 본질은 네트워크를 통한 비선형적 상호작용(nonlinear

4. 이 점에 대해서는 Jwa & Yoon(2011)을 참조.

interaction)에 있다. 경제의 변화과정은 개인과 조직들 상호 간의 만남을 통한 네트워크와 상호작용의 과정이다. 그런데 이 만남은 선형적인 상호작용이 아니라 비선형적인 상호작용이다. 비선형적이란 1+1=2가 아니라 그 이상의 힘, 예컨대 1+1=3, 4, 10, 혹은 생명까지도 될 수 있음을 의미하는 것이다.

창발의 원천인 비선형적 상호작용은 어디서 오는가? 여기서 복잡성과학의 답은 사물이 서로 상호작용할 때 알 수 없는 힘의 상승, 증폭현상이 일어나며 이 힘이 창발의 원천이라고 본다. 이 알 수 없는 힘에 붙여진 이름이 바로 '시너지(synergy)'라는 말로 혼자서 할 때보다 남과 더불어 할 때 더 큰 힘이 나온다는 의미이다. 앞의 복잡현상의 예로 언급한 생명현상이나 나비효과도 같은 원리의 결과이다. 서로 다른 세포끼리의 만남을 통한 시너지의 창출과 힘의 증폭현상이 생명현상의 원천이며, 서로 다른 나비의 파장 간의 만남을 통한 시너지의 창출과 힘의 증폭현상이 태풍과 토네이도의 원천인 것이다.

그럼 어떻게 시너지가 창출될까? 첫째, 우선 시스템이 열려 있어야 한다. 둘째 그래서 밖으로부터 에너지를 받아들일 수 있어야 한다. 셋째 만남의 대상은 꼭 같아서는 안 된다. 그래서는 새로운 배움이 없다. 서로 다른 개체끼리의 만남이어야 한다. 넷째 만남이 서로를 배울 수 있도록 지속적이어야 한다.

복잡계의 비선형적 만남과 시너지의 창출과 나눔의 과정은 궁극적으로 서로 간에 노하우를 주고받고 배우는 과정을 의미하며, 경제학적으로 보면 외부경제효과의 창출과 향유과정인 셈이다. 그래서 복잡계의 창발은 외부효과의 향유과정이라 할 수 있다. 그러나 여기서의 외부경제효과는 특정한 힘의 단순한 선형적 전파과정을 넘어, 비선형적 증폭과정을 통해 고차원의 질서를 창출하는 과정이다.

2. 발전은 문화유전자의 무단복제 증폭과정
흥하는 이웃이 있어야 나도 흥한다, 그러나 문화진화는 실패한다[5]

복잡적응 시스템의 변화는 진화법칙을 따른다. 그래서 복잡계 경제는 진화한다. 창발도 진화의 한 형태이다. 발전의 새로운 노하우가 복제과정을 통해 전체 사회로 퍼져나감으로써 그 사회가 창발하게 되는 과정을 바로 발전과정이라 할 수 있다. 마차를 생산하던 특정 사회가 그 상호작용 메커니즘에 변화를 일으키기 시작하자 너도 나도 그 새로운 협력 메커니즘을 따라 배우고 그 복제과정이 증폭되면서 사회전체가 새로운 협력 메커니즘 속에서 새로운 시너지 창출에 성공함으로써 점차 자동차를 생산하는 새로운 경제로 창발하게 된다. 이 과정을 문화진화과정이라 할 수 있다.

문화진화란 만남을 통한 문화유전자의 전파과정이며, 이는 바로 비선형적 상호작용과 서로 간의 따라 배움을 통한 창발과정에 다름 아니다. 이 과정은 시너지 원천인 흥하는 이웃을 베끼고 배움으로써 서로 더 높은 차원으로 창발하는 과정이다. 동일한 주체 간의 만남은 시너지를 창출할 수 없다. 내 주위에 나보다 흥하는, 나와 다른, 내가 따라 배울 수 있는 이웃, 즉 시너지 원천인 롤모델이 있어야 너도 나도 모두 성장하는 문화진화가 가능해진다. 흥하는 이웃이 있어야 나도 흥할 수 있는 것이다. 구성원들이 모두 같은 평등한, 동질적(同質的) 사회는 변화를 만들어내기 어려운 것이다.

문화진화과정은 그러나 문화유전자의 무단복제를 통한 무임승차과정이다. 흥하는 이웃과의 비선형적 상호작용을 통한 시너지 창출과 창발

5. 이 절의 내용에 대한 보다 상세한 논의는 좌승희(2010, 2012)를 참조.

과정은 무임승차, 즉 무단복제 과정이다. 따라 배우고 베끼지만 그 대가를 지불하지 않는다. 그래서 복잡적응계의 문화진화를 통한 창발과정은 실패할 수밖에 없다. 변화를 주도하는 시너지원천인 롤 모델들, 즉 흥하는 이웃들은 항상 무임승차 당할 운명이며, 진화의 오랜 시간 속에서 점차 사라질 운명에 처하게 된다. 문화진화는 생물진화와 달리 '진화실패' 현상에 노출될 수 있는 것이다.

'진화실패'라는 개념은 저자가 만들어낸 개념이다. 생물진화에 있어 진화는 결과적으로 종의 생존확률을 높이기도 하고 그 확률을 낮춰 종국적으로 멸종을 초래하기도 한다. 진화가 반드시 진보나 발전을 의미하는 것이 아니다. 그리고 이러한 진화는 무의도적이고, 무의식적인 유전자의 자기복제과정이다. 그래서 어느 경우든 진화가 진행되어야 그 결과를 알 수 있는 것이다. 이런 점에서 진화의 실패란 있을 수 없다. 도킨스(Dawkins, 1976)는 이 개념을 그대로 문화진화에 응용하였다. 그래서 문화진화는 생물진화와 마찬가지로 무의도적인, 무의식적인 문화유전자(meme, 밈)의 자기 복제과정으로 해석했다. 그러나 필자의 생각으로는 생물진화와 문화진화는 서로 다른 것으로 보인다. 문화진화는 생물진화와 달리 의식적, 의도적 복제과정이라 볼 수 있고 따라서 무임승차문제가 발생하게 된다고 본다. 문화행위는 생물진화와 달리 의식적 행위라고 보는 것이다. 따라서 이 경우에는 진화 자체가 일어나지 않는 문제가 발생한다. 흥하는 문화유전자의 창출자가 무임승차당하여 궁극적으로 사라질 수 있기 때문에 변화를 촉발시키는 변화의 증폭현상이 일어나지 못하며 진화과정이 정지될 수 있는 것이다. 아예 진화, 혹은 변화 자체가 일어나지 않는 현상을 일컬어 진화실패라 칭한 것이다. 여기서 문화진화실패를, 무의도적이고 무의식적인 진화가 발전이 아니라 퇴보나 정체를 초래하여, 생물진화의 경우 종이 멸종하게 되는 것처럼, 결국 후진

성을 초래하는 경우를 일컫는 것으로 오해해서는 안 된다.[6]

그래서 복잡계 경제의 발전은 일상적인 현상이 아니다. 마차에서 자동차경제로의 도약은 흔히 관찰되는 현상이 아니다. 이런 관점에서 보면 인류가 오랜 경제생활 중에서 오직 산업혁명이후 지난 200여 년간만 자동차, 비행기경제로의 도약을 경험하게 된 것이나, 지구상에 200개가 넘는 경제 중에 먹고사는 문제를 어느 정도 해결한 경제가 40여 개국에 불과하다는 사실, 20세기 중 · 후반 이후 국가다운 국가로서 경제선진화를 이룬 나라가 많지 않다는 사실 등은 전혀 놀라울 일이 아니다. 복잡계 경제진화의 창발현상으로서의 발전은 예외적인 현상일 가능성이 높기 때문이다.

따라서 경제발전을 이루고 그러한 발전을 지속할 수 있기 위한 조건은 시너지의 원천인 흥하는 이웃의 출현을 지속적으로 담보하는 일이다. 이러한 조건은 선진국으로 경제적 도약을 이루기 위해서도 필요하지만 선진경제를 지속적으로 유지하기 위해서도 반드시 필요한 조건이다. 경제학이 다뤄야 할 경제발전의 문제란 바로 무단복제 대상이 되는, 발전의 노하우를 창출하는 시너지 원천을 어떻게 경제 내에 지속 공급할 것인가의 문제인 셈이다.

3. 시장은 경제적 차별화를 통해 문화진화를 촉진시키는 장이다, 그러나 시장은 실패한다

배분경제학에서 시장은 주어진 자원의 배분을 최적화하는 보이지 않

6. 이에 대한 보다 상세한 논의는 좌승희(2012) 참조.

는 손이다. 수요자와 공급자의 선호에 대한 모든 정보가 모아지고 이를 기초로 주어진 자원의 값어치를 가장 잘 반영하는 가격을 발견하여, 자원을 가장 효율적으로 쓸 주체에게 자원을 배분하는 장치이다. 이 과정은 어느 누구의 지시나 명령에 의해 이뤄지는 것이 아니다. 시장 참여자들의 자생적 의사 결정과 행동의 결과이다. 그래서 가격의 발견과정을 자생적 질서라 한다. 그런데 이러한 시장에서의 거래관계는 옷깃을 스치는 일회성 상호작용에 불과하다. 완전경쟁시장이 가정하는 '원자적 경쟁(atomistic competition)'에서 시장참여자들이 주의해야 할 사항은 거래상대방이 아니라 거래대상인 재화와 서비스의 가격에 불과하다. 왜냐하면 무수하게 많은 동일한 경제주체들이 존재한다고 가정함으로써 어느 개인의 거래행위도 가격에 영향을 미치기에는 그 힘이 너무 미미하다고 보기 때문이다. 그래서 완전경쟁시장에서 각자의 관심은 가격이며 거래 상대방이 아니다. 이를 일컬어 가격수용행위(price-taking behavior) 가정이라 하는 것이다. 흥미롭게도 이 시장에서 거래주체 간의 협력이나 경합과 같은 전략적 행위가 일어나면 시장은 실패하게 된다.[7] 이러한 시장에서 창발은 없다. 왜냐하면 시너지를 창출하는 비선형적 상호작용이 가능할 수 있는 항구적, 지속적 상호작용은 없기 때문이다.

복잡계 경제에서의 시장은 창발을 유도하는 비선형적 상호작용을 통한 문화진화의 장이다. 시장은 흥하는 주체만을 선택함으로써 동기부여를 통해 동반성장과 창발을 이끌어내는 장치이다. 항상 잘하는, 성과가 좋은 경제주체를 차별적으로 우대함으로써 흥하는 성공문화유전자를 창출하고 복제, 증폭시킴으로써 사회전체에 흥하는 성공문화유전자를 전

7. 이러한 전략적 행동을 다루기 위해 게임이론이 등장하였다. 그러나 게임이론도 비경쟁시장의 균형을 찾기 위한 노력으로 우리의 관심인 불균형 복잡적응 시스템의 창발문제를 다루지는 않는다.

파시키는 일을 해내는 장치이다. 또한 시장은 이를 통해 결과적으로 흥하는 문화유전자를 체화한 발전친화적인 경제주체들을 양산해내게 된다. 이를 시장의 차별화기능이라 할 수 있다. 소비자, 채권자, 투자자, 고용주, 근로자 등 모든 시장 참여자들은 항상 성과가 우수한 경제주체만을 선택하며 그들이 소유하는 자원과 구매력을 선호하는 경제주체에만 차별적으로 집중 투표한다. 결과적으로 시장은 집합적으로 시장성과가 좋은 흥하는 주체를 선택하고 자원을 그들에게 집중시키려고 노력한다.

필자는 이러한 시장의 기능을 "시장의 경제적 차별화 기능"이라 부르고 있다. 이는 그동안 시장을 최적 자원배분을 가져오는 비인격적인(impersonal) 장치로서 추상화해온 배분경제학의 정태적 해석을 복잡계 창발을 가져올 수 있는 보다 구체적인 동태적 해석으로 바꿔놓은 것이다. 거래행위는 어떤 경우든 비인격화된 시장이 하는 것이 아니라 구체적인 경제주체들이 하는 것임을 잊어서는 안 된다. 경제주체들의 선택과 차별 없이는 어떠한 자원배분도 가능하지 않다. 프리드리히 폰 하이에크(Friedrich von Hayek)의 자생적 시장질서(spontaneous market order)의 발견과정(competitin as a discovery proce-dure)이나, 아담 스미스의 보이지 않는 손(invisible hand)의 자원배분기능도 개별 경제주체들의 선택과 차별과정을 거치지 않고 달성될 수는 없는 것이다. 시장은 그래서 "스스로 돕는 자만을 돕는 하느님들의 집합"이라 할 수 있다.

그러나 시장에서의 문화진화는 흥하는 이웃을 지속 공급하는 데 실패한다. 시장은 차별화를 통해 복잡경제의 창발 혹은 경제발전을 만들어내려고 노력하지만 문화진화의 무단복제 혹은 무임승차현상은 시장의 차별화기능의 실패를 초래한다. 여기서 '시장(의 차별화기능)실패'란 흥하는 이웃에게 적절한 유인구조를 제공함으로써 동기를 부여하는 시장 기능의 장애현상을 의미한다. 배분경제학에서 시장실패란 외부효과로 인해 사적 그리고 사회적 비용과 수익의 상호괴리로 인해 완전경쟁균형의 한계조건(marginal condition)이 충족되지 않는 경우를 의미하는데, 시너지 혹은 노하우의 무임승차의 경우도 창출자 개인의 한계비용과 한계수익이 괴리되는 문제가 발생하게 된다. 창출자의 사회적 기여는 높지만 개인적인 수익은 그에 미치지 못한다. 그러나 이러한 경우도 결국은 시장이 창출자에게 적절한 유인구조를 제공하지 못함으로써 차별화 기능을 제대로 수행하지 못하는 경우로 재해석할 수 있다. 이미 지적한 바와 같이 시장의 차별화기능이란 시장의 기능을 보다 구체적, 동태적으로 재해석한 셈이며, 따라서 차별화기능의 실패 또한 정태적인 시장실패개념을 구체적, 동태적으로 재해석한 셈이라 할 수 있다. 어쨌든 시장은 결과적으로 차별화기능의 실패로 인해 흥하는 문화유전자를 복제증폭시키는 데 실패하게 된다. 흥하는 문화유전자는 저절로 쉽게 나타나지 않는 것이다. 왜 이런 일이 발생하게 될까? 물론 직접적인 원인은 문화진화의 실패, 즉 흥하는 이웃이 무임승차당하는 현상 때문이지만 시장이 이 문제를 풀어내지 못하는 이유는 시너지, 혹은 노하우 시장의 거래비용 때문이라 할 수 있다.

현실 시장거래는 항상 양(陽)의 거래비용을 수반한다. 거래비용이 높을수록 해당 경제활동, 혹은 그에 따른 재화와 서비스의 공급은 장애를 받게 된다. 거래비용의 원천은 시장거래의 속성에서 연유한다. 모든 시장거래는 거래조건에 대한 거래 쌍방 간의 자발적인 합의를 기초로 한다. 어느 일방도 상대방의 의사에 역행하여 압력을 행사해서는 안 된다. 일반적으로 거래조건에 대한 합의 과정은 쌍방 간의 협상과 의견조정 과정이며, 이러한 과정은 시간과 노력, 금전적 비용을 수반한다. 거래대상 재화와 서비스의 질과 가격에 대한 합의, 거래계약의 실행을 담보하고 불이행시의 책임소재를 밝히고 실제 문제가 발생했을 경우 어떻게 처리할 것인지에 대한 합의 등이 필요할 것이며, 계약의 집행을 담보하는 사회의 법제도적 장치(裝置)가 그래서 중요해진다. 이 모든 문제의 해결을 위한 시간과 노력, 비용을 통틀어 거래비용이라 하는 것이다. 따라서 재화와 서비스의 특성이, 질과 양을 표준화하고 가격을 산정하기가 어려울 정도로 복잡하냐의 여부와 그 거래행위가 즉석에서 완결되느냐, 아니면 단기 혹은 장기의 계약을 필요로 하느냐, 거래당사자가 공간적으로 얼마나 원거리에 있느냐, 계약집행을 담보하는 법치가 어느 정도 정착되고 있느냐 등에 따라 거래비용의 크기가 영향을 받게 된다.

시너지, 혹은 노하우는 어떤 재화일까? 바로 이러한 기준들에 비춰보아 거래비용이 무제한적일 가능성이 높다. 왜냐하면 시너지, 혹은 노하우는 그 실체를 확인하기조차 어려운 재화이기 때문이다. 따라서 시너지 혹은 노하우 시장은 지나치게 높은 거래비용 때문에 시너지의 창출자에게 적절한 보상을 하지 못함으로써 경제적 차별화에 실패할 수밖에 없다. 그래서 시장은 시너지, 혹은 노하우의 지속적 공급을 보장할 수 없으며, 나아가 발전 혹은 창발을 쉽게 만들어내지 못한다.

우리는 인생성공의 노하우를 제일 먼저 부모님, 형제들로부터 배운다. 배우자, 학교, 사회, 직장의 선배동료들, 스승, 역사의 선각자들로부터도 인생성공의 노하우가 담긴 문화유전자를 복제한다. 개인이든, 사회든, 국가든 후발자는 선발자로부터, 흥함이 없는 기업은 흥하는 기업으로부터, 평범한 기업은 일류 기업으로부터 성공의 노하우인 문화유전자를 복제한다. 그러나 이러한 노하우 혹은 시너지 거래의 공개시장은 생기지 않는다. 부모, 자식 간에 자식을 키운 대가를 결정하는 거래시장이 있다는 말을 들은 적이 없다. 부부가 이혼 시 부부 간 위자료를 산정하는 일이 법원의 책임이 된 것은 가문이라는 조직에 기여한 서로의 몫을 결정해주는 시장이 없기 때문이다. 부모와 자식 간, 부부 간, 친구와 선후배 간, 스승과 제자 간, 역사의 선각자들과 후대 사람들 간의 시너지, 혹은 노하우 거래시장은 왜 쉽게 관찰되지 않을까? 선진국과 후발국가 간에, 일류기업과 이를 따라 배우는 기업들 간에 시너지 혹은 성공노하우 시장은 왜 관찰되지 않을까? 배움의 대상인 노하우, 이를 통해 창출되는 시너지가 무엇인지 확인하기가 어렵기 때문이다. 거래비용이 높아 결국 노하우 시장은 형성되지 않으며 노하우의 배움과 시너지의 창출과정은 결국 무임승차에 맡겨질 수밖에 없는 것이다. 발전의 원천이 되는 시너지 시장의 차별화기능은 실패하게 되는 것이다.[8] 그래서 시너지 혹은 성공노하우는 공기와 같이 자유재로 남아 있을 수밖에 없는 운명인 것이다.

4. 조직은 시장의 차별화기능 실패의 교정자이다

1) 조직과 시장의 서로 다른 의미

경제는 시장과 조직으로 구성된다. 물론 조직은 민간조직과 공공조직으로 나눌 수 있다. 민간조직의 중심은 기업이며 공공조직의 중심은 정

8. 혹자는 지적재산권제도가 이 문제의 해법이라 할 것이다. 물론 도움이 되겠지만 시너지, 혹은 노하우에 대한 재산권을 확정하는 것 자체가 어렵다는 것이 문제의 본질이며 설령 재산권이 확정된다고 해서 이를 활용하여 부의 창출로 연결시키려는 적극적인 의지가 있느냐가 또 중요한 고려사항이다. 발전은 특정한 기술의 혁신이나 발명만의 문제가 아니라 종합적인 삶에 대한 자세와 세상의 이치에 대한 인식능력의 전반적인 향상을 바탕으로 한다고 본다. 필자는 이를 세계관, 즉 이념의 문제와 직결된다고 본다. 기술의 혁신이나 발명이 나올 수 있는 문화적 바탕이 형성되어야 발전이 시발될 수 있다고 보는 것이며 시장의 차별화 기능의 실패란 바로 차별화를 통한 동기부여를 통해 이런 문화적 바탕을 만들어내는 데 어려움이 있을 수 있음을 의미하는 것이다.

부라 할 수 있다. 시장거래는 수평적 관계를 기초로 하는 데 반해 조직 내의 거래는 수직적 명령관계를 기초로 한다. 시장에서의 거래는 협상을 통한 합의에 의해 이루어지지만 조직 내에서의 자원이용에 대한 의사결정은 명령에 의해 이루어진다. 조직은 그래서 거래비용을 회피할 수 있다. 물론 조직의 결성과 운영에는 그 나름의 비용이 들지만 거래비용을 회피할 수 있음으로 조직이 역할을 할 수 있는 공간이 생기게 된다. 조직은 과도한 거래비용으로 시장에 등장하지 못하는 경제활동을 창출해내는 역할을 한다. 조직은 고 거래비용 경제활동을 조직 내에 흡수함으로써 경제의 생산활동을 확대하고 이를 통해 시장거래의 영역을 확대하는 역할을 한다. 그래서 조직은 시장을 확대시킨다. 민간조직의 한 형태인 기업은 그래서 로널드 코스(Ronald Coase)에 있어서와 같이 기존의 시장을 대체하는 것이 아니라 원래 시장이 하지 못하는 일을 함으로써 시장의 영역을 넓히는 역할을 한다. 이러한 관점은 허버트 사이먼(Herbert Simon, 1991)과 해럴드 뎀세츠(Harold Demsetz, 2008)의 견해에 가깝다.

코스가 기업이 시장을 대체한다고 본 관점은 그 비교대상인 완전경쟁시장이 이미 존재한다는 시장중심사고에서 보았기 때문이라고 생각한다. 그러나 시장에 앞서 조직이 먼저 등장한다고 보는 것이 더 합리적일 수 있다. 현실 시장에서 조직은, 거래비용 때문에 시장에 의해서는 생산되기 어려운 재화를 생산해내는 장치이며 이런 관점에서 보면 조직은 시장의 영역을 확대한다고 할 수 있으나, 비교대상시장을 거래비용이 0인 시장, 즉 완전경쟁시장으로 가정하면 조직은 항상 시장의 영역을 침범, 대체하는 존재로 해석될 수밖에 없게 된다. 그러나 거래비용이 양(陽)인 현실 세계에서 조직은 원천적으로 시장이 해내지 못하는 경제활동을 수행함으로써 시장을 창출하고 그 범위를 확대하는 일을 하는 것이다.

여기서 우리는 조직과 시장의 관계를 새롭게 이해하기 위해 허버트 사이먼(Herbert Simon, 1991)의 관찰을 따르는 것이 좋다고 생각한다. 시장은 많은 크고 작은 조직들(여기에는 개인들도 포함됨) 간의 거래를 연결하는 연결망이며, 시장경제란 다름 아닌 이러한 상호거래네트워크로 연결된 조직들의 집적을 의미한다. 사이먼은 화성인이 내려다 본 지구경제를 다음과 같이 그리고 있다. 기업이라 불리는 큰 녹색지점들이 여기저기 흩어져 있고 그 안에는 희미한 선으로 기업의 부서들이 나누어져 있으며, 이들 기업들 사이에 붉은 선이 연결되어 있다. 그런데 온 천지에 녹색지점인 기업들이 넘치고 큰 기업들은 그 안에 작은 조직들로 나누어지고 녹색 지점들이 겹겹이 집적되는 경우도 있고, 아무튼 세상은 기업이라 불리는 녹색지점들로 덮여 있다. 선진국으로 갈수록 기업의 규모는 커지고 서로 밀집되고 그들 사이의 붉은 선은 더 선명해지는데, 후진국으로 갈수록 기업의 규모는 작아져 자급자족기업으로 축소되고, 수도 줄고 밀도도 줄어들어 이들 간의 붉은 선도 점점 희미해진다. 이는 자급자족하는 가계나 지역들 서로 간의 거래관계가 약하기 때문이다. 이 세상은 조직천지이다. 그래서 화성인은 지구는 "커다란 녹색지점들을 연결하는 붉은 선의 네트워크", 즉 시장이 아니라, "붉은 선으로 연결된 커다란 녹색지점들", 즉 조직들로 덥혔다고 보고한다. 사이먼은 지구상의 경제는 "조직"으로 덮였다고 보는 것이다.[9] 그래서 사이먼은 시장경제(market economy)보다도 조직경제(organizational economy)가 자본주의 경제를 분석하는 데 더 적절하고 유용한 개념이라 했다. 거래비용에 따른 시장과 조직의 대체개념은 시장경제를 잘 설명하기 어렵다 했

9. "조직이 지구모습의 지배적 특징이다. 지구의 모습을 설명하는 지구로 보내는 화성인의 메시지는 '지구는 붉은 색 선으로 연결된 큼지막한 초록색 지역들로 구성되어 있다'고 기술할 것이다. 이 메시지가 '초록색 점들을 연결하는 붉은 색 선들의 네트워크'라고 표현하지는 않을 것이다." Simon(1991), p.27에서 인용

다. 그리고 뎀세츠는 시장과 조직의 대체관계에서는 조직, 즉 기업의 유용성을 이해할 수 없다고 하였다. 기업은 생산조직이며 생산의 전문화를 통해 비 전문화된 자가 생산조직(가계)보다 더 효율적으로 생산해낼 수 있기 때문에 존재의의가 있다고 했다. 그래서 기업은 시장을 대체하는 것이 아니라 자급자족생산조직인 자가생산단위(가계)를 대체한다고 보았다. 흥미롭게도 두 사람 모두 코스가 제안한 거래비용에 따른 시장과 기업의 한계 대체(substitution at the margin)[10]개념으로는 시장과 조직(기업)의 역할을 제대로 이해하기도 어렵고, 시장경제의 작동원리를 규명하기도 어렵다고 하였다.

결국 시장경제를 이끌고 가는 것은 조직이며 시장은 이를 뒷받침하는 역할을 한다고 볼 수 있다. 생산 조직이 활성화되면 새로운 재화가 창출되고 이들 간의 거래관계가 새로 창출되면서 시장경제 전체가 더 그 영역을 넓혀 나가게 된다. 필자는 여기서 더 나아가 조직의 대명사인 기업의 자본주의 경제발전에서의 중요성을 감안할 때 사이먼의 '조직경제'라는 개념보다 '기업경제'라는 개념이 자본주의 경제의 특징을 보다 더 잘 표현할 수 있다고 생각한다. 그래서 다음 장은 이런 관점에서 기업경제의 발전문제를 논의하고 있다.[11]

2) 조직은 외부효과를 내부화할 수 있는 장치이다, 그래서 시장의 차별화기능 실패를 교정할 수 있다

배분경제학은 0의 거래비용을 가정하기 때문에 거래비용에 따른 시장실패문제는 발생하지 않지만, 거래비용이 양(陽)인 현실에서 외부효과

10. 이 개념은 Coase(1937)가 직접 사용한 용어이다. (동 논문의 p.386 참조)

11. 기업경제 발전문제는 다음의 제3장에서 보다 상세히 논의하게 될 것이다.

는 배분경제학의 실패를 가져오는 전형적인 경우이다. 배분경제학이 외부효과가 시장실패의 경우라고 하기는 하지만 사실상은 완전정보하에서는 외부효과의 수혜자를 찾아내고 그 대가를 받아내는 데 전혀 비용이 들지 않기 때문에 외부효과를 내부화하는 데도 비용이 들지 않고 그래서 시장실패는 일어날 수 없다고 할 수 있다. 그러나 어쨌든 양의 거래비용이 발생하는 현실경제에서 외부효과는 더더욱 심각한 시장실패의 원인이 된다. 사적 수익과 사회적 수익의 괴리현상 문제뿐만 아니라 외부효과를 내부화하는 거래비용이 0이 아니라는 사실이 이중으로 문제를 야기하는 것이다.

그런데 외부효과문제를 해결하는 방안으로 배분경제학에서는 정부의 개입, 즉 수혜자에 대한 세금부과와 공여자에 대한 보조금지급을 해법으로 제시하고 있다.[12] 그러나 이 또한 세금의 양과 보조금의 양을 산정하고 이 제도를 운영하는 데 많은 거래비용이 들 수밖에 없다. 그러나 이러한 해법에 만족하게 되는 이유는 바로 배분경제학이 민간 조직인 기업의 존재를 필요로 하지 않아 실제 조직이 없는 경제학이 되었기 때문이다. 기업이 없으니 기업의 역할도 없는 것이다.

그러나 여기서 흥미로운 것은 배분경제학이 시장실패에 대한 해결책으로 정부의 개입을 당연시한 반면, 코스(Coase, 1960)는 외부효과의 해결책으로 정부와 마찬가지로 기업이 해법일 수 있다 하였지만 이러한 코스의 의견이 주류경제학에 크게 영향을 미치지 않고 있다는 점이다. 이에 따라 주류 배분경제학에서는 시장실패의 치유책으로서 정부의 역할은 거론되지만 기업의 역할이 거론되지는 않는다. 나아가 경제성장과 발전전략을 논의함에 있어서도 시장과 정부의 역할에 대한 논의는 무성

12. 이는 Pigou의 외부효과에 대한 해법이다.

하지만 시장과 기업의 역할에 대한 논의는 찾아보기 힘들다. 코스의 기업이론은 사실상 요소시장의 수직적 결합을 통한 외부효과의 내부화 장치로서의 기업의 역할을 적절하게 설명하고 있다고 생각한다.[13] 조직이 수직적 명령관계를 기초로 내부 자원배분과정에서, 시장거래였다면 불가피하게 거쳐야 할 복잡한 협상을 배제할 수 있다는 장점이 바로 거래비용이 양(陽)인 현실 경제에 있어서 조직이 외부효과의 효율적인 내부화장치가 될 수 있는 이유가 된다. 이로써 기업조직은 외부효과로 인해 아예 시장에 등장할 수 없는 재화를 추가로 생산해냄으로써 또 다른 시장의 거래네트워크를 창출해낼 수 있는 것이다. 시장거래에서는 피할 수 없는 거래비용을 회피할 수 있는 조직이야말로 외부효과의 내부화를 통해 소위 배분경제학의 '시장실패'를 교정할 수 있는 것이다. 이제 누가 경제성장 및 발전을 주도해야 하느냐 하는 발전전략문제를 논함에 있어서도 "시장 대 정부"의 단순화된 논의에서 "시장 대 조직(기업과 정부)"의 역할 문제로 시야를 넓혀야 할 때가 되었다고 생각한다. 조직의 역할, 특히 그동안 경시되어온 기업조직의 역할을 보다 중요하게 받아들이는 것이 필요하다고 생각한다.

경제주체 간의 상호작용과 시너지의 창출과 공유과정에서 발생하는 문화유전자의 무단복제문제를 해결하는 방안은 문화유전자를 복제하는 개체들을 같은 조직 내에 포용하는 방법이다. 개체들 간의 상호작용을 항구적, 지속적으로 한 조직 속에 묶어 놓음으로써 상호 간에 창출되는 시너지를 내부화할 수 있는 것이다. 시장거래를 통해 노하우의 무단복

13. "시장을 이용할 경우보다 적은 비용으로 꼭 같은 결과를 달성할 수 있는 다른 형태의 경제조직이 있을 수 있다면 이 조직이 생산의 가치를 증가시킬 것임은 분명하다. 내가 수년 전에 설명한 바와 같이(Coase, 1937; 인용자 주), 기업은 시장을 통한 생산에 대한 그러한 대안이다. 기업 내부에서는 여러 가지 생산요소들 간의 개별적 협상이 생략되고 명령에 의한 행정적 의사결정이 시장거래를 대체한다." Coase(1960), p.16에서 인용

제, 혹은 무임승차를 방지하는 일은 너무나 거래비용이 많이 드는 협상을 필요로 한다. 이를 피할 수 있는 길은 바로 이런 협상을 명령으로 대체할 수 있는 기업조직이 나서 노하우(시너지)시장을 내부화하는 길이다.[14] 그래서 기업조직은, 명령에 의한 자원배분을 수단으로, 시장에서는 자유재로 남아 있을 수밖에 없고 궁극적으로 소멸될 수밖에 없는, 비선형적 상호작용 속에서 창출되는 시너지를 조직 속에서 살려내어 부가

---

14. 간단한 예가 도움이 될 것이다. 예컨대 a, b, c, d, e 다섯 사람이 만나 특정 활동을 같이 하기로 합의했다 하자. 협동의 결과는 너무 좋아 많은 수익을 냈다. 다음단계는 수익을 배분하는 일이다. 그러나 모두가 자기가 가장 많이 기여를 했다고 주장하여 법정까지 갔으나 아무도 결론을 내지 못한다. 왜냐하면 누가 얼만 큼의 시너지를 냈는지 아무도 쉽게 알 수 없기 때문이다. 협동은 깨지고 시너지는 사라지게 된다. 바로 시너지가 무엇이며 누가 얼마나 기여했는지 알아내는 데 정보비용, 협상비용 등, 거래비용이 많이 들기 때문에 합의에 이르지 못한 것이다. 이때 a가 기업가를 자처하여 나머지 네 사람에게 일정금액의 보수를 약속하고 고용한다. 그리고 이들에게 누가 얼마나 기여했는지 논쟁하지 말고 열심히 협동하라 명한다. 이들도 이미 a(기업가)와 고용계약을 했기 때문에 서로 다툴 필요가 없다. 이제 네 사람은 열심히 시너지를 창출하고 여기서 보수를 지급하고 난 수익은 바로 a의 이윤이 된다. 여기서 a는 기업을 창업해서 네 사람과 각각 고용계약을 하고 협상이 아니라 명령으로 작업을 시킴으로써 시장거래와는 다른 조직이라는 메커니즘을 만들어낸 셈이다. 그러나 만일 이 다섯 사람이 위에서와 같이 시장에서(기업이라는 조직을 통해서가 아니라) 서로 거래협약을 하게 되면, a는 b, c, d, e와 b는 c, d, e와 c는 d, e와 d는 e와 각각 1:1의 협상을 해야 한다. 전부 10(=4+3+2+1)번의 협상을 따로따로 해야 한다. 그러나 기업을 창업했을 경우는 a와 b, c, d, e와 각각 한 번씩 단 4번의 고용계약(협업과 결과배분의 문제를 포함)이면 해결된다. 만일 여기서 참여자의 수가 더 많이 늘어나게 되면 시장거래에 맡길 경우 얼마나 많은 개별협상을 해야 하는지 상상하면 한 사람의 책임자, a가 모두에게 한 번씩으로 고용협상을 끝낼 수 있는 기업이 협상에 따른 거래비용을 크게 낮출 수 있다는 점을 쉽게 이해할 수 있을 것이다. (더구나 여기서 시장거래란 기업이 맺는 장기적인 계약과 달리 그때그때의 순간적인 거래로 종결되는 것이기 때문에 시장거래에서 협업을 하자는 협상과 결과를 나누자는 협상이 함께 해결되기는 어렵다. 협업과 결과 배분의 시장거래협상은 각각 순간적 거래로 서로 분리될 가능성도 있다. 이럴 경우 위의 예에서 협업을 위한 협상과 결과를 나누는 협상이 이 중으로 각각 10번씩에 걸쳐 이루어지게 될 가능성이 높고 더구나 이 각각의 협상이 서로 일관성을 유지해야 전체의 합의에 이를 수 있는 것이다. 이 경우 시장거래의 거래비용은 기하급수적으로 늘어나게 될 것이다.) 결과적으로 기업을 만드는 것보다 시장거래에 의존하면 그만큼 거래비용이 더 들고 말하자면 합의 자체에 이를 가능성도 요원해진다. 시너지 시장은 그래서 실패한다. 기업은 이와 같이 외부효과에 노출되어 있으면서 거래비용이 높은 경제활동(시너지 창출활동)을 내부화해서 살려내는 역할을 하는 것이다. 물론 여기서 시장거래를 통한 개인 간의 협상과 협력관계형성을 비교예로 들었지만 이는 단지 소위 시장에 의한 생산이라는 개념과 기업에 의한 생산이라는 개념을 비교해보기 위해 상상해본 것이며, 실제 이러한 일은 바로 위에서 언급한 잠재적인 거래비용 때문에 아예 일어나지 못하고 기업이 처음부터 이 일을 대신하게 되는 것이다.

가치화하는, 즉 외부효과를 내부화하는 장치이다. 기업조직은 시장경제의 마차경제에서 자동차경제로의 창발실패를 교정하여 자동차경제로의 발전을 만들어내는 장치이다. 기업이라는 조직 없이 복잡계 경제의 창발과 발전은 없는 것이다.

이제 조직은 조직을 구성하는 구성인자들 간의 시너지창출과 나눔을 통해 각 구성인자들의 단순한 선형적 합과는 전혀 다른 새로운, 고차원의 질서를 창출해낼 수 있는, 현실 시장경제 내의 복잡적응시스템으로 등장하게 되는 것이다.

3) 민간 조직과 공적 조직의 역할: 경제적 차별화

조직에는 민간조직과 공공조직이 있을 수 있다. 복잡경제에서 민간조직의 전형은 기업이다. 기업은 개별경제주체 간의 외부효과를 내부화함으로써 민간경제의 창발을 주도하는 주체이다. 우수한 조직원을 선발하여 이들 간의 비선형적 상호작용을 독려함으로써 시너지를 창출하도록 하지만 시장과는 달리 거래비용을 회피할 수 있어 시장의 차별화기능의 실패를 교정하고 경제발전을 이끌 수 있다. 기업은 시너지 창출에 대한 대가를 배분함에 있어 협상이 아닌 명령에 의해 배분함으로써 시너지거래에 따른 분쟁과 이에 따른 거래비용을 회피함으로써 시너지창출을 활성화할 수 있는 것이다. 기업은 구성원들과의 장기고용계약을 통해 지속적 상호작용의 장을 제공하며 각 구성원들과 성과와 보수에 대한 개별적 계약을 함으로써 구성원 서로 간의 보상에 대한 협상과 분쟁의 소지를 없앨 수 있다. CEO의 명령에 의해 내부 자원배분이 이루어지고 성과에 따른 보상은 CEO와 개별 구성원과의 계약에 의해 이루어짐으로써, 가상적으로 시너지 거래를 공개시장에 맡겼을 때 '시너지 시장'이 부담해야 하는 거래비용을 회피할 수 있다. 결과적으로 기업은 시너지의 원천을 적절히 차별화하여 우대함으로써 기업 내에서 시너지의 창출을 활성화시킬 수 있는 것이다.

민간 기업이 시장의 차별화기능 실패의 일차적인 교정역할을 하지만 기업 또한 복잡경제문화진화의 무임승차현상에서 예외가 될 수는 없다. 흥하는 기업은 후발기업들의 무임승차 대상이 될 수밖에 없고 그래서 흥하는 강한 기업은 상대적으로 항상 불리한 위치에 놓이게 된다. 그래서 일류 기업은 그냥 쉽게 생기는 것이 아니다. 민간 조직들 간의 무임승차와 시너지 창출의 유실현상을 교정하기 위한 국민경제의 마지막 보루는 공공조직이다. 공공조직의 전형은 정부이다. 정부는 국민경제 내에서 기업을 포함하는 경제주체들 간의 비선형적 상호작용에서 발생하는 외부효과와 그로 인한 시장의 차별화기능 실패를 교정하는 역할을 할 수 있다.[15] 그래서 정부라는 공공조직 역시 경제발전, 복잡경제의 창발을 돕는 중요한 역할을 할 수 있다. 어떤 방법으로 할 수 있을까? 정부는 시너지 원천이 되지만 시장에서 무임승차당하는 흥하는 개인과 기업들을 '경제적 차별화'를 통해 차별적으로 우대함으로써 이들이 체화한 발전의 문화유전자를 지속적으로 창출, 복제, 전파시켜나갈 수 있다.

더구나 무임승차문제는 국민경제 내부에서만 발생하는 것이 아니다. 국내경제주체들 간의 무임승차문제를 넘어 국가 간의 경제주체들에 의한 무임승차문제도 시장실패의 원인이 된다. 그래서 흥하는 선도경제의 일류 기업들은 후발 경제의 기업들에 의해 무임승차당하는 불리한 위치에 놓이게 된다. 정부의 국내 기업들에 대한 경제적 차별화는 후발 국가

---

15. 이 점은 코스도 강조하고 있다. "그러나 기업은 이 문제(외부효과 문제: 인용자)에 대한 유일한 해법은 아니다. … 한 가지 대안은 정부의 직접적인 규제이다. … 정부는 행정명령에 의해 생산요소의 이용에 영향을 미칠 수 있기 때문에 정부란 어떤 의미에서 슈퍼 (그러나 특별한 종류의) 기업이다. Coase(1960), p.17에서 인용

기업들의 무임승차로 인해 자국의 일류 기업들이 처하게 되는 불리한 상황을 개선하는 데 기여할 수 있다.

이와 같이 정부는 경제적 차별화를 통해 시장의 동기부여기능을 살려냄으로써, 국내 · 국외로부터의 무단복제 때문에 사라질 위험이 있는 흥하는 발전의 문화유전자를 지속 창출하는 데 기여할 수 있다. 이것이 바로 경제발전에 있어 정부의 역할이다.

4) 기업조직은 시장에 대립되는 질서인가?

하이에크(1982)는 시장을 자생적 질서라 하였으며, 역으로 조직은 인위적 질서라고 했다. 하이에크에 있어 자생적 질서란 우주의 자연질서(cosmos)와 같이 어느 누구의 명령에 의한 것이 아니라 모든 구성원들의 수평적 관계 속에서 자발적 의지에 의해 자생적으로 형성되는 질서로서, 일반적, 추상적, 탈 목적적 성격을 가지며, 그 전형이 시장질서이다. 그래서 자생적 시장질서는 자유가 그 기본이다. 반면 조직은 수직적 명령관계 속에서 특정 목적을 가지고 인위적으로 만들어지는 특정한 질서(taxis)로서 이성주의와 구성주의를 반영하며 이러한 질서는 자유보다도 정부의 규제, 분배정의를 선호하고 종국적으로 자유에 반하는 전체주의, 사회주의로 흐르게 된다고 본다.[16]

이러한 하이에크의 관점은 시장과 기업이나 공공조직을 대립적, 대체적 관계로 보는 경향을 초래하고 있다. 이런 관점에서 보면 '시장이 선'이라면 '기업이나 정부는 악'인 셈이 된다. 그러나 앞에서 우리는 기업이나 정부라는 조직이 없으면 시장은 정체되며 창발은 어려워진다고 했다.

우리는 인간의 활동, 그것이 시장질서를 만들어내는 일이든, 조직을

16. 이러한 하이에크의 시장관과 조직관은 사이먼의 조직경제관과는 다르다.

만들어내는 일이든 근본적으로 문화진화의 한 현상이며 모두 자생성을 갖는다고 본다. 스튜어트 코프먼(Stuart Kaufman, 1995)은 모든 진화는 자기조직화(self-organization)와 자연선택(natural selection)의 과정이라고 본다. 찰스 다윈의 자연선택이론은 선택의 대상 없이는 공허한 이론일 수밖에 없다는 것이다. 여기서 선택의 대상은 자기조직화를 통해 나타난다고 보는 것이다. 그래서 우주안의 모든 복잡계는, 생명현상이나 경제현상이나 조직의 형성이나 모두 자기조직화를 통해 자연선택의 객체로 등장하게 되는 것이며 여기에 자연선택메커니즘이 작동될 때 진화가 가능해진다는 것이다.

기업조직이야말로 시장경제 안에서 내생적으로 형성되는 복잡계의 전형이며 그 동인은 바로 조직구성원들 간의 비선형적 상호작용에서 오는 시너지 효과인 것이다. 옷깃을 스치는 정도의 시장에서 일시적 만남을 넘어 평생의 좋은 반려를 만나는 것이 서로의 창발, 발전에 도움이 된다는 것을 우리는 이미 본능적으로 터득하고 있는 것이다. 기업의 등장도 같은 원리에 의한 것이다. 복잡계에 있어서 기업조직은 하이에크적인 자생적 질서라고 할 수는 없지만, 시장의 필요에 의해 내생적으로 등장하는 자기 조직화의 산물이라고 보는 것이 합리적이다. 그래서 기업이라는 조직은 시장을 대체하는 것이 아니라 시장을 보다 활성화함으로써, 오히려 경제발전의 동력을 만들어내는 셈이다.

한편 국가나 공공조직도 정도의 차이는 있지만 궁극적으로는 시장과 사회의 필요에 따라 자기조직화와 자연선택의 과정 속에서 형성되고, 변화하는 조직이라고 볼 수 있다. 기업과 마찬가지로 인위적 질서이지만 시장의 필요에 따라 등장하는 자기조직화의 산물인 셈이다.

5. 시장, 기업, 정부의 경제적 차별화가 발전의 전제 조건이다

경제발전사에 있어 흥하는 일류기업들의 집적 없이, 그리고 훌륭한 정부와 리더 없이 경제선진화를 이룬 나라가 없다. 기업의 성장사가 국민경제의 성장사와 다르지 않으며 그래서 기업의 성장을 촉진하는 나라는 경제적 도약을 이루지만 그 반대의 경우는 경제정체를 피할 수 없다는 것이 역사의 경험이다. 여기서 문제는 어떠한 기업이 성공하며, 어떠한 정부의 역할이 발전친화적인가 하는 문제가 될 것이다. 기업성공의 원리와 정부 개입의 성공원리가 무엇인가가 중요해진다. 이 질문에 대한 답은 바로 복잡계 경제의 창발원리에서 유추할 수 있다. 시장은 흥하는 이웃을 키워 비선형적 상호작용을 강화함으로써 창발을 만들어내는 역할을 하지만 항상 성공하지는 못한다 하였다. 바로 여기서 기업과 정부의 발전친화적 역할을 유추할 수 있다. 즉 기업은 흥하고자 노력하는 구성원을 우대함으로써 흥하는 이웃의 문화유전자가 조직 내에서 전파, 증폭될 수 있는 여건을 만들어내야 하며, 정부 또한 국민경제 내에 스스로 도와 흥하고자 노력하는 국민들, 기업들을 우대하여 이들 주체들의 발전친화적 문화유전자가 증폭, 전파되어 사회전체로 퍼져 나감으로써 국민경제가 창발할 수 있도록 도와야 한다.

그래서 자본주의 경제는 시장과, 기업과 정부가 모두 유기적인 상호작용 속에 삼위일체가 되어 흥하는 이웃을 지속적으로 선택, 차별화함으로써 사회의 문화유전자를 발전친화적으로 바꿔낼 때 마차경제에서 자동차경제, 비행기경제로 창발, 발전할 수 있게 된다. 기업과 정부는 그래서 시장과 더불어 발전의 필수불가결한 요소라 할 수 있다. 그리고 필자는 이러한 발전친화적인 주체의 선택을 통해 발전친화적인 문화유전자의 증폭환경을 만들어가는 과정을 일컬어 경제적 차별화과정이라 정의하고 있다.[17] 여기서 차별화란 흥하는 이웃을 선택하여 그에 상응하는 만큼 대접하는 것을 의미하며, 이러한 차별화는 경제적 역량의 증폭을 통한 창발, 즉 경제발전의 필요조건인 셈이다.

IV. 자본주의 경제의 신 발전원리: 요약과 주요 시사점

중복의 위험을 무릅쓰고 이상의 논의를 요약하면 다음과 같다. 일국 경제의 진화는 그 경제의 문화진화의 과정이다. 발전친화적인 성공문화 유전자의 생성과 복제, 전파과정이 발전과정이다. 이를 통해 성공유전자를 체화한 흥하는 이웃이 넘쳐야 지속가능한 발전이 가능해진다. 그러나 발전은 내생적 문화진화만으로 얻어지는 것이 아니다. 문화진화는 무단복제현상으로 인해 지속적인 변화를 만들어내는 데 실패한다. 후진성, 혹은 경제정체현상은 결국 문화진화실패현상인 것이다. 문화진화, 즉 자생적 시장질서에 모든 것을 맡기고 기다리면 결국 자본주의 경제는 정체의 길로 이행할 수밖에 없다는 것이다. 이를 극복할 수 있는 일차적인 수단은 자기조직화(self-organization)과정을 통해 무단복제현상을 내부화하기 위해 등장하는 기업이라는 조직이다. 기업의 자생적 등장과

17. "경제적 차별화 발전원리"에 대한 보다 상세한 논의에 대해서는 좌승희(2006, 2012)와 Jwa & Yoon(2011)를 참조

성장을 유도하는 경제는 그래서 진화실패를 극복할 수 있다. 그러나 문화진화에 있어 기업의 성공노하우 또한 무단복제의 대상이다. 그래서 기업의 진화 또한 실패한다. 지속적인 변화를 주도할 수 있는 역량있는, 흥하는 기업은 시장진화과정에서 그냥 저절로 등장하지 못한다. 이제 자본주의 경제에 지속가능한 변화를 만들어낼 수 있는 역량 있는 기업들이 등장할 수 있는 문화(시장)환경을 만들어내는 일이 발전의 전제조건이 된다. 예컨대 새로운 혁신을 통해 슘페터적인 창조적 파괴과정을 지속적으로 만들어내는 역량 있는 기업들에 유리한 문화적 환경을 조성하는 것이 필요한 것이다. 그럼 누가, 어떻게 이 일을 할 수 있는가? 우리는 정부라는 조직만이 한 경제 내의 개인 간이든 기업 간이든, 모든 무단복제현상을 내부화할 수 있는 유일한 장치라고 본다. 물론 국가 간 발전노하우의 무단복제현상을 내부화하는 데 있어서 정부의 역할은 제한적일 수밖에 없겠지만, 국내시장의 경우 마지막 대안은 정부밖에 없는 것이다. 그럼 정부는 어떻게 해야 하나? 우리는 정부가 바로 시장과 마찬가지로 흥하는 주체를 선택하고 우대함으로써 발전의 노하우, 즉 발전친화적인 문화유전자를 체화한 그러한 주체들의 개체수가 증폭되어 결국 전체 문화 자체를 바꿔낼 때 지속가능한 변화, 즉 발전이 가능하다고 본다. 결국 "내생적 진화를 넘어 외생적 차별화로" 갈 때라야 발전이 가능하다는 것이다.[18] 경제적 차별화는 그래서 발전의 충분조건이라 할 수는 없겠지만 필요조건이라고 할 수 있는 것이다. 흥하는 이웃을 우대함으로써 모두가 흥하는 이웃이 되려고 나서도록 할 때라야 지속가능한 발전이 가능해지는 것이다. 여기서 흥하는 이웃이 있어야 나도 흥한다는 명제가 도출된다. 필자는 이러한 발전관을 자본주의 경제의 신 발전

18. 좌승희(2012)의 부제, "진화를 넘어 차별화로"는 바로 이러한 원리를 담고 있는 것이다.

원리라 명명한 바 있다.[19]

그러면 이 원리는 어떠한 새로운 시사점들을 줄 수 있는 것인가? 주요 시사점은 다음과 같다. 첫째, 시장은 경제적 차별화를 통한 문화진화의 장이다. 이를 통해 시장은 발전친화적인 성공문화유전자의 복제와 증폭을 촉진시킴으로 흥하는 이웃, 즉 발전친화적인 경제주체들을 양산해낸다. 둘째, 따라서 경제주체 간의 차이, 차등, 다름은 모든 변화의 시작이며, 이것이 허용되지 않는 획일적 평등이 지배하는 시장은 변화, 발전을 만들어내지 못한다. 셋째, 따라서, 발전은 불균형적 현상을 만들어낸다. 경제력 집중과 지역집중은 발전의 자연스러운 현상이다. 넷째, 그러나 문화진화의 실패현상 때문에 시장만의 힘으로 지속가능한 발전이 만들어지기는 어려우며, 따라서 시장경제는 장기적으로 정체를 면하기가 어렵다.

다섯째, 지속가능한 발전을 위해서는 기업과 정부라는 조직의 역할이 필수적이다. 기업은 경제적 차별화를 통해 조직의 문화를 발전친화적으로, 정부 또한 경제적 차별화를 통해 사회전체의 문화유전자를 발전친화적으로 바꿀 때, 문화진화의 실패를 교정하여 지속가능한 발전의 문화적 환경을 만들어낼 수 있다. 여섯째, 경쟁력 있는, 강하고 성장하는 기업이 발전의 필수불가결한 요인이다. 기업성장 없이 발전은 없다. 대기업으로의 성장은 마르크스나 슘페터적인 자본주의 소멸의 전초가 아니라 지속적 발전의 기틀이 된다.

일곱째, 정부의 시장개입은 흥하는 자에서 흥함이 없는 자로 자원의 재분배가 아니라 흥하는 이웃과 흥함이 없는 이웃 간의 시너지를 극대화할 수 있는 방향이어야 지속가능한 발전을 만들어낼 수 있다. 흥하는 이

19. 좌승희(2010, 2012) 참조.

웃이 보다 흥하고 흥함이 없는 이웃이 더 배워 더 높은 시너지를 공유할 수 있도록, 사회분위기를 포함하여 경제제도를 정착시킴으로써 동반발전을 이끌어낼 수 있다. 흥하는 이웃과 흥함이 없는 이웃 간에 분열과 대립을 조장하는 사회는 경제정체를 면할 수 없다. 교육기회를 확대하여 더 높은 지식사회를 창출함은 물론 기업들이 보다 많은 일자리를 창출하도록 하여 일자리 현장의 지식을 체화한 국민들이 양산되도록 하여야 한다. 여덟째, 따라서 발전은 상대적 불균형, 불평등을 만들어내지만 모두를 절대적으로 향상시킨다. 자본주의 경제의 발전의 본질은 동반발전이다. 그러나 모두를 평등하게 만들지는 않는다.

아홉째, 경제평등주의는 경제정체의 충분조건이다. 차이 차등, 차별을 허용하지 않는 평등주의는 자동차경제를 마차경제로 퇴보시키는 원인이 된다. 재분배를 통한 평등사회지향은 자칫 마차경제를 지향하는 결과를 가져올 수 있다. 따라서 인위적인 균형발전은 이미 그 실패가 예정된 것이다. 그리고 어떠한 정치경제체제도, 그 이름이 아무리 아름다워도 — 민주주의든, 사회주의든, 사회민주주의든, 자유주의든, 공동체자유주의든 —, 경제적 다름과 차등을 허용하지 못하고 경제 평등을 추구하면 경제정체를 면할 길이 없다. 사회주의, 공산주의의 몰락은 이미 예정된 것이었다. 그리고 포퓰리즘(인기영합주의)이라는, 흥하는 이웃을 폄하하는 민주정치의 변종도 그 어두운 경제적 미래는 이미 예정된 것이다. 열 번째, 그래서 민주주의와 시장경제는 항상 충돌할 위험을 내포하고 있다. 왜냐하면 정치적 권리의 평등을 추구하는 일인일표의 민주주의정치체제는 결국 그 평등의 이념을 경제영역에 확대 적용함으로써 경제평등, 즉 경제민주화를 추구하게 될 소지를 안고 있기 때문이다.

열한 번째, 문화진화의 무단복제, 즉 무임승차 현상으로 인해 흥하는 일류가 일류의 위치를 지속적으로 유지하기는 어렵다. 인류 역사에 흥하는 문명이 영원한 적이 없으며, 일류 선도 국가가 영원히 그 자리를 유지한 적이 없고, 세계 일등 기업이라고 영원히 일등을 유지하는 경우는 거의 없다.

열두 번째, 신 발전원리의 산업정책적 시사점은 다음과 같다. '흥하는 기업을 앞장세워 차별화해야' 흥하는 기업들을 양산해낼 수 있으며 그래야 산업정책이 성공할 수 있다. 기업의 시장성과에 따른 차등인센티브 없이 발전친화적 문화유전자를 창출하고 전파시킬 수는 없다. 시장의 내생적 진화를 넘어 정부의 차별화전략이 가세되어야 무임승차에 따른 시장의 차별화기능 실패를 교정할 수 있다. 열세 번째, 지역발전정책과 관련해서는 균형발전이 아니라 거점육성을 통한 집적균형이 지역 간의 동반발전을 가져온다.

열네 번째, 발전은 일상적 현상이 아니다. 발전은 발전친화적 문화유전자의 전파에 성공하는 나라만이 누릴 수 있는 특권이다. 많은 경우 발전은 지도자의 리더십의 산물이다. 흥하는 이웃을 대접할 줄 아는 리더십만이 문화유전자의 돌연변이(mutation)를 만들어낼 수 있다. 이러한 리더십을 차별화리더십이라 할 수 있다. 이러한 리더십이 국민의 이념을 "흥하는 이웃이 있어야 나도 흥한다."는 발전친화적 이념으로 바꿔내고, 정치를 바꿔 "흥하는 이웃이 넘치게" 하는 방향으로 경제제도를 새롭게 개조해낼 때라야 발전의 싹을 틔울 수 있다. 이념은 어떻게 바꾸나? 바로 발전친화적인 문화유전자(이념)를 체화한 주체를 지속적으로 차별화하여 양산해냄으로써만 가능하다. 우리가 원하는 인간상을 양산하려면 그런 유형의 인간상을 우대해야만 한다는 것은 진화의 자연선택 원리의 기본이다.[20]

---

20. 본서의 제6장은 바로 이 열네 번째 가설, 혹은 시사점을 검증하는 장이다. 또한 같은 가설에 의해 좌승희(2011)는 전 세계 선후진국들의 발전경험을 설명하고 있다. 우리는 경제발

열다섯 번째, 경제학의 패러다임과 관련해서, 주류경제학의 완전경쟁모형은 자원배분모형으로서 거래비용도 안 들고 기업이라는 조직도 필요 없는 완전한 시장경제의 전형이라 할 수 있지만 여기서는 동태적 불균형적 경제발전은 일어나지 않는다. 반면, 완전경쟁시장 밖의 현실 시장은 거래비용이 들고 그래서 시장실패가 일어나고 이를 해결하기 위한 기업이 필요하며 기업의 창발을 통해 경제발전이 일어나는 현장이다. 완전경쟁시장 밖의 현실시장은 그래서 "기업경제"라 부르는 것이 더 적절하며, 바로 이 현장이 동태적, 불균형적 발전현상이 일어나는 삶의 현장이다. 그래서 완전경쟁모형의 시장경제는 자원배분은 있으나 발전이 없는 니르바나 경제인 반면 기업경제는 발전이 일어나지만 경제적 불평등이 생기는 사바세계 변화의 현장이다.

V. "정부에 의한 경제적 차별화" 명제의 의의와 시사점

경제발전이론을 연구한다는 것은 결국 경제발전을 위한 국가, 혹은 정부의 올바른 경제적 역할을 연구하고 찾는 작업에 다름 아니다. 우

전현상은 아무나 쉽게 경험하는 상시적 현상이라고 보지 않는다. 이 가설은 바로 이런 발전의 예외성을 시사하는 것이며, 그동안의 세계경제발전사 또한 이를 충분히 웅변하고 있다고 생각한다. 필자는 그래서 경제발전은 낙타가 바늘구멍을 통과하는 것만큼이나 어려운 일일 수 있다고 생각한다.

리의 신 발전원리는 경제적 차별화가 정부의 경제발전 역할이라는 결론에 도달하였다. 이 절에서는 경제적 차별화라는 명제의 구체적 내용과 실제 추진방식과 그 정책적 시사점들에 대해 논의하고자 한다.

1. 경제적 차별화의 의의와 실천전략

1) 정부에 의한 경제적 차별화의 구체적 의미

정부에 의한 경제적 차별화는 결국 시장의 차별화원리에 따라 시장의 기능을 더 강화한다는 것을 의미한다. 이에는 두 가지 전략이 있을 수 있다. 첫째는 시장의 차별화기능을 강화시킬 수 있는 제도적 장치를 도입하는 '간접적인 차별화전략'이며 둘째는 정부가 직접 시장에 개입하여 차별화를 시도하는 '직접적인 차별화 전략'이다.

(1) 간접적인 차별화 전략

시장은 항상 시장성과에 따라 승자와 패자를 선택하며 승자에게 더 많은 자원 이용권한을 부여한다 하였다. 이런 기능이 강화되고 승자에게 응분의 보상이 주어지기 위해서는 제도적 뒷받침이 필요하다. 우선 경제적 자유가 보장되어야 하며, 다음으로 경제적 성과를 향유할 수 있는 사적재산권제도가 정비되고 엄격하게 지켜져야 한다. 나아가 모든 분야의 소비자, 대출자로서의 은행, 증권시장 투자자, 기업, 근로자 등등, 시장의 각 경제주체들이 보다 용이하게 차별화에 나설 수 있도록, 정보비용이나 거래비용을 낮출 수 있도록 제도를 정비하여야 한다. 후진국이란 이상과 같은 시장제도(경기규칙)가 미발달되거나 제도가 있더라도 잘 집행이 되지 않아 거래비용이 높은 경제를 의미한다.

경제활동에 대한 유인체계가 미흡하고 흥하는 이웃에 대한 무임승차가 일반화되어 기업활동 등 경제활동에 미온적인 것이 바로 후진국의 현실인 것이다. 따라서 이런 제도적 장치의 도입과 집행은 정부의 고유기능이라 할 수 있다.[21]

(2) 직접적인 차별화전략

한편 정부는 시장에 대한 직접적인 차별화 개입을 통해 경제적 차별화를 할 수도 있다. 이 경우 정부는 시장과 마찬가지로 시장 참여자들을 그들의 시장성과에 따라 차등하여 지원하여야 한다. 이를 통해 열심히 경제활동을 하여 보다 좋은 성과를 내는 주체들이 더 보상을 받음으로써 시장에 동기가 부여되어 모든 주체들이 흥하는 이웃의 대열에 나서게 되는 것이다.

이러한 정부의 경제적 차별화에 대해 두 가지 의문이 제기될 수 있다. 우선은 '정부의 경제적 차별화 명제 자체가 승자를 우대한다는 의미를 갖기 때문에 시장의 경쟁촉진기능에 역행할 수 있지 않겠는가' 하는 의문이다. 다음으로는 '시장제도를 도입하는 간접적인 차별화전략이면 되지 왜 정부가 직접적인 차별화전략을 통해 직접 개입을 해야 하는가' 하는 의문이다. 이하에서는 이런 의문에 차례로 답하고자 한다.

2) 정부에 의한 차별화가 시장경쟁을 훼손하지는 않는가?

경제적 성과를 기초로 스스로 돕는 주체를 우대한다는 경제적 차별화전략이 시장경쟁의 개념에 반하여 특정 주체를 보호하고 심지어 독점을 조장하는 결과를 초래하지는 않을 것인가? 즉 정부의 차별화정책

---

21. 시장의 경기규칙으로서의 경제제도의 의의와 경제발전에 있어서의 중요성 등에 대한 상세 논의는 제4장 참조.

이 정부에 의한 인위적인 선택전략이기 때문에 이미 시장에서 경쟁력을 갖춘 기업 등 경제주체들을 보호, 우대하여 결국 독점을 초래하게 되는 것이 아닌가 하는 의구심을 가질 수 있을 것이다. 이하에서는 정부의 경제적 차별화전략의 내용과 시장경쟁과의 관계를 보다 명확히 정리하고자 한다.

사실, 정부에 의한 경제적 차별화는 시장경쟁을 보다 더 촉진시켜 시장의 창발적 역할을 강화시키는 전략이다. 우선 시장제도의 도입을 통해 시장의 차별화기능을 강화하는 간접적인 차별화전략은 그 자체가 시장의 경쟁을 촉진시키는 역할을 한다. 이미 지적한 대로 경제적 자유를 신장하고, 물적, 지적 재산권제도를 정비하여 노력에 따른 경제적 성과를 향유할 수 있도록 하고, 시장의 공정경쟁제도를 강화하여 시장참여자들의 차별화기능을 강화하고, 은행과 증권시장 등을 육성하여 금융부문의 차별화기능을 강화하는 일을 함으로써 시장의 차별화와 동기부여기능을 제도적으로 보다 강화하는 일이 시장경쟁에 역행할 수는 없는 것이다.

한편 직접적인 차별화 전략의 경우도 개입의 방식이 시장의 차별화 방식을 제대로 따름으로써 오히려, 없는 혹은 미미한 시장경쟁을 더욱 증폭시켜 시장을 창발시키는 역할을 해야 한다. 시장은 매 시장기(市場期)마다 스스로 돕는 자를 선택하고, 재선택하는 차별화의 장이다. 이러한 지속적인 차별화가 바로 경쟁의 모티브가 되는 것이다. 마찬가지로 신 발전원리가 시사하는 정부의 차별화전략도 보다 구체적으로 "시장경제활동이 전무하거나 취약한 경제에 정부가 매 시장기마다 시장성과에 따라 선택과 재선택을 되풀이하면서 성과에 따른 보상의 차별화를 유지함으로써 경쟁을 촉진시키는 전략"이라고 정의할 수 있다. 물론 경제적 차별화 게임이 공정하기 위해서는 시장성과가 결정되는 시장경쟁의 공정성이 확보되어야 함은 재론할 필요가 없을 것이다.

경제적 차별화에 있어 한번 선택된 주체가 계속 선택된다는 보장은 없으며 시장성과에 따라 매 시장기마다, 예컨대 매달, 아니면 매분기, 아니면 매년, 모두가 지속적으로 재 선택의 압력하에 놓이기 때문에 어느 주체도 안주하거나 독점을 보장받는 일은 없다. 어느 특정 주체를 지속적으로 선택하는 것이 아니라 모두를 대상으로 그 성과에 따라 재선택하고 그 결과에 따라 자원이 재 배분됨으로써 자원이용이 더 효율화될 수 있음을 의미한다. 내가 잘하면 계속 시장과 사회로부터 물심양면의 지원을 받지만 그렇지 않으면 탈락의 운명에 내몰리게 된다. 경제주체의 규모도 중요하지 않고 정치적 친소관계도 중요하지 않고, 정부는 단지 시장의 성과, 예컨대 기업의 경우는 수익률이나 매출액 등 성장률, 수출실적, 일자리 창출력 등등, 시장이나 사회가 선택하는 성과지표를 바탕으로 주어진 규칙에 따라 선택 지원하며, 나아가 이를 시장에 알리고 이런 선택되는 주체들이 보다 더 자유롭게 경제활동을 할 수 있도록 제도적 장치를 정비하는 일을 하여야 한다. 예컨대 정부가 직접 수출증진정책이나 산업육성정책, 혹은 중소기업육성 정책 등을 추진하는 경우에도 주어진 성과지표에 따라 엄정하게 선택과 재선택 과정을 통해 경쟁력 있는 기업들이 선택되도록 차별화 원리를 적용하는 것이 성공가능성을 높일 수 있다.[22] 이러한 전략이나 정책들은 독점을 유도하거나 유지시키거나 강자를 경쟁으로부터 보호하는 정책이라기보다 오히려 모든 경제주체를 더 치열한 경쟁으로 유도하는 전략인 셈이다. 정부에 의한 경제적 차별화는 없는 경쟁을 창출하고 미미한 경쟁을 더 증폭시키는 장치인 셈이다.

22. 경제적 차별화원리에 따른 산업육성정책의 성공조건에 대한 논의는 제3장 참조.

흥하는 이웃을 우대하는 경제적 차별화가 작동되면 흥하는 이웃은 항상 재선택의 압력 때문에 더 노력할 수밖에 없고 무임승차하는 후발주자들도 다 같은 규칙하에 재경쟁의 기회가 주어짐으로써 동기부여되어 모두가 흥하는 이웃이 되려는 경쟁에 나서게 된다는 것이 신 발전원리의 요점인 것이다. 여기서 바로 후발자가 선발자를 추월할 수 있는 기회도 생기게 되는 것이다. 그러나 더 중요한 것은 이 과정에서 모두가 항상 발전하게 된다는 점이다.

물론 한번 선택된 주체가 계속 좋은 시장성과를 내어 계속 재선택됨으로써 궁극적으로 독점력을 확보하는 수준까지 성장하는 경우도 있을 수 있을 것이다. 그러나 이런 경우는 시장경쟁에서 지속적으로 효율성을 유지해 나가는 기업이 더 빨리 성장하여 독점기업화되는 시장의 자연스러운 현상과도 전혀 다르지 않으며, 나아가 효율성을 바탕으로 독점화되는 이러한 기업은 재선택 과정이 없는 정부의 인허가를 바탕으로 경쟁압력 없이 독점력을 누리는 기업과 달리 경제적으로 크게 우려할 대상도 아니다. 자생적이든 혹은 정부의 선택에 의해서든 효율성을 바탕으로 등장하는 독점기업은 우선 효율적인 기업일 뿐만 아니라 항상 시장경쟁이나 정부의 재선택압력에 노출되어 있어 효율성제고 노력을 소홀히 할 수 없기 때문에 그 독점력을 행사하기도 어렵고 행사할 유인도 크지 않기 때문이다.

3) 왜 정부가 직접적인 차별화전략으로 개입을 해야 하는가?

이에 대한 답은 이미 앞에서 누차 지적한 바와 같이 바로 자생적 시장의 차별화기능이 후진국의 경우 선진국처럼 강하지 못하기 때문이다. 즉 후진국 시장은 선진국에 비해 거래비용이 너무 높아 시장의 차별화기능실패가 보편화되는 경향이 있기 때문이다. 따라서 정부의 직접적인 차별화 개입은 취약한 시장의 차별화기능을 보완하여 그 힘을 증폭시키는 전략인 셈이다.

오늘날 소위 워싱턴 컨센서스(Washington consensus)라는 경제운영 전략은 후진국이나 선진국 가리지 않고 모두에게 경제적 자유와 재산권 보장, 거시경제안정, 경제의 대외개방 등등을 권고하고 더 이상 정부가 시장개입을 하지 않는 것이 좋다고 제안한다. 선진국이란 이미 시장의 경제적 차별화기능이 충분히 정착되어 정부의 추가적인 차별화 전략이 필요 없는 경제 상태를 의미한다. 그러나 후진국은 이런 정책만으로는 경제적 도약이나 추격을 하기 어렵다는 것이 신 발전원리가 시사하는 바이다. 왜 그럴까? 후진국과 선진국의 본질적 차이는 무엇인가?

후진국이란 본질적으로 경제적 자유나 재산권을 보장하는 장치 등 시장제도의 미흡으로, 거래비용이 높아 시장의 차별화기능이 선진국에 미치지 못할 뿐만 아니라, 이러한 제도적 장치들이 도입되더라도 이것이 바로 시장의 경제적 차별화기능을 획기적으로 높여 경제활동 수준을 바로 선진국 수준으로 활성화하는 데는 한계가 있는 경제를 의미한다. 시장의 기능을 강화하는 경제제도를 그냥 외부에서 도입한다고 바로 경제활동이 활성화되는 것이 아니고 그 제도하에서 훈련을 쌓고 이 과정에서 그 경제에 맞게 제도를 수정하거나 필요하면 새로이 창안해 가는 과정이 필요한 것이다. 예컨대 선진적인 경제적 자유나 재산권제도, 기업제도, 금융제도가 도입되었다 해서 당장 잘 활용되는 것이 아니다. 경제제도란 경제활동을 통해 부딪치는 현실경제문제를 풀어가는 과정에서 효율적 제도가 만들어지고 진화하는 것이지 시장경제활동과 독립적으로 그냥 수입한다고 그 효과가 바로 나타나기는 어려운 것이다.

기업하려는 사람들이 늘어나면서 기업 활동에 불편이 나타나면 이를 해소하기 위한 제도개선이 일어나는 것이지 예컨대 아무도 기업 활동에 관심이 없는데 선진적 경제자유와 재산권을 보장하고 기업제도와 금융제도를 도입하면 시장이 알아서 발전을 가져온다고 하는 워싱턴 컨센서스는 후진국 시장의 현실과 시장제도형성의 내생적 진화과정을 간과한 주장인 것이다. 필요가 발명의 어머니이듯이 경제활동과 경제제도의 진화는 상호작용 속에서 일어나는 것이지 경제제도만 도입하면 모두가 새로운 제도, 즉 규칙하에서 잘 해보지도 못한 경제게임을 선진국 경제주체들처럼 능숙하게 할 것이며, 더구나 특정 경제의 역사적, 문화적, 이념적, 관행적 배경 등 비공식적 제도와 관계없이 선진국 제도가 도입되면 만사형통이라는 주장은 설득력이 없는 것이다. 경제활동을 해봐야 무엇이 필요한지 어떤 규칙이 잘못되었는지, 어떤 새로운 규칙을 도입해야 하는지를 "실제 부딪치면서 배우게(learning by doing)" 되고 제도도 만들어가게 되는 것이 세상의 이치인 것이다. 이런 여러 가지 이유로 시장경제활동이 정체되어 있는 후진국의 저개발 상태에서 경제활동을 일으키는 최적의 방법이 바로 정부의 경제적 차별화전략이라는 것이 바로 신 발전원리의 시사점인 것이다. 이 과정을 통해 기업 활동을 포함한 일반경제활동이 새롭게 일어나면서 필요한 제도개선 조치가 이루어지고 선진국 제도도 도입하면서 경제적 도약이 일어나고 추격도 가능해지는 것이다. 정부의 직접적인 차별화전략을 통한 민간 경제활동에 대한 동기부여가 그래서 중요한 것이다.

4) 정부의 직접적인 차별화전략은 심판의 역할을 벗어나는 것이 아닌가?

한편 정부의 직접적인 경제적 차별화 개입을 정부가 소위 경쟁의 규칙을 만들고 집행하는 심판의 역할을 넘어 특정 주체만을 우대하는 코치의 역할까지 하는 것으로 오해할 수도 있다. 더구나 어떤 이유로든 경제적으로 좋은 성과를 내는 주체가 정부로부터 더 대접을 받는다는 것이 공정하고 정의로운 일인가하는 질문을 제기할 수도 있는 것이다.

그러나 정부의 직접적인 차별화전략은 바로 정부가 심판의 규칙을 "경쟁의 기회는 모두에게 공평하게 주지만 결과적으로는 경제적으로 효율적인 주체를 선택한다"는 경기규칙을 선언하는 것에 불과하다. 경기를 보다 역동적으로 만들기 위해 경쟁규칙을 선언하고 그 규칙에 따라 선택하는 것이지 어느 일방을 사전적으로 우대하는 일은 없다. 엄격하게 시장의 공정경쟁규칙을 강화하여 경쟁과정이 불공정해지는 일이 없도록 경쟁정책을 강화하는 일은 항상 정부의 중요한 책무이다. 단지 정부는 사전에 선언된 규칙에 따라 결과를 평가하고 이에 따라 자원을 재배분할 뿐이다. 따라서 정부의 경제적 차별화 전략을 공정하지 못하다거나 정의롭지 못하다고 할 수는 없는 것이다. 그러나 물론 이 경우에도 모든 과정이 공정하더라도 결국은 정부가 효율적인 경제주체에게 지원하거나, 지원하도록 하는 것이기 때문에 이것 또한 역시 코치의 역할과 다르지 않고 공정하지 못하다고 할 수도 있을 것이다. 그러나 이러한 주장은 논리적으로 시장의 결과에 따라 시장에 의해서 선택되고 탈락되는 것 자체에 대해서마저 불공정하다고 하는 것과 다르지 않은 관점이기 때문에 합리적 비판이라고 보기는 어렵다. 어쨌든 정부의 경제적 차별화가 만에 하나라도 시장경쟁과정의 공정성을 담보하지 못하거나 객관적인 시장성과를 무시하는 등, 공정하고 투명한 재선택의 규칙을 무시하고 정치적 연고주의에 의해 운영된다면 이는 우리의 신 발전원리가 제시하는 경제발전정책의 역할을 해낼 수 없는 것이다.

2. 신 발전원리의 공공정책적 시사

1) 경제발전정책과 사회정책의 서로 다른 의미

국가의 공공정책은 크게 두 가지 유형으로 분류할 수 있다. 하나는 경제발전정책이며, 다른 하나는 사회정책이다. 우선 경제발전정책은 무에서 유를 창출하거나 새로운 부를 창출하여 개인과 사회와 지역, 국가의 경제적 위상을 향상시키기 위한 정책으로서 바로 신 발전원리가 시사하는 차별화전략을 기본으로 한다. 경제적으로 스스로 도와 성공하는 주체가 그 만큼 더 우대받도록 함으로써 동기부여를 통해 모든 주체들을 일으켜 세워 역동적인 경쟁체제를 만들어내는 일이다. 산업화 초기 혹은 경제발전 초기 단계에서 도약(take-off)이나 경제추격(catch-up)은 바로 차별화전략을 바탕으로 하는 경제발전정책이여야만 성공할 수 있다. 후진국이 중진국, 선진국으로 도약하는 과정은 적어도 정부의 차별화전략이 뒷받침되어야 한다.

한편 사회정책은 경제적 성과나 노력에 관계없이 국민들에게 평등하게 지원하는 무차별적 평등주의적 보조 및 지원정책이다. 사회정책의 지원 대상은 전 국민일 수도 있지만 특정 취약계층이나 낙후부문에 한정될 수도 있다. 이는 민주주의 사회에서 사회의 그늘진 부분을 배려해야 하는 공동체적 요구에 부응한 국가의 불가피한 책무이다. 시장의 경쟁에서 탈락하는 경제주체들이나 아예 일할 능력이 없는 주체들을 보조하는 정책이라 할 수 있다. 그러나 이는 사실상 경제적 차별화에 역행하는 정책이다. 그렇기 때문에 이러한 사회정책이 발전의 역동성을 가져 오리라고 기대할 수는 없다, 최소한으로 특정계층의 삶을 보조하는 것으로 그 책무를 다하는 것으로 이해할 수 있다.

2) 사회정책원리가 압도하면 경제정체를 초래할 위험이 높다

따라서 국가의 공공정책역할을 논의함에 있어서는 이 두 가지 정책의 의미를 바로 이해하는 것이 대단히 중요하다. 왜냐하면 경제(발전)정책이라는 이름하에 사회정책원리를 쓰는 경우나 사회정책을 시행하면서 경제발전을 위한 정책이라고 오해하는 경우가 많기 때문이다. 사회정책원리, 즉 평등주의 원칙하에 시행되는 경제정책이나 사회정책이 경제발전을 촉진시키기는 어려운 것이다. 시장을 경제적 차별화장치로 해석하는 우리의 신 발전원리는 경제정책과 사회정책의 서로 다른 의미와 기능을 분명하게 이해할 수 있게 함으로써 국가공공정책 논의의 차원을 한 단계 더 높일 수 있는 길을 열었다고 할 수 있다. 예컨대 보편적 무상, 재분배 복지정책을 좌파에서는 발전을 가져온다고 주장하고 우파에서는 그렇지 않다고 주장하며, 끝없는 이념논쟁에 빠져 있는데 신 발전원리의 입장에서 보면 여기서 문제의 본질은 이러한 정책이 전통적인 평등주의적 재분배정책에 머물러 있어 동기부여에 실패하고 있느냐, 아니면 차별화요소를 담아 일할 동기를 살려내고 있느냐 하는데 있음을 이해하는 것이 중요한 것이다. 사회 혹은 복지정책의 경우라도 일할 능력이 있는 주체들의 경우에는 스스로 도와 음지에서 양지로 탈출코자 노력하는 주체들을 더 우대하는 차별화원리가 적용된 정책으로 전환한다면 지속가능한, 경제발전친화적인 사회, 복지정책이 될 수 있는 것이다. 그렇지 않고 차별화원리가 부재한 평등주의적 사회, 복지정책을 발전에 도움이 된다고 주장하는 것은 잘못된 것이다. 따라서 차별화원리에 의해 추진되어야 할 경제발전정책을 포함하여 국가의 공공정책 전반이 사회정책적 평등원리에 의해 압도되게 되면 경제전체의 발전역량은 약화될 수밖에 없는 것이다.

3. 신 경제발전원리의 유용성은 어디까지인가?

정부의 차별화전략은 어디까지 유효한 것인가? 물적, 지적 재산권 보호가 강화되고, 개인들의 경제적 자유가 보다 신장되며, 시장경제제도가 정비되어 소비자, 금융기관, 투자자 등 시장주체들의 차별화기능이 향상됨에 따라 정부가 직접 차별화에 나서야 할 개입의 여지는 줄어들게 될 것이다. 일부 선진국들처럼 시장에 의한 지속가능한 발전이 일어나게 되면 소위 워싱턴 컨센서스가 통하게 될지 모를 일이다. 따라서 경제가 초기 도약을 이루고, 추격 단계로 진입하게 되면 정부의 차별화 개입의 필요성은 당연히 감소하게 될 것이다.

그럼 우리의 신 발전원리의 유용성은 이제 사라지는 것인가? 정부의 경제적 차별화 노력도 여기서 그쳐야 할 것인가? 신 발전원리가 시사하는 경제적 차별화전략은 가장 보편적 원리이다. 그 유용성은 결코 여기에 그치지 않는다. 어느 사회든, 그것이 후진국이든 선진국이든 반드시 낙후, 취약부문은 있게 마련이며 이들 부문을 일으켜 세우는 일은 결국 신 발전원리의 몫일 수밖에 없다. 선진부문은 시장에 의한 차별화가 이끌고 가지만 낙후, 후진 부문에는 그 발전을 가속화시키기 위해 정부에 의한 경제적 차별화전략의 도움이 필요한 것이다. 물론 경제의 최첨단 부문처럼 시장이 아직 경험하지 못한 신 산업분야 육성의 경우도 산업정책의 관점에서는 유치산업육성과 다르지 않기 때문에 차별화전략을 추구해야 한다. 산업정책의 경우는 선진국이든 후진국이든 차별화 발전전략을 추구해야 한다.

만일 여기서 미리 한국의 경우를 예로 든다면, 오늘날 대기업부문에 대비되는 낙후 중소기업부문이나 대도시부문에 대비되는 낙후 지방 및 농촌지역이나, 수출제조업에 대비되는 내수 서비스업부문 등이 차별화전략 대상이 될 수 있을 것이다. 물론 최근 논의되는 새로운 첨단산업 육성정책이나 녹색성장산업정책의 경우도 그 대상이 될 것이다. 그 외에도 지식산업이라는 교육산업육성, R&D육성 등도 그 대상이 될 수 있다. 이들 분야의 발전을 도모하기 위해서는 사회정책적 원리가 아니라 발전정책적 원리인 경제적 차별화전략을 구사하여야 성과를 기대할 수 있을 것이다.[23]

한편 오늘날 민주정치사회에서는 경제가 도약을 이뤄 선진경제에 가까이 추격해 감에 따라 재분배 사회정책이 광범위하게 도입되면서 공공정책에서 경제적 차별화전략이 실종되는 경향이 나타나고 있다. 더구나 경제발전정책으로 추진되어야 할 낙후부문의 도약이나 발전을 위한 정책마저도 평등주의라는 사회정책원리로 추진되는 경향이 많다. 이는 바로 일인일표 민주주의하에서 관찰되는 소위 포퓰리즘의 영향으로 민주정치의 평등이념이 경제발전정책에 전이된 결과라 할 수 있다. 우리의 신 발전원리의 입장에서 보면 오늘날 G-7 선진국중심으로 관찰되는 저성장, 고실업, 재정적자문제들이 결국은 제2차 세계대전이후 복지국가, 수정자본주의, 사회민주주의를 지향하는 과정에서 진행된 경제발전정책의 실종과 재분배 사회정책의 보편화에 따른 경제발전역량의 정체 및 하락의 결과라 할 수 있다. 이런 현상은 선진국에만 국한된 것이 아니다. 중진국이나 개발도상국에서 마저도 민주주의하의 포퓰리즘의 영향으로 재분배 사회정책이 경제발전정책을 압도하여 중진국 함정 혹은 성장정체에 빠지는 경우가 많다.[24] 따라서 이런 관점에서 보면 앞으로 70억 세계인류가 지속가능한 발전과 복지 · 사회정책을 유지하기 위해서는 바로 우리의 신 발전원리에 따라 공공정책에 차

23. 이런 문제를 포함하여 한국경제의 과거와 미래에 대한 상세 논의는 제7장을 참조.

24. 이러한 현대 세계경제발전의 경험에 대해서는 제6장이나 좌승희(2012) 참조.

별화원리를 도입함으로써 경제발전정책은 물론 사회정책마저도 발전에 친화적으로 전환할 필요가 있어 보인다. 선진국을 다시 발전시키고, 중진국들이나 개발도상국들이 중진국함정 등 성장정체에 빠지지 않고 지속 발전하기 위해서는 공공정책이 가능한 한 경제적 차별화원리를 따를 필요가 있을 것이다.[25]

4. 경제발전이론에 있어 신 발전원리의 위상

1) 경제운영방식에 대한 세 가지 통념

오늘날 선 · 후진국경제를 구분함이 없이 통용되는 경제운영방식에 대한 통념은 대체로 세 가지로 구분할 수 있을 것이다. 우선은 위에서 언급한 워싱턴 컨센서스이다. 이는 앞에서 비판적으로 고찰한 신고전파 주류 성장이론과 신자유주의적 접근이 합쳐진 관점으로 정부는 경제적 자유의 신장, 재산권제도의 정비 · 집행, 거시경제안정, 교육의 확충, R&D 공급 등 시장외부환경을 정비하고 그 외 직접적인 시장개입을 해서는 안 된다는 관점이다. 이에 따르면 정부의 산업정책은 바람직하지 않다. 이상의 시장 환경만 마련되면 시장이 알아서 경제를 발전시킨다는 자유방임적 입장을 견지한다. 둘째로는 후진국의 경우 유치산업보호육성이라는 산업정책이 필요하다는 주장이다. 필요하면 정부가 비교우위를 무시해서라도 신산업을 육성하는 등 시장원리에 역행해서 산업을 육성할 수 있다고 주장한다. 이러한 산업정책 주장은 정부가 시장보다도 더 잘 승자를 골라낼 수 있다는 소위 정부에 의한

25. 이 점에 대해서는 본서의 에필로그에서 재론하게 될 것임.

사전 승자선택(picking the winner)의 문제점에 대한 해답을 제시하지 못함으로써 아직도 비주류를 못 벗어나고 있다. 셋째로는 재분배 복지제도가 소득분배를 개선하고 이것이 경제성장도 가져온다는 사회 민주주의적 정책체제이다. 인위적 정책개입으로 경제적 평등을 이루어야 한다는 입장으로 칼 마르크스가 자본주의 모순이라고 지적한 경제적 불평등을 해소하고자 하는 것이다. 이런 생각은 민주주의가 형식적 평등을 넘어 실체적 평등을 추구해야 한다는 소위 경제민주화이념으로 발전되어 이제 경제적 평등을 추구하는 것이 국가의 공공정책의 역할이라는 하나의 공고한 정책관을 형성하고 있다.

2) 대안으로서의 신 발전원리

우리의 신 발전원리에 의하면 이상의 모든 통념이 문제를 가지고 있다. 우선 워싱턴 컨센서스는 시장의 완전성에 대한 과도한 믿음으로 후진국 혹은 개발도상국 시장의 경제적 차별화 실패현상을 인지하지 못함으로써 경제발전에 있어서 기업과 정부의 차별화기능을 무시하는 데 문제가 있다. 경제적 차별화원리를 이해하지 못함으로써 선진국정책에 만연된 사회정책압도현상의 문제를 충분히 지적하지도 못하고 따라서 사회 민주주의적 정책체제로부터의 이념적 도전에도 합리적으로 대처하지 못하고 있다. 경제적 불평등, 혹은 양극화를 초래한다는 자본주의 혹은 시장경제의 모순론에 대한 논리적 대응에도 한계를 보이고 있다. 다음으로 적극적 산업정책논자들은 산업정책이 중요하다는 주장은 하지만 아직도 성공하는 산업정책의 조건들을 설득력 있게 제시하지 못하고 있다. 산업정책은 경제발전정책이며, 따라서 경제적 차별화원리에 따른 정부의 사후승자선택이 성공요인임을 인지하지 못하고 있으며, 따라서 산업정책이 사회정책원리로 추진될 때 왜 실패할 수밖에 없는지도 설명하기가 어렵다. 정부가 시장의 결과에 역행 혹은 무시하는 방향으로 정책적 개입을 해야 한다고 하나 그러면 시장의 차별화기능을 무시하는 결과를 가져오는데 이에 대한 문제의식이 없다.[26] 마지막으로 사회민주주의 정책체제는 무엇보다도 시장의 차별화기능에 따라 일어나는 경제적 차이와 차등이라는 시장결과를 교정대상으로 간주함으로써 항상 공공정책과 시장이 충돌할 수 있다는 점이 문제이다. 국가의 공공정책이 재분배사회정책에 의해 압도되면 궁극적으로 평등주의 정책에 의해 시장의 경제적 차별화기능이 무력화될 것이므로 발전역량의 정체는 불가피할 것이다.

우리의 신 발전원리는 이들 경제운용방식에 대한 통념들이 갖는 근본적인 문제점들을 해결할 수 있는 대안으로서 경제발전의 일반이론을 제시하고 있는 셈이다.

5. 경제적 차별화원리와 경제민주화에 대한 단상

마지막으로 최근 국내에서 인기를 얻고 있는, 위에서 일부 언급한 경제민주화이념과 경제적 차별화원리와의 관계에 대해 부연해서 정리하고자 한다. 2008년 세계 금융위기이후 소위 양극화 현상이 보편화되었다는 주장들이 나오면서 세계적으로 자본주의경제 모순론이 인기를 얻고 있는 와중에 국내에서는 사회민주주의체제가 지향해온 "경제민주화"가 본격적으로 좌, 우 모든 정당의 정강정책의 중심으로 자리 잡게 되었다.

---

26. 기존의 산업정책관들에 대한 비판과 대안, 그리고 산업정책의 성공조건들에 대한 논의는 제3장 참조.

1) 경제민주화의 의미

경제민주화란 무엇인가? 로버트 달(Robert Dahl, 1985)과 같은 정치학자들은 경제적 평등 없이 정치적 평등은 없다는 시각에서 소득의 평등분배를 보장할 수 있는 방향으로 기업경영을 민주화하는 등 경제민주화(economic democracy)를 주창하고 있다. 민주주의가 지향하는 정치적 자유와 평등의 실현은 단순히 일인일표의 절차적 민주주의로는 불가능하다고 본다. 자본주의사회가 농경사회에서 기업자본주의(corporate capitalism)사회로 전환되어 기업이 경제적 부의 창출주체가 되면서 기업 혹은 그 주주들은 그들의 부를 이용하여 선거과정에 영향을 미칠 수 있기 때문에 실질적, 혹은 실체적 평등이 실현되기는 어렵다고 본다. 부를 가진 자가 그 부를 이용하여 자신들에게 유리하게 선거결과나 정치적 의사결정에 영향을 미침으로써 경제적 불평등이 지속 심화되기 때문에 형식적으로는 일인일표라 하지만 실제로는 부자가 더 많은 표를 행사하는 결과가 되기 때문에 정치적 평등이 실질적으로 실천되는 실체적 민주주의가 실현되기는 어렵다고 본다. 따라서 기업 경영을 민주화하여 평등한 소득을 보장하는 등 경제적 부의 평등을 추구하는 것이 결국 실질적인 정치적 자유와 평등을 실현하는 길이 될 수 있다고 보는 것이다. 일인일표의 투표제도를 기업내부지배구조에도 적용하여 일부에게 집중된 주주권에 의해서가 아니라 기업조직원 모두가 평등하게 한 표씩 권리를 행사할 수 있어야 소득과 부의 평등분배와 동시에 진정한 의미의 평등한 민주주의를 실현할 수 있다는 논리이다.

이를 보다 간단하게 정리하면 정치영역에서 통용되는 일인일표의 민주주의 의사결정방식을 경제생활에도 적용하여 모두가 평등한 부와 소득을 누리는 경제적 평등을 실현하겠다는 주장인 셈이다. 따라서 이에 의하면 기업의 지배구조는 모든 구성원이 일인일표를 행사하는 민주체제로 전환되어야 하며, 국가의 공공정책도 모든 국민들이 각자 국가의 자원과 부에 대해 동등한 권리를 행사할 수 있도록 운영되어야 한다.

2) 한국의 정치권은 지금 경제민주화 혁명을 완결 중에 있다

필자의 관찰에 의하면 한국 경제는 이미 지난 30년 가까이 경제민주화의 길을 걸어왔으며, 공식적으로는 1987년 민주헌법 개정을 통해 경제민주화가 헌법적 가치로 도입되었다. 경제민주화가 헌법에 무리 없이 도입되게 되었음은 이미 한국의 사회적 분위기가 경제민주화를 수용할 만큼 평등주의적 성향으로 바뀌었다는 의미로 해석할 수 있다. 오늘날 보편화된 대기업규제정책, 중소기업보호육성정책, 농업보호정책, 지역균형발전정책, 수도권규제정책, 교육평준화정책, 전투적 기득권 노조의 방치, 재분배복지정책의 지속적인 확대 등은 바로 경제민주화이념의 틀 속에서 이루어지고 있는 것이다. 따라서 경제민주화의 이념은 어제 오늘일이 아니라 이미 우리나라 정책체제에 깊이 들어와 있는 것이다.[27]

헌법이 규정하는 우리나라 경제기본질서의 중심은 119조이며, 이 조문은 ①항과 ②항으로 구성된다.

헌법 제119조의 내용은 다음과 같다.

① 대한민국의 경제질서는 개인과 기업의 경제상의 자유와 창의를 존중함을 기본으로 한다.

② 국가는 균형있는 국민경제의 성장 및 안정과 적정한 소득의 분배를 유지하고, 시장의 지배와 경제력의 남용을 방지하며, 경제주

27. 이에 대한 보다 상세한 논의는 제7장 참조.

체 간의 조화를 통한 경제의 민주화를 위하여 경제에 관한 규제와 조정을 할 수 있다.

여기서 제①항은 자유시장경제를 천명하고 있으며, 제②항이 경제민주화를 천명하고 있는데 헌법재판소의 판례에 따르면 통상 ②항은 ①항을 보완한다고 본다.[28]

그러나 1987년 119조 ②항이 도입된 이후에도, 그동안은 적어도 제①항이 항상 경제기본질서의 중심으로 이해되어 왔으나 최근 들어 정치권을 중심으로 제①항보다도 제②항을 정강정책의 전면에 내세워, 경제민주화를 추구하겠다고 대국민 약속을 하고 있으며 많은 국민들도 — 그 뜻을 제대로 아는지 모르나 — 이를 당연하게 받아들이는 분위기이다. 헌법재판소의 판례를 언급하지 않더라도 제①항이 우선하리라는 것은 상식일 것이다. 그럼에도 불구하고 한국의 정치권이 모두 이구동성으로 제②항을 전면에 내세우고 있는 것이다. 어떤 의미에서 지금의 정치권의 경제민주화열풍은 이미 1980년대 말부터 불기 시작한 경제민주화 혁명의 완결과정이라고 할 수 있을 것이다.

3) 경제민주화가 되면 어떤 결과가 나타날까?

우리의 신 발전원리는 시장은 경제적 차이와 차등을 만들어냄으로써 경제적 차별화를 통해 경제발전의 역동성을 창출해낸다 하였으며, 후진국의 경우 시장의 차별화기능 실패현상으로 인해 기업과 정부에 의한 경제적 차별화가 보완되어야 경제적 도약과 추격에 나설 수 있다 하였다. 경제발전은 바로 경제적 불평등과 경제력의 집중과정을 통해 실

28. 이에 대한 보다 상세한 논의는 좌승희(2011) 참조

현된다고 하였다. 따라서 자본주의 경제의 발전은 모두가 동반성장하는 과정이지만 결코 같아질 수는 없다 하였다. 그래서 경제적 차별화와 경제발전은 경제민주화가 추구하는 경제적 평등과는 모순되는 개념이다. 시장의 차별화기능과 경제민주화는 양립할 수 없는 개념이다. 결국 경제민주화는 그 민주적 평등의 이상이 아무리 높다 하더라도 경제적으로는 국민들의 일할 동기를 약화시키는 결과를 초래함으로써 경제정체를 불가피하게 할 것이다. 따라서 경제민주화가 추진되면 정부의 공공정책은 항상 시장의 차별화기능에 역행하는 방향으로 시행될 수밖에 없을 것이며, 결과적으로 경제발전에 역행하게 될 것이다. 여기에 재분배 복지 · 사회정책이 확대되면 저성장, 실업, 재정적자의 위험이 증대될 것이다.

경제가 민주화의 대상일 수 있는 것인가? 복잡경제 창발의 전제는 '경제적 차이와 차등'에 있다 하였다. 민주헌법이후 그동안의 경제민주화 노력이 어떤 결과를 가져왔는지에 대한 성찰과, 그리고 우리보다 더 적극적으로 경제민주화를 추구했던 유럽선진국들이 겪는 경제적 어려움에 대한 성찰이 필요한 때이다. 우선 지난 20년 넘게 우리나라는 경제민주화를 추구해 왔으며 오늘날의 경제양극화의 원인도 실상은 이와 무관하지 않음에도 불구하고 경제민주화논자들은 경제민주화를 보다 적극적으로 추진하지 않은 것이 문제의 원인이라 강변하고 있다.[29] 나아가 일부 유럽선진국들의 경제적 어려움 또한 지난 20세기 후반의 경제민주화추이와 무관하지 않은 것이 현실이다.[30] 경제적 차이와 차등현상이 모든 경제변화의 시작이며 또한 끝이라는 우리의 신 발전원

---

29. 이에 대해서는 제7장의 논의를 참조하기 바라며, 특히 필자는 소위 경제양극화라는 현상도 실상은 양극화가 아니라 "경제적 어려움이 보편화되는 현상"으로 해석하고 있다.

30. 이에 대한 이론적, 실증적 논의는 좌승희(2012)를 참조.

리는 경제민주화의 앞날이 순탄치 않을 것임을 시사하고 있는 것이다.

4) 경제민주화조항에 대한 올바른 해석이 필요하다

이미 지적한 바와 같이 우리나라는 1987년 헌법개정당시 경제민주화가 헌법적 가치로 도입되었다. 그러나 놀라운 것은 당시나 지금이나, 헌법상의 경제민주화가 무엇을 뜻하고, 무슨 목적으로 도입되었는지에 대한 진지한 논의가 없다는 점이다.

119조 ②항은 두 가지 측면에서 해석상의 애매성을 갖고 있다. 그 첫 번째는 경제민주화의 포괄범위이다. 일부 학계나 정치계에서는 마지막 구절의 "경제주체 간의 조화를 통한 경제의 민주화"를 통상 "국가는 균형있는 국민경제의 성장 및 안정과 적정한 소득의 분배를 유지하고, 시장의 지배와 경제력의 남용을 방지하며"라는 앞의 두 구절까지를 포괄하는 것으로 해석해서 균형발전과 적정 소득분배 문제, 그리고 대기업의 시장지배와 경제력집중문제 등을 모두 경제민주화문제로 다루고 있다. 그러나 사실상 ②항의 문맥상, 앞의 두 구절과 마지막 경제민주화 구절은 병렬적으로 해석하는 것이 문법에 맞는 것으로 보인다. 따라서 균형발전과 적정 소득분배문제나 재벌규제문제는 경제민주화의 포괄 범위가 아니라고 보는 것이 합당하다고 생각한다. 그러면 경제민주화는 '경제주체 간의 조화' 문제로 특정화되는데 그럼 무엇을 의미하는가? 여기서 두 번째 애매성이 들어나는데, 일부 학계나 정치계에서는 앞에서 지적한 바와 같이 서구식 해석에 따라 소위 '경제 평등화'로 해석하고 있으나, 1987년 헌법개정에 참여한 주요인사의 헌법해설에 따르면, "경제주체 간의 조화를 통한 경제민주화"란 " … 정부 · 기업 · 가계라는 경제주체 가운데 종전에는 정부주도경제운용에 치우쳤으나 민간 주도로 전환하여 효율성을 극대화시킴과 아울러 사용자와 근로자라는 노동경제상의 양대 주체 간의 협조를 통한 산업평화와 노사공영의 이룩을 도모하고자 하는 것이다. 이는 동시에 경제에 대한 규제 · 조정의 방식 및 한계를 규정한 것이기도 하다."라고 지극히 민간중심적인 사고를 배경으로 하고 있음을 증언하고 있다.[31] 이에 의하면 경제민주화는 경제평등화가 아니라 '경제민간화'로 해석하는 것이 마땅하다 할 것이다.

이런 관점에서 보면 정부가 균형발전과 적정소득분배를 추구하고 재벌 경제력 집중의 폐해를 막기 위해 경제에 대해 규제 · 조정을 할 수는 있으나 이를 경제민주화라는 이름 하에 추구하는 것은 헌법의 취지에 맞지 않는 것이다. 민간경제를 활성화시킨다는 취지의 경제민주화는 오히려 정부규제 · 조정의 한계를 규정하는 것으로, 경제를 규제 · 조정하더라도 관치경제나 사회주의를 지향해서는 안 된다는 '경제민간화'선언으로 이해되는 것이 마땅하지, 일인일표의 민주주의 절대 평등원리에 의해 경제를 관리하겠다는 사회민주주의선언으로 왜곡돼서는 안 된다고 생각한다.

이렇게 보면 일부학계나 정치권은 그동안 경제민주화라는 용어의 헌법상의미나 도입취지에 대한 진지한 논의도 없이, 그 의미를 표퓰리즘적 정치구호로 '반 헌법적'으로 왜곡해온 셈이다. 이제 국내 경제민주화 논자들은 경제민주화가 헌법의 선언이라고 주장하기에 앞서 그 본래 취지를 재음미할 필요가 있으며, 나아가 헌법을 해석하는 기관에서도 이런 헌법왜곡을 바로 잡는 데 나설 필요가 있다. 이는 정치권이 지향하는 서구 사민주의 국가모델이 이미 지속가능하기 어렵다는 평가가 내려지고 있기 때문에 더욱 그러하다고 생각한다.

---

31. 당시 국회 헌법개정안기초소위원회 위원장을 지낸 현경대 전 의원의 신헌법 해설서, 『신헌법』(박문각, 1988), pp. 94-95에서 인용.

제3장

시장경제를 넘어 기업경제로

I. 자본주의경제는 기업경제다

1. 기업의 창발 없이 경제가 발전하기는 어렵다

19세기 산업혁명이후 세계 경제발전사는 대규모의 자본을 쉽게 조달하여 새로운 발명과 혁신적 아이디어들을 대규모로 상업화, 부가가치화 해낼 수 있는 주식회사라는 기업제도의 보편화과정이었다. 주식회사라는 기업제도는 인류가 창안한 혁신적 사회적 기술이다. 경제의 발전과정은 소규모 가족기업에서 동업조합 등 무한책임회사로, 나아가 유한책임회사라는 현대적 기업조직으로 기업의 지속적인 창발과정이라 할 수 있다. 유한책임 주식회사제도는 무한책임회사에 비해 그 역량에 있어 전혀 차원을 달리하는 고차원의 질서이다.

아담 스미스의 국부론은 유한책임 주식회사제도가 보편화되기 훨씬 이전에 쓰여졌다. 그래서 국부론이 그리는 당시의 유한책임 주식회사는 국왕이나 국회의 특별한 허가에 의해서 설립되는, 때로는 국가의 업무를 대행하는 기업조직이었다. 대부분 식민지개척과 관련해서 각종의 독점 무역권을 행사하는 비효율적인 조직으로 묘사된다. 일반적으로 주식회사는 고용된 이사들의 나태로 경영이 비효율적이며, 개인 모험 사업가들과의 경쟁에서 뒤지게 된다. 외국무역은 전쟁이나 다름없어 민첩한 대응이 필요한 데도 고용된 이사들에 이를 기대할 수 없으며 그래서 대응력에서 소규모 개인 모험사업가를 따를 수 없다. "주식회사는 어떤 배타적 특권 없이는 거의 성공할 수 없었고, 배타적인 특권을 가지고도 자주 성공하지 못했다. 일반적으로 그들은 배타적인 특권이 없는 경우 무역에 실패하였으며, 배타적인 특권이 있는 경우에는 무역을 잘못 관리했을 뿐 아니라 무역을 제한하였다."[1] 독점과 비효율, 특권이 국부론이 그리는 유한책임 주식회사에 대한 묘사이다.

국부론은 분업과 전문화과정을 국부의 창출과정이라 묘사하고 있다. 각자가 핀 전체를 만들면 하루 한 사람당 20개도 만들기 어려운 핀 공장이 공정을 18개로 나누어 분업하여 생산하면 하루 한 사람당 4,800개를 만들 수 있는 조화를 분업과 전문화효과라 했다. 하지만 이는 마차경제의 선형적 생산성증가 현상을 그리고 있지만 마차에서 비행기로의 비선형적 창발현상을 그리지는 못하고 있다. 개인 사업가나 동업조합이 이끄는 수공업 기업의 선형적 생산성 증가가 국부론의 국부창출 주체인 셈이다. 나아가 저녁상에 빵과 포도주와 스테이크를 즐길 수 있게 도와주는 주체도 보이지 않는 손에 의해 이끌린 빵가게, 포도주 양조장, 푸줏간 주인들의 이기심 덕택이라 했다. 핀 공장, 빵가게, 포도주양조장, 푸줏간은 있어도 대규모 자본을 집적하여 새로운 창발을 유도하는 주식회사제도의 긍정적 역할은 어디에서도 찾아볼 수 없다. 아마 국부론이 주식회사가 경제발전을 주도하기 시작한 19세기 중반이후에 쓰여졌다면 부의 창출과 기업의 역할에 대한 국부론이나 오늘날의 경제학의 내용은

1. 스미스(2007), 『국부론』, p. 914.

많이 달라지지 않았을까 하는 상상을 하게 된다. 아마도 스미스는 자본주의 경제를 '기업경제'라 하지는 않았을까 하는 상상을 해보게 된다.

미국 뉴욕의 많은 빌딩 속에는 도대체 무엇이 들어 있는가? 세계 일류 기업들이 빌딩숲을 채우고 있지 않은가? 아프리카 케냐의 세렝게티 초원은 무엇이 차지하고 있는가? 어슬렁대는 맹수와 그에 쫓기는 먹잇감들로 가득하지 않은가? 기업이라 할 조직이 없음이 케냐의 경제적 어려움의 원천인 것이다. 지난 60여 년의 한국경제의 발전사는 한마디로 1960년대 초 중소 개인 기업들이 오늘날 세계적 규모의 유한책임 주식회사로 창발하는 과정이 아니었던가. 기업조직의 창발을 가져온 유한책임 주식회사제도야말로 경제발전을 실현시키는 인류가 창안해낸 최고의 사회적 기술인 셈이다.[2]

2. 우주인이 내려다보는 기업경제의 모습

기업은 실체이고 시장은 형식이다

우리의 신 발전원리는 기업이라는 조직을 경제발전의 필수적 주체로 파악하고 있다. 기업이라는 조직 없이 경제발전의 새로운 창발이 일어나기는 어렵고 시장만의 힘으로 경제가 창발하기는 어렵다. 그래서 우리는 발전경제학적 관점에서 본다면 자본주의경제를 오히려 '기업경제'라 부르는 것이 더 적절하다고 주장한다. 사이먼은 자본주의경제는 시장경제보다 조직경제라고 표현하는 것이 더 적절하다고 했지만 우리는 더 나아가 '기업경제'라 하는 것이 더 적절한 표현이라고 본다. 그림 1은

2. 후술하는 바와 같이 주식회사제도는 기업조직이 개인 및 가족기업에서 보다 고차원적인 복잡계 질서로 창발한 결과로서 영국의 산업혁명과 그 이후의 경제발전의 동인이라 본다.

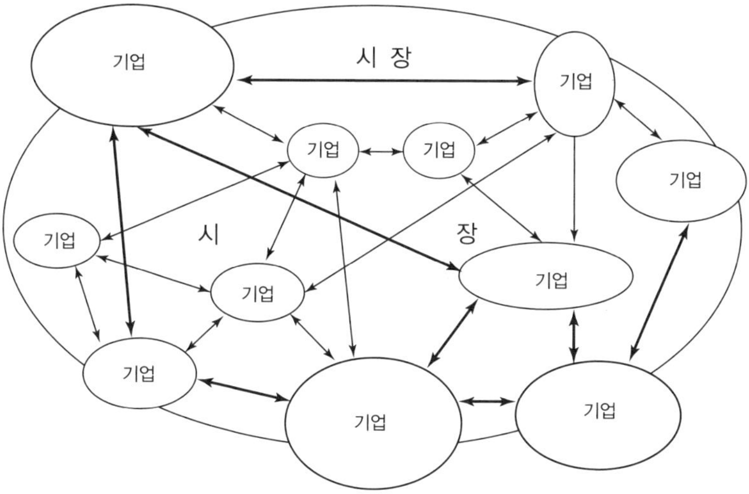

그림 1 기업경제의 개념화: 기업은 실체이고 시장은 형식이다.

자본주의경제를 시장과 기업의 관계를 중심으로 도형화한 것이다. 제2장에서 논의한 사이먼의 화성인이 내려다본 지구경제의 모습을 구체화한 것이다. 시장이란 기업과 기업 간의 거래네트워크의 집합을 의미하는 것이며, 기업은 바로 이런 네트워크의 확대와 새로운 창출을 통해 시장의 영역을 확대함으로써 새로운 시장을 창출해가는 역할을 한다고 볼 수 있다. 시장이 형식이라 하면 기업은 실체라고 할 수 있다. 기업은 시장(의 거래네트워크)을 만들어내는 조직이다. 기업은 없는 시장거래 네트워크를 새롭게 만들어내지만 시장(의 네트워크)이(가) 있으되 기업이 창발하지 않으면 그 경제는 정체를 못 벗어난다. 규모가 큰 기업들의 네트워크는 작은 기업들의 네트워크에 비해 더 굵고 기업의 성장은 더 굵은 네트워크를 만들어낸다. 새로운 기업들의 창업과 성장은 애초에 없는 새로운 네트워크를 만들어낸다. 이 과정이 바로 시장경제의 성장과 영역의 확대 과정인 셈이다. 여기서 우리의 질문은 이런 경제를 시장경제라 하는 것이 적절한 것인지, 사이먼처럼 조직경제라 하는 것이 적절한지, 만일 조직경제가 의미가 있다면 왜 기업경제라 해서는 안 되는지 하는 것이다. 우리의 신 발전원리는 기업경제가 더 적절한 개념임을 시사한다고 생각한다.

3. 기업과 정부의 차별화기능 없이 기업경제의 발전은 가능하지 않다

이제 우리의 신 발전원리에 기초하여 그림 1의 기업경제의 진화, 발전의 모습을 발전경제학적 관점에서 보다 구체적으로 정리할 필요가 있어 보인다. 지구상의 경제는 많은 다양한 형태의 기업들이 다양한 거래형태로 서로 연결된 복잡계이다. 기업들이 서로 간에 시장거래관계를 형성함으로써 기업경제를 구성한다. 기업들을 연결하는 시장거래 네트워크관계는 궁극적으로 기업들을 차별화하는 유인구조를 형성한다. 이를 통해 우수한 시너지원을 차별화해냄으로써 기업 모두에게 동기를 부여하는 역할을 한다. 그림 1의 선(시장)은 차별화정보가 전파되는 네트워크이며 이를 통해 흥하는 이웃의 노하우가 경제 전체로 퍼져나가는 통로 역할을 하게 된다.

애초에 전문화된 기업조직은 하나도 없고 세렝게티(Serengeti) 초원처럼 촌락만 여기저기 흩어져 있는 자급자족 경제를 상정해보자. 이들을 연결하는 시장네트워크는 너무 미약하다. 아예 시장은 없는 것이나 다름없다. 그래서 세랭게티 경제에는, 기업이라 부를 만한 넓고 집적된 지역들은 없고 대신에 아주 작은 점들만 띄엄띄엄 있고, 이들을 연결하는 선은 아주 희미하다. 여기서 무에서 유를 만들어내려고 애를 쓰는 소수의 혁신가와 소규모의 가내기업들의 노력이 있기는 하지만 시장은 노하우의 무임승차현상 때문에 이들을 키워내는 차별화에 실패하게 된다. 진화실패가 일어나는 것이다.

여기에 대규모의 자본축적을 바탕으로 노하우 · 시너지 시장을 대규모로 내부화할 수 있는 유한책임 주식회사제도가 도입되면서 규모가 큰 기업조직들이 등장하기 시작한다. 기업들이 나서 시너지원들(롤 모델 혹은 흉하는 이웃들) 간의 무임승차를 내부화하면서 경제가 변화를 보이기 시작한다. 기업들이 시너지원들을 차별화하여 우대함으로써 역량 있는 개인들이 기업조직에 모여들어 비선형적 상호작용메커니즘을 만들어내면서 기업과 경제의 창발이 일어난다. 이제 이 기업들이 새로운 복잡한 재화들을 만들어내면서 마차경제가 자전거경제로 도약을 이루어낸다. 미세했던 점들이 다소 큰 지역으로 성장하고 이들 지역 간의 연결선도 선명해지면서, 즉 기업들이 성장하면서 시장거래의 네트워크가 보다 복잡해지면서 경제가 창발하지만, 그러나 또다시 노하우의 무임승차 현상 때문에 세계 일류 기업조직들의 등장은 용이하지 않게 된다. 기차, 자동차경제로의 창발은 쉽게 일어나지 않는다. 또 다시 진화실패에 직면하게 된다.

이제 정부가 나서서 경제적 차별화전략을 통해 기업조직들의 성장을 유도하기 시작하면서 경제가 변하기 시작한다. 작은 점들과 소규모 지역들은 점점 더 큰 지역으로 커지고 밀도가 높아져 집적이 일어나고 이들 지역 간의 네트워크연결선은 점점 더 굵고 견고해진다. 뉴욕 등지에서 볼 수 있는 대규모 기업조직들의 집적이 일어나고 이들을 연결하는 시장네트워크는 더 확대되고 기업경제는 창발하게 된다. 이제 기차, 자동차경제로의 창발이 일어나고 비행기경제로의 창발도 꿈꾸게 된다. 기업이라는 조직이 있어 시장거래가 활성화되고 경제가 발전하게 된다. 그래서 기업이나 정부의 차별화전략이 항상 성공을 보장하지는 않지만,

기업과 정부의 차별화기능 없이 자본주의 기업경제의 발전은 가능하지 않다.

이하에서는 기업경제의 바탕이 되는 기업의 속성을 보다 상세히 논의하고 기업의 경제발전역할 사례를 살펴보고자 한다. 그리고 기업경제의 약점인 앞선 기업이 불리하게 되는 '일등의 저주' 현상을 치유하는 데 있어 정부의 긍정적인 역할을 논의하고자 한다. 우리는 정부의 경제적 역할이란 바로 기업을 키워내어 기업경제를 활성화시키는 역할에 다름 아니라고 본다.

II. 기업이론상의 몇 가지 쟁점에 대한 논의[3]

여기서는 기업경제의 성격을 보다 심도 있게 이해하기 위해 새로운 관점에 비춰 기존의 기업이론이나 기업관이 갖는 문제점에 대해 논의해보고자 한다. 첫째는 앞에서 논의한, 기업이 시장의 대체장치라는 코스의 주장과 달리 시장 영역의 확대장치라고 보는 우리의 관점에 대해 보다 상세하게 논의하고자 한다. 둘째는 경제발전과 기업규모 간의 관계에 어떤 규칙성이 있을 수 있는지에 대해 논의해보고자 한다. 어떤 경로를 통해 기업과 경제발전이 상호작용하는 것인지, 아니면 기업의 성장이 꼭 필요한 것인지의 여부를 규명하고자 한다. 기업경제의 변화과정

3. 이 절의 내용에 대한 보다 상세한 논의는 좌승희(2002)와 Jwa(2002)를 참조.

을 정형화해보고자 하는 것이다. 셋째로는 기업과 시장의 상대적 투명성에 대해 논의하고자 한다. 최근 경제의 투명성이 새로운 개혁의 화두로 등장하면서 기업을 시장처럼 투명화해야 한다는 주장이 경영학계를 중심으로 제기되고 있는데 이런 주장의 타당성을 검토하고자 한다. 마지막으로는 좌파적 사고를 가진 경영 및 경제학계를 중심으로 경영민주화를 주장하는 경향이 있는데 이런 주장의 타당성을 검토해보고자 한다.

1. 기업은 시장거래의 대체장치인가, 시장의 확대장치인가?

주류경제학의 완전경쟁모형은 조직으로서의 기업이 필요 없는 모형이다. 이 문제를 해결한다고 등장한 코스(Coase, 1937)류의 거래비용경제학은 기업의 기능이 거래비용을 절감하는 데 있으며, 이를 통해 기업이 시장거래를 대체할 수 있음을 논리적으로 밝힘으로써 기업의 본질을 밝히는 데 진일보하였으나, 어떤 면에서는 기업을 시장을 대체하는 존재로 각인시키는 결과를 초래했다. 이에 의하면 기업은 시장거래의 비효율성(정의 거래비용) 때문에 생기는 것으로서, 기업은 수직적 결합을 통해 시장을 대체하는 그래서 시장거래의 영역을 축소시키는 존재로 인식될 수 있는 것이다. 코스의 논리에 따르면 예컨대 거래비용이 0이 되면 시장거래가 모든 기업 활동을 대체하여 기업의 존재는 사라지게 되며, 역으로 거래비용이 무한대가 되면 한 개의 기업이 모든 시장거래를 대체하여 시장은 사라지게 된다.[4] 이는 거래비용이 0인 그래서 기업이

4. 저자(좌승희, 2002; Jwa, 2002)는 일찍이 이러한 측면을 지적한 바가 있으며, 최근 Demsetz(2008, Chapter 8)도 유사한 지적을 하였다. Coase(1937)의 논문에서 관련된 부분

필요 없는 상태인 완전한 시장의 영역을 미리 상정하고 거래비용이 양(陽)으로 바뀜에 따라 기업이 점차 시장을 대체해나간다는 관점이다. 거래비용이 0인 상황을 기준으로 보면 기업은 항상 시장의 영역을 잠식하는 존재가 되는 셈이다.

그러나 현실 시장은 양(陽)의 거래비용 때문에 원래 그리고 항상 불완전한 것이며, 그래서 기업은 이러한 시장의 불완전함 때문에 초래되는 각종의 생산 장애 요인을 극복하여 수익창출기회를 만들어내는 장치로 등장하게 되는 것이다. 기업은 잠재적으로 너무 높은 생산비용이나 거

을 인용하면 다음과 같다. "기업내부에서는 이러한 시장거래는 사라지고 생산을 통제하는 기업가 – 조정자가 교환거래를 수반하는 복잡한 시장조직을 대체한다." … "물론 (기업에 의해: 인용자) 가격기구가 대체되는 정도는 큰 차이가 있다. … "분명히, 가격기구의 대체를 포함하는 '수직적' 통합의 정도는 산업 간이나 기업 간에 큰 차이가 있다.". … "내 생각으로는 기업의 뚜렷한 특징(distinguishing mark)은 가격기구를 대체하는 데 있다고 가정할 수 있다고 본다." Coase(1937), p.388–389에서 인용. 코스는 이러한 기업에 의한 시장거래 대체현상이 가능한 이유를 시장거래에 따른 비용(거래비용)때문이라 하였다. "우리의 임무는 도대체 왜 기업이 전문화된 교환경제에서 생겨나게 되었는가 하는 까닭을 찾아내고자 하는 데 있다. 가격기구는 (순전히 자원의 배치라는 측면에서 보면) 만일 가격기구를 대체하는 또 다른 기구가 그 자체로서 선호된다고 한다면 대체될 수도 있을 것이다." … " 기업을 만드는 것이 유리할 수 있는 주요 이유는 가격기구를 사용하는 데 비용이 든다는 사실 때문인 것처럼 보인다. 가격기구를 통해 생산을 조직화하는 데 따르는 가장 명백한 비용은 적정 해당 가격이 얼마인지를 찾아내는 데 드는 비용이다. … 개별시장에서 각각의 교환거래에 대한 계약을 따로 협상하고 합의에 이르기까지 들어가는 비용도 고려해야 한다. … 기업 내에서는 생산요소(혹은 그 소유자)가 그가 같이 협력하는 기업 내의 다른 생산요소들과 개별적으로 일련의 계약들을 체결해야 할 필요가 없지만 이런 협력이 가격기구를 통해 일어날 경우에는 당연히 이런 개별적 계약들을 피할 방법은 없다. 시장에서는 불가피한 이런 일련의 계약들이 기업 안에서는 단 한 번의 계약으로 대체된다." Coase(1937), p. 390–91에서 인용. "우리는 이 절에서의 주장을 다음과 같이 요약할 수 있을 것이다. 시장이 작동하는 데는 비용이 드는데, 조직을 만들어 명령권자(기업가)에게 자원을 배치하는 권한을 허용함으로써 특정한 시장거래비용을 절약할 수 있다. 기업가는 만일 시장보다 더 싼 값으로 생산요소를 확보할 수 없을 경우에는 항상 공개시장거래를 이용할 수 있기 때문에, 그가 대체하는 시장거래보다는 더 낮은 가격으로 생산요소를 확보할 수 있다는 사실을 고려할 때 기업가는 그의 (자원배분; 인용자) 기능을 시장보다 더 낮은 비용으로 수행할 수 있어야만 한다.(그렇지 않으면 생존할 수 없을 것이다; 인용자주)." Coase(1937), p.392에서 인용. 이상의 긴 인용은 시장거래에 수반하는 거래비용을 회피하거나 절약하기 위해 기업이 시장을 대체하는 장치로 등장하며, 따라서 시장거래에 따른 거래비용이 증가하게 되면 이를 대체하기 위한 기업의 활동영역이 더 증가하게 될 것이라는 점을 시사하고 있다. 역으로 거래비용이 제로가 되면 기업은 완전히 사라지게 된다. 이 인용에서 대체한다는 단어(원어는 substitute와 supersede)에 대한 볼드체 활자 강조는 인용자의 의도이다.

래비용 때문에 원래 생산되지 않았던 재화를 생산하거나, 혹은 분업이나 전문화가 미흡하여 비효율적으로 생산되던 재화를 더 효율적으로 생산함으로써 기존 시장 내의 거래 네트워크를 보다 더 확대하여 시장의 영역과 기능을 더 확대하는 역할을 한다고 보는 것이 타당하다고 생각한다. 이러한 관점은 불완전한 현실시장을 기준으로 보는 것으로 기업은 항상 새로운 재화의 생산을 통해 현실 시장의 영역을 확대하는 새로운 시장개척자 역할을 하는 존재가 된다. 이런 관점에서 보면 코스는 거래비용을 논하지만 여전히 완전경쟁시장을 모든 판단의 기준으로 보는 기존의 틀을 못 벗어나고 있는 셈이다.

한편 여기서 코스와 같이 거래 비용에 대한 고려도 중요하지만 보다 근본적으로는 기업이라는 전문화된 생산조직이 가져오는 생산효율의 증가효과도 중요한 고려사항이 되어야 할 것이다. 최근 뎀세츠(2008, chapter 8.)는 시장과 기업을 대체적인 관계로 보는 코스의 견해를 신랄하게 비판하였으며, 기업은 생산에 있어서의 전문화가 생산성을 높일 수 있기 때문에 등장한다고 하였다. 특히 본서가 중시하는 발전문제, 즉 새로운 재화의 창출문제를 논함에 있어서는 생산조직으로서의 기업의 본질적인 생산효율증진기능, 나아가 새로운 재화의 생산과 시장의 개척자 역할을 무시할 수 없다고 생각한다.

이런 점에서 우리는 코스의 거래비용이론과 뎀세츠의 전문화이론을 같이 생각해볼 필요가 있다고 생각한다. 뎀세츠는 기업은 거래비용 때문이 아니라 생산기능을 자급자족경제에서와 같이 모두에게 분산하기보다 전문화함으로써 생기는 생산효율성의 증가를 향유하기 위해 등장한 것이라 주장했다.[5] 한편 필자(Jwa, 2002)는 이 문제를, 코스가 요소시장

5. "기업이 신고전파 이론에 등장한 이유는 전문화가 생산적이기 때문이다." (뎀세츠, 동서, p.123).

과 최종재 시장을 구분하지 않고 기업이 모두 내부화할 수 있다고 가정한 데서 야기된다고 보았다. 기업은 자신의 최종재 시장을 내부화할 수는 없다. 기업은 요소시장을 내부화하는 장치로서 수직적 결합과 같은 행위에 있어서는 코스의 주장처럼 거래비용이 기업의 시장대체여부결정을 설명하는 데 중요한 역할을 할 수 있다. 그러나 최종재의 생산에 있어서는 거래비용의 문제가 아니라 기업 자체의 생산효율성여부가 기업의 존재여부에 영향을 미치게 될 것이다. 이러한 각도에서 보면 코스는 요소시장의 내부화문제를, 뎀세츠는 최종재의 생산문제를 논하고 있다고 할 수 있다. 이 문제는 다음절에서 보다 상세히 논의하게 될 것이다.

나아가 여기서 보다 안타까운 일은 이러한 기업의 본질에 대한 새로운 관점들이 주류경제학이나 발전론과 체계적으로 연결되지 않아 따로 놀고 있다는 점이다. 코스 류의 기업과 성장, 혹은 발전과는 어떤 관계가 있는 것인가 하는 문제는 전혀 규명되지 못하고 있다. 후술하는 바와 같이 코스 류의 기업이론은 사실상 기업성장과 경제발전이 서로 상충될 수 있다는 비현실적인 시사를 주고 있다.[6]

2. 기업성장과 경제발전의 관계: 코스-노스 역설

코스(1937, 1960, 1988a, 1988b, 1988c, 1992)의 기업이론에 의하면 거래비용의 증가는 시장기능을 약화시키고 역으로 기업조직의 성장을 촉진시킨다. 물론 역으로 거래비용이 축소되면 기업조직의 역할은 줄어들게 된다. 극단적으로 거래비용이 0이면 기업은 필요 없으며, 거래비용

6. 이 점에 대한 문제제기는 좌승희(2002)와 Jwa(2002) 참조.

이 무한대이면 모든 시장거래는 하나의 기업에 의해 내부화된다.[7] 거래비용의 크기가 신 제도경제학에서 주장하는 것처럼 그 경제의 시장효율성과 경제성과와 역 비례한다면, 코스의 이론은 거래비용이 증가하여 시장의 비효율성이 커질수록 기업의 역할이 늘어나고 규모도 커지지만 이는 결국 경제성과에는 부정적인 결과를 가져온다는 의미가 된다.[8] 그렇다면 기업의 성장이나 활성화는 경제발전에 도움이 될 수 없다는 결론에 이르게 된다. 왜냐하면 시장이 비효율적인 경제에서 경제발전이 촉진될 수는 없는 일이기 때문이다. 이는 기업의 성장이 경제발전과정이라고 보는 우리의 결론에 정면으로 반하는 결과인 셈이다. 한편 더글라스 노스(Douglas North, 1990, 1992)는, 제도경제학적 관점에서 거래비용이 증가하면 기업의 활동이 위축되어 경제발전에 장애가 된다고 보았다. 높은 거래비용하에서는 장기적인 투자가 저해되고 제조 대기업의 출현이 억제되고, 거래비용을 최소화하기 위한 경제 자체의 노력의 결과 중소, 소매, 상업, 서비스업 부문 등만 상대적으로 살아남게 된다고 보았다. 물론 그래서 경제발전을 저해하게 된다는 것이다.

---

7. "기업은 (가격기구를 통해 조정되는 교환거래일 수도 있는) 거래들이 추가적으로 기업가에 의해 조직화되면 될수록 그 규모가 커지고 기업가가 그런 거래들의 조직화를 포기하면 할수록 그 규모는 작아진다." Coase(1937), p. 393에서 인용. 거래비용이 높아지면 내부화가 심화되어 기업규모가 커지지만, 반대의 경우는 내부화를 점점 포기함으로써 기업규모가 축소되게 된다. 물론 코스는 주어진 시장거래비용하에서 기업규모의 한계는 기업의 내부경영효율성, 즉 내부화에 따른 기업의 조직비용의 크기에 의해 결정된다고 하였다.

8. 본문에 언급한 코스의 많은 논문 중에서 거래비용과 기업성장과의 관계에 대해 직접적으로 언급한 곳은 단 한 군데가 발견된다. 그러나 이 언급은 수직적 결합과 관련된 것으로 성장이나 발전과의 관계에까지 이르지는 못하고 있고 그 내용도 자신의 원래 입장에서 큰 변화는 없다. "만일 우리가 생산요소만 존재하는 세상을 가정하고 출발한다면 기업은 이들 요소들 간의 협력을 막는 지극히 높은 거래비용이라는 장애요인을 극복하기 위해 자연스럽게 등장할 것이다. 그러나 이러한 기업들이 생겨나고 성장하게 되면 점차 기업 간 거래가 개별 요소들 간 거래들을 대체할 것이기 때문에 거래비용은 저하되는 경향을 보일 것이며 그러면 거래비용의 저하로 기업의 성장은 제약을 받게 될 것이다." (Coase, 1988c), p.46에서 인용. 전반부는 높은 거래비용 때문에 기업(수직적 결합)이 생기고, 중반부는 기업이 생겨 수직적 결합을 하면 거래비용이 낮아지고 마지막은 그러면 기업의 성장이 정지된다고 하고 있다. 결국 거래비용과 기업성장과의 정비례관계를 염두에 두고 있는 것으로 해석된다.

필자는 이러한 코스와 노스의 상반되는 주장을 하나의 역설이라 보고, 코스-노스 역설(Coase-North Paradox)이라 명명한 적이 있다.[9] 두 사람은 양(陽)의 거래비용을 가정하고 있지만 기업의 경제발전에 있어서의 역할에 대해서는 서로 상반되는 시사를 주고 있는 것이다. 왜 이런 문제가 발생하게 되었을까? 필자의 판단으로는 기업의 기능에 대한 오해에서 문제가 발생한다고 생각한다. 기업은 고 거래비용 경제활동을 내부화하는 장치이지만 모든 경제활동을 다 내부화할 수는 없다. 기업의 입장에서는 시장은 '투입재 시장'과 '최종재 시장'으로 나눌 수 있는데 기업이 내부화할 수 있는 시장은 투입재 시장에 한정된다. 기업은 교환경제하에서는 어떤 경우에도 최종생산물 시장을 내부화할 수는 없다. 기업이 자기 생산물의 소비시장까지 내부화한다면 이것이야말로 코스가 하나의 기업이 전체 시장거래를 내부화할 수도 있다는 주장의 예로 염두에 뒀던 소비에트사회주의 경제와 다를 것이 없게 되는 것이다.[10] 모든 교환이 명령에 의해 이루어지는 경제가 되는 셈이다. 자기가 생산한 재화를 자기가 소비하는 자급자족경제, 즉 교환경제의 포기가 바로 이런

---

9. Jwa(2002)와 좌승희(2002) 참조.

10. 경영규모에 대한 수확체감이나 요소공급가격의 증가 등으로 기업을 통한 거래가 시장거래보다 더 비용이 들 수도 있기 때문에, "이것은 가격기구를 통해 이루어지는 교환거래가 있을 수 있음을 필연적으로 시사하지만, 이는 또한(하나의 기업이 절대적으로 비용우위를 유지할 수는 없기 때문에: 인용자) 하나 이상의 기업이 존재해야만 한다는 것을 의미하지는 않는가? 명백히 그렇지 않다. 왜냐하면 자원의 배치가 직접적으로 가격기구에 의존하지 않는 경제체제에서는 모든 거래가 한 기업 안에서 조직화될 수 있기 때문이다." Coase(1937), p. 396에서 인용. 그 후 코스는 '37년 논문의 배경을 설명하면서 "내가 부딪쳤던, 형태는 다르지만 그 내용은 본질적으로 동일한 수수께끼 같은 의문은 한마디로 표현하면, 러시아였다. … 레닌은 러시아 경제시스템은 하나의 큰 공장처럼 운영될 것이라고 했다. … 어떻게 우리는 서방세계에 공장들이 존재하고 있다는 사실과 러시아가 하나의 큰 공장처럼 운영되기는 불가능하다는 점을 같이 설명할 수 있을 것인가?"라고 술회했다. Coase(1988a), p.8에서 인용. 그는 노벨상연설(Coase, 1992, p.715)에서도 꼭 같은 언급을 함으로써 기업의 존재이유를 설명함에 있어 사회주의 계획경제를 하나의 기업으로 보고 있었음을 시사하고 있다.

경우에 해당될 것이다.[11] 그러나 교환경제에서 기업의 성장은 궁극적으로 최종재시장의 크기에 의해 제약된다. 물론 기업의 혁신적 노력이 시장의 크기를 바꿀 수는 있지만 말이다. 따라서 코스의 경우 거래비용의 상승은 투입재시장의 내부화를 통한 규모증가요인과 최종재시장의 제약을 통한 규모축소압력이 병존할 것이며, 궁극적인 한계는 최종재시장의 한계에서 오기 때문에 거래비용 상승이 반드시 기업규모의 증가를 가져온다고 할 수는 없을 것이다. 따라서 이런 관점에서 보면 거래비용과 기업규모, 경제발전의 관계는 노스의 생각이 더 합리적이라고 할 수 있다. 물론 이는 우리의 주장과도 합치하는 것이다.

한편 앞에서 언급한 바와 같이 최근에는 뎀세츠(2008, chaper 8)도 코스의 기업이론과 관련하여 유사한 문제를 제기하였다. 그는 기업은 전문화에 따른 생산효율성 때문에 등장한다고 주장한다. 개별 소비자가 자가 생산하는 것에 비해 시장을 위한 생산으로 전문화함으로써 효율성을 높일 수 있기 때문에 기업이 생산전문 조직으로 역할을 할 수 있다고 본다. 이렇게 보면 생산물(최종재)시장의 거래비용이 낮아질수록 기업들의 생산 활동은 활성화되고 역으로 거래비용이 높아지면 기업 활동은 위축되게 된다. 그러나 코스는 역으로 기업이 시장을 대체하며, 거래비용과 기업규모나 활동과는 정의 관계가 있다고 보는데 이는 수직적 결합의 경우에만 의미가 있다고 해석하였다. 그래서 뎀세츠는 거래비용의 증가는 수직결합을 활성화시키지만 전체 기업부문의 활동은 약화시킬 것이며, 역으로 거래비용의 감소는 수직결합 활동은 약화시키지만 기업부문의 생산활동 자체는 더 강화시킬 것으로 내다 보았다. 그런데 흥미

11. 이런 관점에서 보면 사회주의 계획 경제의 실패 원인은 계획자체의 어려움이나 전 경제를 '조직'화함으로써 발생하는 비효율의 문제 등을 들 수도 있으나 보다 원천적으로는 국가가 최종재 시장까지 내부화하면서 발생하는 교환경제의 포기가 만병의 원인이었다고 볼 수 있다.

로운 것은 뎀세츠가 우리의 최종재시장과 투입재(요소)시장을 구분하는 틀로 이 문제를 보고 있다는 점이다. 그의 생산효율가설은 최종재 시장에 대한 생산기업이론이며, 코스의 시장대체 가설은 투입재시장의 내부화를 통한 수직적 결합이론인 셈이다. 뎀세츠는 우리의 입장을 지지하는 것으로 해석된다. 단지 그는 거래비용의 하락이 수직결합이 약화된 더 많은 기업들의 활동을 강화할 것이라 하였지만 이것이 평균적인 기업 규모의 증가를 가져올 것인지에 대해서는 언급하지 않고 있다. 역시 그도 "기업과 발전"의 문제에 대한 관심보다 기업이론 자체에 보다 더 관심이 있는 것으로 보인다.

3. 기업은 시장처럼 투명할 수 없다

오늘날 기업은 각종의 이해당사자(stakeholder)들의 복잡한 요구에 직면하고 있다. 이 중 하나가 기업의 투명성에 대한 요구이다. 기업의 경제발전에 있어서의 역할에 대한 우리의 새로운 견해에 의하면 기업의 내부거래 투명성은 결코 시장거래의 투명성과 같은 수준이 될 수는 없다. 기업이 내부화하는 거래는 본질적으로 시장거래에 비해 거래조건이 불투명하여 거래비용이 상대적으로 높은 거래이기 때문이다. 그렇지 않다면 기업이 생겨날 이유가 아예 없는 것이다. 그럼 기업이 내부화한 거래의 투명성을 시장처럼 높일 수는 없는 것인가?

기업은 거래조건이 불투명한 거래를 내부화하여 거래방식을 명령에 의해 수행함으로써 거래비용을 회피할 수는 있지만 불투명한 거래조건의 문제를 근본적으로 해결하지는 못한다. 예컨대 시너지 시장을 내부화할 수는 있지만 시너지의 거래조건의 불투명성을 원천적으로 해결하지는 못한다. 단지 명령에 의해 시너지거래협상을 회피함으로써 시너지 창출과 보상의 문제를 거래비용을 적게 들이면서 해결할 수 있을 뿐이다. 따라서 기업으로 하여금 시장처럼 내부거래를 투명하게 밝히라는 요구는 기업의 존재이유를 부정하는 결과를 가져올 수 있다.

4. 기업경영은 민주화의 대상이 아니다

기업경영의 민주화 이슈는 오늘날 특히 민주주의의 실체적 평등을 달성하기 위해 경제적 평등을 추구하는 새로운 민주주의 이념, 즉 경제민주화이념하에서 인기 있는 주장이 되었다. 그러나 기업의 내부 경영의 사결정을 민주화하는 것이 만일 기업내부의 자원배분과정을 보다 시장처럼 합의를 바탕으로 하는 방식으로 바꿔야 하는 것이라고 한다면 이는 자칫 기업의 거래비용회피기능을 무력화시킴으로써 기업의 존재의의를 부정하는 결과를 가져올 수 있다. 기업이라는 조직은 수직적 명령관계를 기초로 한다. 아무리 기업내부의 경영을 민주화한다 하더라도 이러한 기업조직의 본질을 부정하게 되면 기업은 설 땅이 없어진다.

인적자원의 배분과 활용, 물적 자원의 조직 내 배분과 활용, 보상체계의 결정 등 다양한 내부경영판단과 의사결정의 최종책임은 최고경영자에 있으며, 그에 따른 공과에 대한 책임도 그에 귀속된다. 이러한 과정들이 시장에서처럼 거래비용을 높일 수 있는 민주적 협상과정에 맡겨져야 한다면 기업의 경제발전에의 기여는 그만큼 낮아질 수밖에 없게 된다.

III. 기업과 경제발전에 대한 주요 실증적 관찰

여기서는 기업이 없이 경제발전의 창발은 어렵다는 우리의 주장을 뒷받침할 수 있는 실증적 사례들에 대해 논의해보고자 한다.

1. 기업은 경제발전의 필수적 요소이다

오랜 인류역사에 있어 경제발전사는 200년 정도로 짧다. 그림 2는 경제생활을 시작한 이후의 인류의 경제발전과정을 그리고 있다. 1인당 소득으로 측정했을 때 인류는 도구를 사용하여 생산 활동을 시작한 2500만 년의 경제생활 중, 혹은 수렵과 채집시대 이후 1만 5000년의 교환경제 즉 시장경제생활 중 단지 지난 200년간만 경제발전이라 부를 수 있을 정도의 부의 증가를 경험했음을 보여주고 있다. 인류는 왜 그렇게 오랜 세월 동안 빈곤의 악순환에서 헤어나지 못했을까? 그리고 이러한 변화는 19세기 영국의 산업혁명을 통해 시작되었는데 그럼 영국의 산업혁명과 그 후 200년의 인류의 경제발전은 어떻게 가능했을까?

후술하는 바와 같이 필자는 영국의 산업혁명은 주로 중산층 이상의 부유한 계층에서 인구증가가 일어나고 이러한 가정에서 교육을 받은 인구의 하향계층 이동이 일어나면서 영국사회의 문화유전자가 흥하는 중산층문화유전자, 즉 발전친화적 유전자로 전환되면서 혁신의 문화적 기반이 마련되었기 때문에 가능했다고 주장한다.[12] 그러나 기술혁신만으

12. 다음의 제6장의 논의를 참조. 산업혁명이전에 영국에서 인구의 하향계층이동현상이 일어났다는 주장과 이를 뒷받침하는 역사적 사실에 대해서는 클라크(2009) 참조

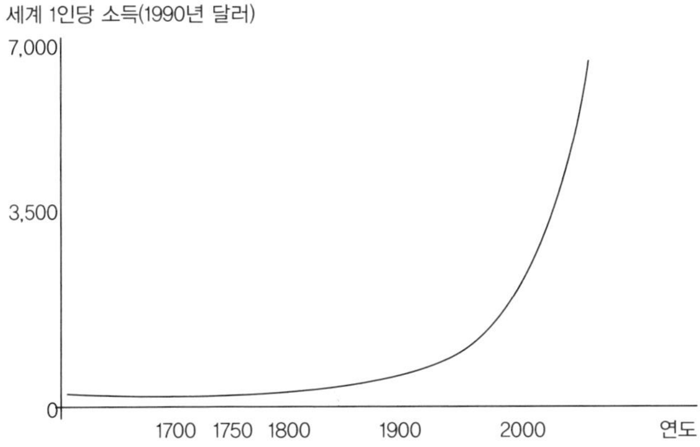

그림 2 수렵과 채집시대 이후 1만 5000년의 세계경제발전역사

자료: Eric Beinhocker, the Origin of Wealth, 2006, Harvard Business School Press

로 산업혁명이 가능한 것은 아니다. 여기에다 기술혁신을 상업화하여 부가가치화하는 사회적 기술, 즉 오늘날과 같은 효율적인 기업조직이 등장하면서 이후 200년의 자본주의 경제의 발전을 이끌게 되었다는 것이 또한 필자의 주장이다. 18세기 후반부터 등장하기 시작하여 온갖 우여곡절 끝에 19세기 중반까지 법제화된 유한책임 회사제도(1844년의 Joint stock companies Act와 1862년의 Companies Act)는 오늘날의 현대적 기업의 모태로서 자원의 집적과 이용에 있어 그 이전의 어떠한 조직보다도 효율적인 조직이다. 자본을 대규모로 집적하면서도 위험을 분산하고 최소화할 수 있는 현대적 기업의 출현이 19세기 이후 오늘날까지 인류의 경제적 부의 창출과 축적을 가능케 한 것이다. 19세기 이전의 기업은 개인, 가족 기업중심으로 경제의 창발을 가능케 할 정도의 힘을 만들어내기에 역부족이었다. 유한책임 주식회사제도는 기업조직이 개인 및 가족 기업형에서 창발한 새로운 복잡시스템이라 할 수 있다.

또 한 가지 흥미로운 것은 일본이 1868년 명치유신 후 사무라이들을 앞세워 기업의 창업을 적극장려하였으며 1899년에는 독일상법을 모델

로하여 현대식 상법을 제정하여 추후 일본경제의 성장을 주도한 대기업들을 육성하면서 도약을 이뤘다는 점이다. 물론 이 기업들이 일본군부와 손잡고 2차 세계대전을 일으키는 데 큰 역할을 했음은 주지하는 바와 같으며 이는 아마도 기업이 얼마나 강한 힘—좋은 일이든 나쁜 일이든—을 발휘할 수 있는지를 보여주는 좋은 사례라 할 것이다.

2. 기업의 성장이 경제발전의 과정이다

경제발전은 기업의 성장과정이다. 중소기업이 중견기업으로, 대기업으로 성장하는 과정이 바로 경제발전과정이다. 거의 모든 선진국은 대기업들의 집적이 강한 경제이다. 20세기 초 도약을 이룬 일본이나 1960-1980년대 도약을 이룬 한국의 경우 발전사는 바로 중소기업이 대기업으로 성장하는 기업성장사이다. 특히 한국의 경제발전은 1950년대 중소, 중견기업들이 1960년대를 거치면서 대기업으로 성장하여 1980년대 이후 세계적인 대기업그룹으로 성장하는 과정이었다. 오늘날 한국경제를 이끌고 있는 삼성, 현대, LG, SK, 두산, 대우 등등 소위 재벌이라는 세계적인 기업들이 모두 1950년대 1960년대 조그만 중소 상공업회사에서 출발하여 오늘날의 성공을 이루었음을 상기한다면 '경제발전은 기업의 성장과정'이라는 명제는 너무나 명약관화(明若觀火)한 것으로 보인다. 주지하는 바와 같이 일본의 경제발전 역사 또한 이와 다르지 않다. 그래서 경제발전은 기업이라는 조직이 없이는 시발되기도 어렵지만 또한 기업의 창발과 성장 없이 경제발전이 지속되기는 더욱 어려운 것이다.

선진 일류경제란 일류기업이 많은 경제에 다름 아니다. 2011년 포춘 500대 기업의 국별 분포를 보면 미국이 133개(26.6%), 일본 68개

(13.6%), 중국 61개(12.2%), 프랑스 35개(7.0%), 독일 34개(6.8%), 영국 31개(6.2%)였는 데 반해, 한국 14개(2.8%)에 불과하였다(표 1 참조). 그리고 2005년부터 2011년까지 7년간, 500대 기업의 국가별 평균분포를 보면 미국 153개, 일본 70개, 프랑스 38개, 독일 37개, 중국 33개, 영국 32개, 스위스 14개, 네덜란드 13개, 캐나다 13개, 그리고 한국은 13개 등으로 분포되어 있어 대체로 경제의 발전수준과 경쟁력 있는 대기업 수는 비례하고 있다(표 2 참조). 이러한 숫자들은 정교한 통계적 분석을 거친 것은 아니지만 대체로 선진국이거나 역동적으로 성장하는 경제가 상대적으로 경쟁력 있는 기업을 그만큼 더 많이 보유하고 있음을 보여주고 있다.

경쟁력 있는 대기업 수가 경제역동성과 밀접한 관계가 있다는 것은 미국 및 일본, 중국의 대기업 수의 변동을 비교함으로써 다시 한번 확인할 수 있다. 1995-2001년간 평균 미국 및 일본, 중국의 세계 500대 기업 수는 각각 177개, 111개, 6개였는 데 비해, 최근 2005-2011년간 평균 미국 및 일본, 중국의 세계 500대 기업 수는 각각 153개, 70개, 33개이다.[13] 특히, 2005년과 2011년 사이의 500대 기업 수를 비교하면(표 1 참조), 미국과 일본은 각각 176개에서 133개로, 81개에서 68개로 크게 감소하였지만 중국은 16개에서 61개로 그 수가 크게 증가하였는데, 이는 세계 일류기업의 증가와 경제의 역동성이 밀접한 양의 상관관계가 있다는 것을 말해주는 것이다.

필자의 다른 연구에 의하면, 1인당 전체기업자산규모와 국민소득의 규모는 밀접한 양의 상관관계를 보이고 있으며, 전체기업자산의 세계전체기업자산규모에 대한 비중이 클수록 1인당 소득규모도 커지며, 대기

13. 1995-2001년간 평균기업수 자료는 좌승희(2002)에서 인용.

표 1 국가별 일류기업 보유 순위

Fortune Global 500 (매출액 기준)											
2005			2006			2007			2008		
순위	국가	기업수 (비중)	순위	국가	기업수 (비중)	순위	국가	기업수 (비중)	순위	국가	기업수 (비중)
1	미국	176(35.2)	1	미국	170(34)	1	미국	162(32.4)	1	미국	153(30.6)
2	일본	81(16.2)	2	일본	70(14.0)	2	일본	67(13.4)	2	일본	64(12.8)
3	프랑스	39(7.8)	3	영국	39(7.8)	3	프랑스	38(7.6)	3	프랑스	39(7.8)
4	독일	37(7.4)	3	프랑스	38(7.6)	4	독일	37(7.4)	4	독일	37(7.4)
5	영국	37(7.4)	5	독일	35(7.0)	5	영국	34(6.8)	5	영국	35(7.0)
6	네덜란드	17(3.4)	6	중국	20(4.0)	6	중국	24(4.8)	6	중국	29(5.8)
7	중국	16(3.2)	7	네덜란드	16(3.2)	7	캐나다	16(3.2)	7	네덜란드	15(3.0)
8	캐나다	13(2.6)	8	캐나다	14(2.8)	7	네덜란드	16(3.2)	7	한국	15(3.0)
9	한국	11(2.2)	9	한국	12(2.4)	9	한국	14(2.8)	9	캐나다	14(2.8)
9	스위스	11(2.2)	9	스위스	12(2.4)	10	스위스	13(2.6)	9	스위스	14(2.8)
11	호주	9(1.8)	11	이탈리아	10(2.0)	11	이탈리아	10(2.0)	11	스페인	11(2.2)
12	이탈리아	8(1.6)	12	스페인	9(1.8)	12	스페인	9(1.8)	12	이탈리아	10(2.0)
12	스페인	8(1.6)	13	호주	8(1.6)	13	호주	8(1.6)	13	호주	8(1.6)
14	스웨덴	7(1.4)	14	인도	6(1.2)	14	인도	6(1.2)	14	인도	7(1.4)
15	인도	5(1.0)	14	스웨덴	6(1.2)	14	스웨덴	6(1.2)	15	스웨덴	6(1.2)
16	벨기에	4(0.8)	16	멕시코	5(1.0)	14	대만	6(1.2)	15	대만	6(1.2)
17	브라질	3(0.6)	16	러시아	5(1.0)	14	벨기에	6(1.2)	15	벨기에	6(1.2)
17	핀란드	3(0.6)	16	벨기에	5(1.0)	18	브라질	5(1.0)	18	브라질	5(1.0)
17	러시아	3(0.6)	19	브라질	4(0.8)	18	멕시코	5(1.0)	18	멕시코	5(1.0)
20	노르웨이	2(0.4)	20	대만	3(0.6)	20	러시아	4(0.8)	18	러시아	5(1.0)

주: 1. 원자료에서 국적이 두 개이상으로 포함된 기업은 각 국가에 모두 속하는 것으로 계산.
2. 기업 수가 동일할 경우 동일 순위로 처리

자료: Fortune magazine: http://money.cnn.com/magazines/fortune/global500/2011/snapshots/7694.html

표 1 계속

Fortune Global 500 (매출액 기준)								
2009			2010			2011		
순위	국가	기업수 (비중)	순위	국가	기업수 (비중)	순위	국가	기업수 (비중)
1	미국	140(28.0)	1	미국	139(27.8)	1	미국	133(26.6)
2	일본	68(13.6)	2	일본	71(14.2)	2	일본	68(13.6)
3	프랑스	40(8.0)	3	중국	46(9.2)	3	중국	61(12.2)
4	독일	39(7.8)	4	프랑스	39(7.8)	4	프랑스	35(7.0)
5	중국	37(7.4)	5	독일	37(7.4)	5	독일	34(6.8)
6	영국	27(5.4)	6	영국	30(6.0)	6	영국	31(6.2)
7	스위스	15(3.0)	7	네덜란드	15(3.0)	7	스위스	15(3.0)
8	캐나다	14(2.8)	7	스위스	15(3.0)	8	한국	14(2.8)
8	한국	14(2.8)	9	캐나다	11(2.2)	8	네덜란드	14(2.8)
10	네덜란드	13(2.6)	9	이탈리아	11(2.2)	10	캐나다	11(2.2)
11	스페인	12(2.4)	11	한국	10(2.0)	11	이탈리아	10(2.0)
12	이탈리아	10(2.0)	11	스페인	10(2.0)	12	스페인	9(1.8)
13	호주	9(1.8)	13	호주	8(1.6)	13	호주	8(1.6)
14	러시아	8(1.6)	13	인도	8(1.6)	13	인도	8(1.6)
15	인도	7(1.4)	13	대만	8(1.6)	13	대만	8(1.6)
16	브라질	6(1.2)	16	브라질	7(1.4)	16	브라질	7(1.4)
16	스웨덴	6(1.2)	17	러시아	6(1.2)	16	러시아	7(1.4)
16	대만	6(1.2)	17	벨기에	6(1.2)	18	벨기에	6(1.2)
19	벨기에	5(1.0)	19	스웨덴	5(1.0)	19	멕시코	3(0.6)
20	멕시코	4(0.8)	20	오스트리아	3(0.6)	19	스웨덴	3(0.6)

표 2 국가별 일류기업 보유 순위: 2005-2011년 평균

순위	국가	기업수(평균)	비중(%)
1	미국	153.3	30.66
2	일본	69.9	13.97
3	프랑스	38.3	7.66
4	독일	36.6	7.31
5	중국	33.3	6.66
6	영국	32.1	6.43
7	스위스	13.6	2.71
8	네덜란드	13.4	2.69
9	캐나다	13.3	2.66
10	대한민국	12.9	2.57
11	이탈리아	9.9	1.97
12	스페인	9.7	1.94
13	호주	8.3	1.66
14	인도	6.7	1.34
15	스웨덴	5.6	1.11
15	대만	5.6	1.11
17	러시아	5.4	1.09
18	브라질	5.3	1.06
19	벨기에	4.6	0.91
20	멕시코	3.7	0.74
21	핀란드	2.0	0.40
21	덴마크	2.0	0.40
23	아일랜드	1.7	0.34
24	노르웨이	1.6	0.31
25	싱가포르	1.4	0.29
25	오스트리아	1.4	0.29
27	영국/네덜란드	1.1	0.23
28	말레이시아	1.0	0.20
28	사우디아라비아	1.0	0.20
28	태국	1.0	0.20
28	터키	1.0	0.20
32	벨기에/네덜란드	0.9	0.17
32	룩셈부르크	0.9	0.17
34	폴란드	0.7	0.14
35	베네수엘라	0.6	0.11
36	포르투갈	0.3	0.06
37	헝가리	0.1	0.03
37	이스라엘	0.1	0.03
37	콜롬비아	0.1	0.03

자료: Fortune magazine: http://money.cnn.com/magazines/fortune/global500/2011/snapshots/7694.html

업에의 자산집중이 클수록 1인당소득도 높다는 사실을 확인할 수 있었다.[14] 특히 자산집중과 관련해서는 선진국일수록 대기업과 중소기업 간의 자산규모의 불평등도가 크게 나타났는데 이 결과는 경제발전과 성공기업에의 자원집중현상과의 밀접한 양의 상관관계를 보여주는 것으로, 신 발전원리의 핵심명제인 경제발전의 불균형적 성격을 잘 보여주는 증거라고 할 수 있다.

3. 일등, 일류기업은 영원하지 않다

세계 일등 혹은 일류 기업들은 항상 세계 모든 동종 기업뿐만 아니라 이종 기업들에 의한 경영노하우의 무단복제를 통한 무임승차에 노출된다. 후발자들이 선발자들을 무임승차하는, 열린 복잡한 네트워크 경제의 일반적 속성인 문화진화의 실패현상 때문에 선발자들은 항상 상대적으로 불리한 위치에 놓이게 된다. 선발자들이 후발자로서 남을 무단복제하고 혁신하여 쌓아 올린 경쟁우위는 궁극적으로 새로운 후발자들의 무단복제에 의해 축소되고 소멸될 수밖에 없다. 폐쇄경제에서는 정부가 전략적으로 흥하는 이웃들을 차별화할 수 있겠지만, 이마저도 용이한 일이 아닐 것이며, 열린 세계경제에서 특정 정부에 의한 차별화전략은 결코 용이하지 않다. 슘페터도 창조적 파괴의 경쟁우위는 결국 후발자의 모방에 의해 소멸된다 하였다. 이 점에서 우리의 신 발전원리는 슘페터의 관점과 유사하다.

최근 일본의 토요타 자동차는 일등기업의 오만과 나태의 표본인 것처

14. 좌승희(2006)를 참조

럼 여겨지고 있다. 그러나 우리는 다소 다른 관점에서 이 문제를 봐야 한다고 생각한다. 토요타의 어려움은 그 자체, 내부적인 경영실책의 문제에도 그 원인이 없지 않겠지만 — 이러한 문제는 어떤 기업에나 있기 마련이다—, 보다 본질적인 원인은 그동안 토요타의 경쟁우위를 확보해주던 많은 토요타식 노하우가 이미 국제 공공재가 되었다는 점이다. 지금의 실수들은 바로 이런 환경 속에서 경쟁우위가 사라진 토요타가 대응하는 과정에서 생기는 문제들이라고 볼 수 있는 것이다. 15-20년 전만 해도 토요타 생산방식은 토요타만이 알고 토요타만이 할 수 있는 방식이라고 생각했다.[15] 그러나 이제 이 방식은 전 세계 자동차업계가 다 아는 그리고 다 따라하는 방식이 된 것이다. 이런 상황에서 쫓기는 일등이 할 수 있는 일은 그렇게 많지 않은 것이다. 그래서 토요타의 운명은 그렇게 밝지 않아 보인다. 캄캄한 대해에 등대도 없이 맨 앞에 나선, 그리고 전 세계 경쟁 기업들이 끝없는 무임승차에 이겨낼 기업은 흔치 않은 것이다. 토요타 자동차는 사실상 세계 자동차업계에서 가장 위험한 위치에 놓여 있는 셈인 것이다. 이를 일컬어 일등 혹은 일류의 저주라고 할 수 있을 것이다.

최근 삼성전자는 애플사(Apple Inc.)의 아이폰(iPhone) 쇼크 이후 이건희 회장을 복귀시키면서 삼성의 경쟁우위를 지키기 위해 애를 쓰고 있다. 아이티(IT) 산업의 하드웨어업계에서 삼성은 이제 명실공히 세계 일류기업이 되었다. 그래서 세계최고의 핸드폰은 만들어내게 되었지만 그 콘텐츠에 있어서는 아직도 미흡한 면이 많다고 한다. 소프트웨어를 향상시키는 일이 급선무라 한다.

삼성전자는 1960년대 설립이후, 그리고 1980년대 반도체산업에 진출

15. 토요타 생산방식은 토요타가 채택한 '낭비와 결함을 제로화'하는 생산전략으로 'Just-in-time(JIT)' 생산방식과 유연생산체제(lean and flexible production)를 그 내용으로 한다.

하면서 앞선 일본의 전자업계를 무임승차하면서 성장하였다. 그러나 이제 세계 전자업계의 선두주자로 나서면서 새로운 문제에 봉착하게 된 것이다. 전 세계 전자업계의 무임승차는 물론 국내 최고의 기업으로서 국내 모든 기업들의 무임승차대상이 되고 있으며, 여기에다 한국의 독특한 반 대기업정서 속에서 형성된 재벌청산, 경제력집중해체라는 정치적, 사회적 압력에 시달리고 있으니, 삼성의 미래는 밝다고만 할 수는 없게 되었다. 여기에다 소프트웨어를 세계일류로 업그레이드한다는 것이 만만치 않은 과제가 되고 있으니 삼성의 미래도 한국경제의 미래도 예측하기 힘든 상황이 되어가고 있는 것이다.

등대 없는 캄캄한 바다에서 모두에 쫓기는 선두 항해자의 위험을 일컬어 '일등, 일류의 저주' 혹은 '승자의 저주'라고나 할까? '일등, 일류기업은 영원하지 않다'는 우리의 명제는 도처에서 확인되는 사실이다. 그러면 일등 혹은 일류의 저주를 완화할 수 있는 길은 없는 것인가? 국민경제 입장에서 이러한 시장의 실패현상을 속수무책으로 방치해야 할 것인가? 우리의 신 발전원리는 바로 이 문제에 대한 최종적인 해법이 바로 정부의 경제적 차별화전략일 수 있음을 밝히고 있는 것이다. 정부의 경제적 역할이란 바로 기업경제를 살리는 일인 것이다.

Ⅳ. 기업경제에서 정부의 경제적 역할

1. 정부는 기업경제를 일으킬 수 있어야 한다

정부의 경제정책 역할을 논함에 있어 시장과 정부의 역할 논쟁은 오랜 역사를 가지고 있다. 그러나 우리의 신 발전원리에 비춰보면 이 논쟁은 논점이 잘못된 논쟁이다. 진정한 논쟁은 시장과 조직 간의 역할에 대한 논쟁이어야 하며, 적어도 기업조직의 역할을 제대로 인정하지 않는 논의는 의미가 없다고 본다. 우리는 이 문제에 대해 두 가지 측면에서 새로운 관점을 제시하고자 한다.

우선 시장 대 정부의 논쟁은 더 이상 흑백논리로 이념적, 혹은 독단적 교리로 접근해서는 안 된다. 정부는 항상 악도 아니며 그렇다고 항상 선도 아니다. 우리의 신 발전원리는 경제발전에 있어 정부의 긍정적인 필수적 역할이 있음을 보여주고 있다. 다만 그 기능을 항상 잘할 수 있다는 보장은 없지만 말이다. 시장경제의 제도적, 인적, 물적 인프라를 구축하는 전형적인 기능에 추가하여 무임승차에 직면하는 개인이나 기업들을 경제적 차별화를 통해 육성하는 일이 바로 정부의 기능이라고 했다. 일등의 저주에 직면한 개인이나 기업을 살려내는 일인 것이다.

다음으로, 보다 구체적으로 정부의 역할은 기업경제를 일으키는 데 있다. 기업의 창발을 보다 용이하게 하여 기업경제를 활성화시키는 것이 정부의 경제발전 역할이다. 이런 측면에서 전통적인 정부의 산업정책역할을 재음미해볼 필요가 있다. 우리는 유치산업 보호론을 바탕으로 하는 기존의 산업정책 논쟁은 그 논점이 잘못되었다고 본다. 기업경제 관점에서 보면 이 문제는 산업의 문제가 아니며, 또한 단순한 유치산업

보호문제가 아니라는 점이다. 어떻게 경쟁력 있는 기업을 창발시킬 것인가의 문제인 것이다.

2. 기업육성 전략: 시장신호에 따라 차별화해야 한다

1) 정부의 차별화를 통한 동기부여기능이 중요하다

경제와 산업을 발전시킨다는 것은 흥하는 기업을 더 많이 만들어낸다는 것을 의미한다. 산업의 성장은 기업이 만들어내기 때문이다. 국가경제의 성장도 다르지 않다. 흥하는 기업이 양산되지 않고 산업이 일어나고 경제가 성장할 방법은 없다. 따라서 정부의 산업정책이 할 일은 흥하는 기업을 우대하고 이들을 앞세움으로써 다른 모든 기업들에게 동기를 부여하여 발전의 대열에 동참시킬 수 있어야 한다. 새로 일으키는 산업은 그 나라 기업이 참여해서 그것도 세계시장에서 경쟁력을 확보할 때라야 그 나라 산업이 될 수 있다. 그렇기 때문에 아무 기업이나 참여해서 되는 것이 아니다. 그 나라의 최고의 기업이 해도 성공이 보장되지 않는다. 정치적 이유나 이념적 이유로 기업을 선택하고 지원해서는 안 된다. 엄격하게 경제적 성과를 기반으로 '경쟁력 있는' 기업만을 지원해야 한다.

그러면 어떤 기업이 경쟁력이 있는 기업인가? 공무원이나 학자들의 책상머리에서 나오지 않는다. 시장은 이미 알고 있다. 시장에서 부상하는 기업이 가장 확실한 후보 기업이다. 시장에서 검증된 성공하는 기업을 돕는 것이 산업정책의 성공확률을 높인다. 시장을 무시하면 실패한다. 시장의 결과를 존중하고 시장과 마찬가지로 성공하는 기업을 우대하는 차별화전략을 써야 성공할 수 있다.

2) 산업육성정책에 대한 찬반 논쟁과 대안

정부가 각종의 지원과 보호정책을 통해 인위적으로 산업을 일으키려는 산업육성정책은 경제학 교과서에서는 이미 폐기처분된 인기 없는 정책에 속한다. 그러나 실제로는 많은 후진국들, 심지어는 선진국들에서도 성공사례가 흔치 않음에도 여전히 인기 있는 정책이 되고 있다. 그래서 산업육성정책을 둘러싼 찬반논쟁은 계속 이어지고 있다.

첫 번째 논쟁점은 정부가 승자를 사전에 선택할 수 있느냐 하는 것이다. 이에 대해 다수 의견은 정부가 사전에 승자를 선택하면 성공가능성이 낮으며 시장이 승자를 선택하는 것이 옳다는 것이다. 정부는 시장보다 정보력이 부족하여 시장을 이길 수 없다고 본다. 그래서 시장주의자들은 산업정책을 반대한다. 그러나 자본주의 경제의 신 발전원리에 의하면 시장은 승자를 선택하기는 하지만 발전을 담보할 만큼 충분한 보상을 하지 못하기 때문에, 발전을 일으키기에는 역부족이며, 이것이 아직도 많은 후진국들이 선진국으로 도약하지 못하는 이유라고 할 수 있다. 그래서 정부의 역할이 새삼 강조되었다. 경제발전을 위한 정부의 새로운 역할은 시장에 의해 승자로 선택받았지만 아직도 역량이 모자라는 승자들의 역량을 보강하여 일류가 되도록 지원하는 것으로, 뒤뚱거리는 선수를 밀어주고(넛지; nudge) 더 역량 있게 키워내는 시장 친화적 개입을 하는 것이다.[16]

여기서 시장 친화적이란 시장의 선택을 존중함으로써 시장과 마찬가지로 동기부여기능을 수행한다는 것을 의미한다. 따라서 승자는 시장원리에 따라 선택되지만 정부는 시장이 선택한 승자를 더 육성하는 전략을 통해 실패가능성을 최소화하면서도 도약의 가능성을 높여야 한다. 정부

---

16. 넛지라는 정부의 시장 친화적 개입이 최근 화제가 되고 있는데 (탈러 · 선스타인; 2009), 산업정책에 있어서도 넛지가 가능하다고 생각한다. 이에 대해서는 좌승희(2012) 참조.

가 시장의 차별화기능을 대체하는 것이 아니라 그 기능을 더 보완 강화함으로써 동기부여를 통해 모든 기업들의 성공가능성을 높일 수 있다. 흥하는 이웃을 차별적으로 키워내야 더 많은 흥하는 이웃을 만들어낼 수 있다. 이를 일컬어 정부의 차별화전략, 혹은 관치차별화전략이라 할 수 있다.

산업육성정책의 두 번째 논쟁점은 산업(industry), 기업(firm), 기능(function) 중 무엇을 대상으로 해서 지원할 것인가 하는 문제이다. 전통적인 산업정책론에서 목표로 하는 지원대상은 산업으로 미리 상정하고 있기 때문에, 일반적으로 산업정책을 특정산업육성정책이라고 부른다. 그러나 산업은 경제학적인 의미에서 기업의 집합일 뿐 정부의 특정 인센티브 제도에 반응하는 경제주체라 할 수 없고, 나아가 산업 전체에 대한 지원은 민주정치의 평등주의적 속성상 항상 획일적, 평등주의적 1/n 지원정책으로 흐를 위험이 있다.

한편 산업육성정책의 첫 번째 논쟁점인 정부의 승자선택 문제를 피한다고 해서 특정산업이 아니라 일반적 기능을 지원 대상으로 해야 한다는 기능적 접근이 주장되기도 한다. 그러나 이는 지원대상 주체가 불명하여 차별화정책을 쓸 수가 없기 때문에 해당 기능을 수행하는 모든 기업을 성과에 따른 차별없이 지원하는 1/n 지원정책으로 전락하게 될 우려가 높다. 특정산업 지원에서 기능에 대한 지원으로 전환했던 한국의 1980년대 이후 산업정책에서 이러한 문제점이 여실히 드러났다. 기능별 지원정책은 특정 산업이나 기업에 대한 차별적 지원이 아니고 보편적, 무차별적 인프라지원 성격으로서 모든 산업, 기업에 대한 공평한 지원이기 때문에 경제학에서도 국제기구에서도 용인하는 지원방식이다. 그러나 이는 기업을 창발시키는 정책으로서 그 효과가 의문시되는 정책이다. 마라톤 선수를 키우는 데 튼튼한 심장을 보유한 우수선수를 집중 육성하는 것이 아니라 모든 국민들에게 심장강화제를 무료로 투약하여 모든 국민을 심장이상비대증 인간으로 만드는 프로젝트를 추진하는 것과 같다.

그러나 신 발전원리의 관점에서 보면 기업만이 정부의 인센티브에 반응하는 경제주체로서 시장과 정부의 차별화정책대상이 될 수 있다고 본다. 따라서 올바른 지원 대상은 산업도 기능도 아닌 '기업'이며, '특정산업 내 특정기업 육성정책'이 산업정책의 올바른 방향이다.

산업육성정책의 세 번째 논쟁점은 '어떤 방식으로 지원할 것이냐' 하는 문제이다. 시장은 '승자를 선택하고 승자에게 보다 많은 자원을 집적시키는 장치'이기 때문에, 정부의 육성정책도 시장이 선택한 승자로서의 기업을 더 우대하는 차별화 방식으로 추진되어야 도약을 가속화시킬 수 있다. 정부는 시장을 통해 부상하는, 스스로 도와 성공하는 기업을 더 우대함으로써 동기부여를 통해 발전의 역동성을 창출해낼 수 있다. 즉 시장이 선택하는 성공기업에 대한 경제적 차별화전략이 올바른, 다른 말로 실패가능성을 최소화할 수 있는 산업정책이다.

결국 자본주의경제의 신 발전원리에 의하면 정부가 시장을 통해 능력을 검증받은 기업을 선택하여 차별적으로 지원하는 것이 소위 산업정책의 성공가능성을 높이는 길이 된다. 또한 정부는 차별화전략의 일환으로 매 시장기(市場期)마다 시장성과에 따라 기업을 재 선택함으로써 동기부여의 역동성을 유지하고 기업 간 경쟁을 유도해야 한다. 더욱이 선택결과에 대한 기업들의 승복을 이끌어내기 위해 기업선택을 위한 평가의 기준과 방법은 경기규칙으로서 최대한 공정하고 투명해야 하며 어떠한 경우에도 정부의 사전결정이 아닌 시장결과의 신호에 절대적인 신뢰를 두는 것이 중요하다.

3. 한국의 성공한 산업정책, 경제적 차별화원리의 실천결과다[17]

한국은 20세기 후반 산업정책에 성공한 거의 유일한 국가이다. 정부의 경제적 역할에 대한 살아 있는 증거인 셈이다. 그러나 오늘날 지난 1960년대에서 1980년대까지의 한국의 산업정책과 경제적 성공에 대해서는 다양한 시각이 존재한다. 오늘날 당시의 산업정책으로 성장한 기업들이 한국경제를 견인하고 있음에도 불구하고 당시의 산업정책은 실패했다는 주류경제학적 주장이나 오히려 당시 한국경제성장에 장애가 되었다는 주장(유정호, 2004)에서부터, 성공했지만 이는 시장결과에 역행하는 적극적인 정부개입 때문이었다는 극단적인 산업정책예찬주장(Amsden, 1989)이나 정부가 그냥 좋은 정책을 잘해서 성공했다는 동어반복적인 주장(Chang, 1994) 등이 존재하고 있다. 우리는 이 모든 주장들이 시장과 정부의 경제적 역할에 대한 단순화된 이분법적 접근결과가 아닌가 생각한다. 그러나 우리의 평가는 성공한 산업정책은 바로 시장의 차별화기능에 따라 정부 또한 차별화지원정책으로 동기를 부여함으로써 창발을 증폭시킬 수 있었기 때문이라고 본다. 바로 시장신호에 따른 정부의 관치 차별화가 성공의 요인이었다고 보는 것이다. 시장도 정부도 모두 경제적 차별화에 나섬으로써 성공가능성을 높일 수 있었다고 본다.

1) 성공사례분석

한국의 산업정책 중 성공경험은 다음과 같다. 첫째, 1960–1970년대 수출산업 육성전략이다. 정부는 수출을 많이 한 기업을 차별적으로 지

17. 이 절의 산업정책사례의 많은 내용은 좌승희(2010), 제3장에서 전재하였다.

원하고 우량기업이 수출실적 부진기업을 인수 · 합병하도록 유도하였다. 중소기업 육성의 경우도 정부는 수출 우량 중소기업은 차별적으로 지원하고 불량기업은 우량기업에 인수 · 합병시켜 도태를 유도하였다. 정부는 새마을공장의 수출기업화 과정에서도 우량공장만 차별적으로 지원하였다.

둘째, 1970년대 초 시작된 새마을운동이다. 새마을운동은 처음부터 '신상필벌(信賞必罰)'이라는 엄격한 성과 위주의 인센티브구조하에 추진되었다. 성과가 있는 마을은 더 많은 지원과 격려가 따랐고 성과가 없거나 부진한 마을은 지원 대상에서 제외시켰다. 이러한 엄격한 차별화전략으로 모든 마을이 동기부여되어, 4년 만에 농촌의 가구당 평균 소득이 도시와 같아졌고 7년의 짧은 기간 동안 전국 3만 4,000개 마을 중 98%가 성공적인 자립마을이 되었다.

셋째, 1970년대 중화학공업 육성전략이다. 정부는 막대한 투자자금의 상당부분을 기업이 직접 조달하도록 함으로써 결과적으로 수출경쟁에서 성공하여 자금을 확보한 경쟁력 있는 기업들에게만 중화학공업으로의 진출을 허용하고 매칭펀드로 지원하였다. 형평차원에서 수출지원에서 배제된 기업이나 중소기업들의 참여와 지원을 보장하는 일은 없었다. 더욱이 특정지역 기업이라고 참여와 지원을 보장하는 일도 없었다. 시장에서 평가 받은 경쟁력 있는 기업들만이 참여할 수 있었다. 물론 이렇게 한다고 해서 모두 성공을 보장하는 것은 아니다. 차별화전략은 성공의 필요조건일 뿐, 그래서 성공가능성을 높일 뿐, 성공을 보장하지는 않는다. 중화학 공업화전략 중 일부 실패한 산업부문도 있었고 성공한 경우에도 손쉽게 얻어진 결과들이 아님을 잊어서는 안 될 것이다.

넷째, 1980년대 전자 · 정보 · 통신산업 육성전략이다. 1980년대 들어 정부는 대기업규제정책을 강화하는 과정에서도 강한 대기업들(삼성, 현대, LG, 맥슨, SK, KT 등)이 해당 산업으로 진출하는 것을 허용함으로써 성공가능성을 높였다. 당시 사회분위기로는 중소기업 우대가 정치적 도덕적으로도 명분 있는 일이었다.

다섯째, 1990년대 영화산업육성이다. 영화산업이 중소기업 고유업종에서 해제되고 경쟁력 있는 대자본의 진출이 허용됨으로써 고위험부담이 가능해졌다. 영화산업에 대한 규제완화로 제작, 배급, 상영의 통합겸영이 가능해짐으로써 범위의 경제실현이 가능하였으며, 스크린 쿼터의 점진적 완화로 국내 산업에 경쟁적 환경을 조성하였다. 특히 1990년대 중반 이후 대기업들의 경쟁적 진입 속에서 삼성, 대우, 현대, 동양 등이 탈락하고 CJ만이 성공함으로써 영화산업은 대기업이라고 누구나 다 성공하는 것이 아님을 보여준 주요한 사례가 되었다.

2) 실패사례분석

다른 정책과 마찬가지로 산업육성정책도 정부가 잘못하면 예산낭비를 초래하거나 노력에 비해 성과를 거의 거두지 못하는 결과를 초래한다. 한국의 산업육성정책의 대표적인 실패사례로는 첫째, 1960-1970년대 영화산업 육성정책이다. 영화산업을 중소기업 고유업종으로 규제함으로써 영화제작 기업이 영세화되어 고위험부담이 어려웠다. 그리고 제작과 배급 및 상영의 사업영역을 분리함으로써 상영업자(영화관)가 수요독점을 통해 제작업의 성장을 제약하여 제작업의 영세화가 촉진됨과 동시에 산업 내의 범위의 경제 실현이 불가능했다. 외화수입권 배분을 통해 성과우수기업 우대정책을 채택했으나 성과기준이 최종적인 수익이나 예술성이 아니라 편수에 치우쳐, 반공영화의 양산 등 양적 증가는 했으나 질적 도약은 어려웠다.

둘째, 김대중 정부의 벤처산업 육성정책이다. 김대중 정부는 벤처부문을 대기업부문에 대항할 수 있는 산업균형세력으로 인식하는 경제민주화이념에 입각한 정치적 접근을 하였다. 개발연대의 산업정책을 모방하려 하였으나 산업정책의 가장 중요한 성공요인인 경제적 차별화원리, 즉 "성과가 우량한 기업을 우대한다"는 원칙이 민주화 이후의 경제운영철학인 '경제민주화'라는 반차별의 정치적 논리 속에서 실종되었다. 벤처를 지정하는 과정에서 각종 평가를 했지만 벤처기업인의 학력, 경력평가에 그쳐 진정한 사업역량을 평가할 수 없었고, 가장 잘못된 것은 벤처지정 이후의 성과에 따른 지원과 탈락 장치가 부재하여, 한번 벤처는 영원한 벤처가 되어 도덕적 해이와 지대추구행태가 만연하였다.

셋째, 노무현 정부의 10대 동력산업 육성정책이다. 10대 동력산업이란 한국의 최고 기업이 해도 성공할까 말까한 "성공가능성이 극히 낮은" 산업임에도 이를 마치 좋은 사업이니 서로 하나씩 평등하게 나누어 하면 좋다는 식으로 정치적으로 접근하였다. 노력에 비해 성과는 미흡하였다.

3) 성공과 실패 요인 분석

산업육성정책의 핵심적인 성공요인은 '경제적 차별화원리'에 따라 능력이 인정된 경쟁력 있는 기업의 참여를 통해 성공가능성을 높인 것이다. 시장은 항상 미약하더라도 시장차별화의 결과에 대한 정보를 전달하므로 정부가 기업을 선택하고 지원함에 있어 시장을 신뢰하고 시장의 성과를 기초로 하여 차별화를 해야 한다. 성공한 산업육성정책은 발전의 자연스러운 과정인 성과 높은 강한 기업의 대기업으로의 성장과 그에 따른 소위 기업생태계의 불균형과 경제력 집중을 허용한 것이다. 또한 지속적인 평가를 통해 성과에 따른 차등지원과 탈락의 시장경쟁원리를 적용함으로써 진입제한에 따른 도덕적 해이, 지대추구, 독점화 등의 부작용을 최소화하였다.

반면 실패한 산업육성정책의 경우 그 실패원인은 정부가 정치적 혹은 이념적 고려에 의해 시장정보(시장성과)를 무시하고 승자를 사전적으로 선택함으로써 '성과에 따른 차별적 지원'이라는 경제적 차별화원리를 무시했기 때문이다. 영화산업육성정책이나 벤처육성정책과 같이 성과에 관계없이 '중소기업우대정책'으로 추진하거나, 10대 동력산업 육성과 같이 "좋은 산업이기 때문에 형평의 논리에 따라 여러 기업들에게 나누어 줌"으로써, 차별화원리에 역행하게 되어 우량한 기업에 대한 선택과 집중이 어려웠다. 더구나 벤처육성정책은 사업성과평가에 따른 신상필벌의 메커니즘이 실종됨으로써 도덕적 해이와 지대추구행태가 만연된 경우이며, 영화산업 육성정책은 기업의 성과평가기준이 불합리하여 유인구조상의 왜곡을 발생시킨 경우이다.

4. 기업경제를 일으키는 기업육성산업정책의 일반적 운용지침과 성공 조건

이상의 논의를 기초로 기업경제를 일으키기 위한 산업정책의 일반적인 운용지침과 성공전략을 제시하고자 한다. 물론 여기서 제시하는 전략을 성공전략이라 표현할 수도 있으나 오히려 실패가능성을 최소화하는 전략이라 하는 것이 더 합리적일 수도 있다고 생각한다. 왜냐하면 여기서 제시하는 지침이나 조건이 반드시 성공을 보장한다고 할 수는 없기 때문이다.

1) 차별화 기업육성정책의 운용지침

우선은 차별화 기업육성정책이 유효한 분야를 제대로 선정하는 것이 필요하다. 우리는 이미 제2장 V절에서 정부의 경제적 차별화전략은 아예 없거나 미미한 시장경쟁을 증폭시켜 시장의 창발을 도모하는 전략으로서, 후진경제, 낙후부문이나 지역, 취약부문, 전혀 경험 못한 새로운 분야 등 도약이나 추격이 필요한 부문에 적용되는 발전전략임을 강조하였다. 경제적 자유가 신장되고 사적 재산권제도가 정착되는 등 경제제도(시장경기규칙)가 잘 정비되어 거래비용이 높지 않아 시장의 경쟁과 보상을 통한 경제적 차별화기능이 제대로 작동되는 경제나 분야는 이미 선진분야로서 시장의 기능에 의해 관리될 수 있다 하였다.

예컨대, 우리나라의 경우 여전히 낙후, 혹은 취약한 부문인 중소기업부문, 농업부문, 내수 서비스부문, 상대적으로 낙후된 지역경제부문 등의 육성전략은 바로 경제적 차별화전략을 따라야, 다시 말해 차별화를 기초로 하는 경제발전정책을 따라야 그 성공가능성을 높일 수 있다. 교육부문의 경쟁력 향상이나 심지어 취약계층의 자립과 도약이나 추격을 견인하고자 한다면 학교나 학생들에 대한 지원정책이나 일반 국민들에 대한 복지정책마저도 차별화원리를 가미하는 것이 필요하다. 한편 우리 경제가 아직 경험해보지 못한 최첨단 산업이나 미래 산업을 육성하는 경우가 차별화전략의 대상이 될 수도 있다. 오늘날 특정산업 지원정책이 공식적으로는 글로벌 스탠더드가 아니라 하지만 실제로는 선 · 후진국을 막론하고 후진국은 선진국들을 추격하기 위해, 선진국은 새로운 산업분야를 더 앞서 개척하기 위해 공식, 비공식적으로 각종의 산업육성정책을 시행하고 있음은 이미 잘 알려진 일이다.

다음으로 정책대상 분야를 제대로 선정한 경우라 하더라도 항상 흥하는 기업을 우대한다는 원리가 기업의 선택과정에서 기존의 강한 기업에만 기회를 더 많이 주는 결과를 가져와 독점을 초래할 수 있다는 우려를 할 수도 있을 것이다. 만일 이런 결과가 초래되면 이것은 애초

경제적 차별화전략이 의도에 반하는 결과라 할 수 있다. 이미 지적한 데로 차별화전략이 성과에 따른 보상체계를 정립함으로써 동기부여를 통해 보다 많은 주체들의 참여와 경쟁을 유도하여 시장의 창발을 유도하는 전략임을 이해한다면 어떠한 경우도 지대추구와 독점이윤추구를 조장하는 것이 발전친화적이라 할 수는 없는 것이다. 따라서 차별화전략은 분명히 대상부문에 경쟁이 촉진되어 차별화가 일어날 수 있도록 추진되어야 한다. 물론 이 과정에서 자력으로 경제효율성을 높여 시장지배력을 확보하는 기업들도 있기 마련이지만 이들 기업들이 큰 문제가 안 된다는 점은 이미 지적하였다.[18]

그러면 경제적 차별화전략을 어떻게 그 본래 취지에 맞게 적용할 것인가. 특정 낙후 혹은 취약부문에 적용할 경우는 규칙에 의해 특정 자격조건을 만족시키는 주체만을 대상으로 차별화전략을 적용해야 한다. 예컨대 중소기업부문이면 중소기업조건에 해당하는, 농업부문이면 농민의 조건에 맞는, 취약계층이면 그에 합당하는 조건에 맞는 주체들을 대상으로 하여 주어진 시장성과에 따라 선택, 재선택을 통해 시장성과가 우수한 흥하는 이웃을 선택하고 그에 상응하는 보상과 지원을 제공하여야 한다. 여기서 사회정책적인 1/n 지원정책은 동기부여에 실패하고 발전에 역행하게 된다.

한편 경험해보지 못한 전혀 새로운 분야를 개척하는 산업육성정책의 경우는 참여를 경제 내의 모든 기업들에 허용하되 그 기업의 규모나 기존 산업부문에서의 성공역사보다도 주로 새로운 분야와 관련된 시장성과를 선택과 재선택의 기준으로 선정하는 것이 좋다. 예컨대 R&D지원정책의 경우는 단지 실제 R&D성과가 선택과 재선택 기준이 되어야

18. 이 점에 대해서는 앞의 제2장 V절 참조.

지 단지 대기업이기 때문에 잘할 것이라고 무조건적으로, 혹은 중소기업이기 때문에 육성차원에서 무조건 지원하는 정책은 차별화정책 취지에 맞지 않다. 이 경우 대기업들이 중소기업이나 신규 창업기업보다 이미 여러 가지 면에서 더 유리하기 때문에 새로운 산업부문의 차별화 게임에서도 역시 유리하고 결국 이런 정책이 대기업만을 위하는 정책이 될 소지가 있다고 볼 수도 있을 것이다. 논리적 취약성이 많은 사전승자선택보다 시장성과에 따른 사후승자선택을 최선책으로 보는 경제적 차별화전략의 경우는 오히려 기존 대기업을 더 중시할 이유가 없는 것이 장점이다. 전통적인 산업정책의 사전승자선택의 경우는 새로운 산업을 해보지도 않고, 시장의 결과를 기다리지도 않고 정부의 독자적인 판단에 따라 미리 사업자를 선정하기 때문에 새로운 분야에서의 성과정보가 없는 상황에서 기존의 사업에서 이룬 성과가 어쩌면 가장 중요한 판단기준이 되어 기존의 대기업이 유리해 질 수 있다. 그러나 사후승자선택의 차별화전략은 사전승자선택의 경우에 비해 항상 새 산업 분야에서의 시장성과를 더 중시하기 때문에 기존의 경제부문에서의 과거 강자가 항상 더 우대받는 일은 없다. 더구나 시장경쟁은 결코 기존 분야 성공자라고 해서 전혀 새로운 분야의 성공까지 계속 보장하지 않는다는 것이 시장의 논리이다.[19] 정부 또한 경제적 차별화전략의 일환

---

19. 인간이성의 한계를 인정하지 않고 이상적으로 정부가 미래 성공산업과 기업을 사전에 실패 없이 선택할 수 있다고 믿는 경우에는 사전승자선택의 경우에 전혀 과거성과도 무시할 수 있다고 주장할 것이다. 정부가 전혀 새로운 기업을 만들어 신 산업을 일으킬 수 있다고 주장할 것이다. 그러나 이런 주장은 이상론에 불과하며, 인간은 이성의 한계상 과거의 행적에서 미래를 찾는 일을 결코 포기할 수 없는 불완전한 존재이다. 그렇기 때문에 사후승자선택의 경우라도 기업의 잠재력을 평가하는데 참여기업의 과거성과를 전혀 무시할 수는 없을 것이기 때문에 기존의 경쟁력 있는 대기업이 중소기업이나 창업기업에 비해 유리해질 가능성을 완전히 배제하기는 어려울 것이다. 그러나 시장의 정보수집, 정리, 전달을 통한 차별화기능을 신뢰하는 신발전원리의 입장에서는 그럼에도 불구하고 사후 승자선택 방식의 차별화전략이 가장 실패 확률이 낮은 전략이라고 볼 수 있다.

으로 중소기업이나 창업기업들이라도 그들이 이룬 성과를 기초로 금융과 기타 자원이용에 대한 접근도를 높일 수 있도록 금융시장제도개선 등 경제적 제도개선을 통하여 시장의 차별화기능을 강화시켜야 한다. 이는 정부의 직접적인 차별화전략을 뒷받침하는 제도적 장치의 도입을 통한 간접적인 차별화전략의 일환인 셈이다.[20] 이런 노력들을 통해 새로 떠오르는 역량 있는 중소기업, 창업기업들이 차별화되어 성공대열에 참여할 수 있도록 하는 것이 차별화전략의 본래의 취지를 살리는 길이 될 것이다.

마지막으로 대기업부문정책과 관련해서 정부의 차별화전략의 역할에 대해 생각해보고자 한다. 우선 직접적인 차별화전략을 통해 대기업을 지원한다는 것은 우리 경제발전단계에서 유효한 차별화정책이기는 어렵다고 판단된다. 이미 이 부문은 선진 경제부문화되어 시장의 차별화기능이 선진국 못지않게 작동되고 있어 정부의 차별화전략보다는 오히려 그 동안 잘못된 규제정책으로 기업별, 부문별로 독점화된 현재의 구조를 보다 더 경쟁적인 구조로 바꾸는 작업이 더 필요한 상황이다. 개발연대 경제적 차별화정책이 경쟁촉진을 통한 시장창발과 기업성장을 가져왔다면 지난 20여 년 동안은 경제력집중억제와 전문화라는 이름하에, 대기업들의 문어발 확장을 막는다 하여 오히려 대기업 간 경쟁을 억제하여 독점화를 조장하는 결과를 초래하였다. 따라서 기존 대기업들의 경우는 보다 적극적인 시장개방정책과 경쟁촉진정책을 통해 더 치열한 경쟁에 노출시키는 것이 필요하다.[21] 한편, 이와 같이 대기업들

20. 이 점에 대해서는 앞의 제2장 V절 참조.

21. 대기업정책에 대한 필자의 생각은 좌승희(1998, 2006, 2012)에서 이미 충분이 논의되었으며, 관심 있는 독자들은 참고하기 바람. 본서 제7장은 대기업 · 중소기업 동반성장문제와 관련해서 대기업경쟁촉진문제를 언급하고 있지만 대기업문제를 깊이 다루고 있지는 않고 있음.

의 기존 사업부문이 더 이상 차별화정책 대상일 수는 없지만, 전체 국민경제입장에서 전혀 새로운 분야의 경우는 결국 유치산업이라고 볼 수 있기 때문에 대기업들도 적극 참여하도록 하는 것이 합리적일 것이다.

이상 논의한 기업육성을 위한 차별화정책의 성공확률을 높일 수 있는 실제 적용방식을 체크리스트로 정리하면 다음과 같다.

2) 기업육성 산업정책의 성공을 위한 체크리스트

① 성공하는 경제주체를 우대하는 경제적 차별화원리에 근거한 관치 차별화가 필요하다

육성하고자 하는 산업 전체를 우대하는 정책은 산업 내 모든 기업을 균등하게 지원하는 평등주의 정책으로 흘러 결국 실효성 없는 정책이 될 위험이 있기 때문에, 기업에 대한 차별적 지원정책이 필요하다. 관치 차별화는 시장의 기능을 보완하는 것으로 정부의 개입 목적은 평등주의의 실현이 아니라 시장의 차별화기능의 보완 또는 강화여야 하므로 시장의 정보를 최대한 활용하여 기업을 차별적으로 선택, 지원해야 한다.

② 발전친화적인 인센티브 구조의 정착이 필요하다

성과가 뛰어난 기업일수록 더 많은 인센티브를 받을 수 있도록 하는 것이 필요하며, 누진적 차등은 아닐지라도 최소한 비례적 차등은 필요하다.

③ 시장 검증을 통해 성과를 인정받은 기업을 선택 · 지원하는 사후 승자확인 방식의 시장신호 중시 정책을 추진해야 한다

시장의 신호를 중시하는 정책이어야 정경유착, 지대추구, 도덕적 해이 등 '정부에 의한 사전 승자선택'이 갖는 각종 부작용을 최소화할 수 있다.

④ 정책의 목표에 부응하는 특정 성과지표를 기준으로 기업을 선택하고 탈락시키며, 차등 지원해야 한다

모두가 선택의 결과에 승복할 수 있도록 지원 대상기업의 선정과 평가 기준을 정책목표에 맞게 투명하고 명료하게 그리고 쉽게 확인이 가능하도록 설정하여야 한다. 예를 들어 수출 진흥의 경우 수출금액, 새마을운동의 경우 마을 공동사업 성과 등이다. 또한 지원 대상 기업에 대한 재평가와 재선택 과정이 매년 혹은 매분기 등, 매 시장 기간마다 실시되어 경쟁을 통한 잔류, 탈락과 신규 진입이 반복적으로 시행되어야 지대추구, 도덕적 해이 등을 최소화할 수 있다.

⑤ 지원대상은 특정 산업에만 한정해서는 안 되며 목표에 부합하는 모든 기업에 문호가 열려 있어야 한다

모든 산업과 기업을 지원 대상으로 함으로써 경쟁효과를 극대화하여 특정 산업의 독점화를 막고 기업에 대한 재평가과정을 통해 기업의 독점화를 막을 수 있다.

⑥ 지원정책의 전 과정이 투명하고 공정하게 공식적인 제도로 정착되어야 한다

자의적인 승부조작과 같은 일이 없어야 모든 참여주체들이 승복하고 따르며 정부정책의 신뢰성을 제고시킬 수 있으며 경쟁을 촉진시킬 수 있다. 정경유착이나 특혜에 의한 지원은 철저히 배제되어야 한다.

제4장

어떤 이념이 발전친화적인가?

I. 이념에서 자유로운 시장경제는 없다

1. 이념이란 무엇인가?

이념은 인생관, 세계관, 혹은 우주관이다. 세상을 보는 관점을 의미한다. 그래서 모든 사람은 자기 나름대로의 이념을 가지고 산다. 그리고 이러한 개인들의 이념이 모여 집단적인 이념이 된다. 사회의 이념은 그 사회의 집단적 정서일 수도 있고 고상하게는 문화일 수도 있다. 그냥 그 사회의 분위기라고 할 수도 있다. 그런데 이렇게 집단화되는 이념은 때때로 실제 그 사회의 공식적 법, 규칙 혹은 제약으로 전환되기도 한다. 공식적 법규로 전환되지 않더라도 이념은 계속해서 그 사회 구성원들의 행동을 제약한다. 실생활 혹은 시장의 경기 규칙은 그래서 그 사회의 다수의 집단적 이념의 표출인 셈이다.

이념은 다양한 주장과 믿음, 생각으로 표출된다. 그러나 대체로 그 논리적 근거는 희박한 경우가 많다. 인간 사회의 "특정한 삶의 형태에 대한 호, 불호의 표출"을 이념이라고 할 수도 있다. 그렇기 때문에 이념은 논리적 사고의 결과라기보다는 윤리나 도덕적, 혹은 정서적 판단의 결과인 경우가 많다. 이념은 명분을 좋아하지만 실용이나 실사구시와는 거리가 있는 경우가 많다. 다음과 같은 주장이나 믿음, 생각들을 이념의 범주에 넣을 수 있을 것이다.

인간은 이 세상에 태어날 때부터 각자 다르고, 불평등하게 태어났으며, 인생의 성공과 실패는 자기 노력의 결과이다. 인생의 성공은 내가 할 탓이며 남의 도움이나 정부의 보조나 간섭 없이 자조하는 것이 더 훌륭한 인생이라고 생각한다. 자유가 인생에 있어 최고의 가치이며 마땅히 그 결과에 대해서는 책임을 져야 한다. 필자는 이러한 이념을 "수직적 세계관"이라 명명한바 있다.[1]

반면에 정반대의 이념도 있다. 인간은 평등하게 태어났으며 더불어 살아야 한다. 인생의 실패는 그래서 사회의 탓이다. 정부는 모든 국민이 평등하게 살 수 있도록 가능한 모든 조치를 취해야 한다. 이러한 이념은 "수평적 세계관"이라 할 수 있다.[2]

수평적 세계관은 보다 다양한 형태로 표출되고 있다. 인간은 평등하게 태어났고 따라서 경제적으로 평등하게 살아야 한다. 사회는 균형되게 발전해야 한다. 세상에 불평등이 있어서는 안 된다. 가난한 사람이 더 대접받는 것이 형평에 맞다. 약자가 더 대접을 받아야 정의롭다. 사회나 지역 간에나 학교 간에 차이가 있어서는 안 된다. 경제적 기회는 균등해야 한다. 더 나아가 경제적 결과를 균등하게 하는 것이 좋다. 대기업은 이러저러한 이유로 싫다. 중소기업을 키워 균형된 경제를 만들어야 한다. 부자는 보다 많은 세금을 그것도 누진적으로 세금을 내서 가난한 사람을 도와야 한다. 잘사는 지역은 규제하거나 불이익을 주고 못

---

1. 좌승희(2006) 참조
2. 좌승희(2006) 참조

사는 지역에 해택을 더 많이 주어 균형을 달성해야 한다. 앞서가는 주체들은 약자들한테 항상 양보해야 한다. … 남녀평등도 기계적으로 맹목적으로 믿게 되면 수평적 이념화된다. 모든 사람이 자가 주택을 가지는 것이 옳다거나 집을 여러 채 가지면 안 된다는 생각도 수평적 이념이다.

수평적, 평등의 이념의 배후에는 칼 마르크스의 자본주의관이 깊이 뿌리 박혀 있다. 마르크스는 불평등한 자본주의체제는 소멸하고 평등한 사회, 즉 사회주의가 도래한다 하였다. 그런데 사회주의체제의 출현을 예언한 칼 마르크스의 자본주의에 대한 세계관도 하나의 이념의 표현이다. 마르크스는 『공산당선언』에서 자본주의체제는 계급투쟁의 장이며 이 과정에서 자본가는 노동자를 착취한다고 주장하였으며, 그의 『자본론』에서는 이러한 자본주의는 필히 멸망하고 사회주의체제가 도래한다고 주장하였다. 이러한 자본주의관은 사회주의, 공산주의의 등장을 가져오고 한편으로는 수정자본주의 혹은 혼합경제, 사회민주주의라는 자본주의체제 자체의 변화를 가져왔다. 그러나 호혜적 만남이 없는 계급투쟁과 착취의 과정으로 묘사한 마르크스의 자본주의경제에 대한 세계관은 과학적 근거가 약한, 사회주의 이념을 정당화하기 위한 방편에 다름 아닌 것으로 해석된다.[3]

특정 국가나 인종, 종교, 문화를 그냥 좋아한다거나 역으로 싫어한다는 생각도 이념이다. 공자님의 가르침 중의 많은 부분이 이념의 영역이다. 부처님이나, 예수님의 가르침도 많은 경우 이념에 속한다. 왜? 라는 질문에 논리적, 실증적으로 답하지 못하는 생각, 그저 그렇다고 믿는 생각들, 이렇게 하는 것이 옳다는 생각들은 대부분 이념이라 할 수 있다.

---

3. 제2장에서 논의한 복잡계 과학관과 자본주의 신 발전원리에 의하면 호혜적인 만남이 없는 사회시스템은 새로운 질서를 창출해낼 수 없다. 마르크스의 세계관이 현실세상의 변화원리에 맞지 않음에 대해서는 다음의 제IV절을 참조.

심지어 하느님의 존재를 믿는 것마저도 만들어진 이념이다.[4]

이와 같이 많은 경우 이념은 "무엇은 이래저래 해야 한다." 혹은 "인간은, 사회는, 국가는 이래저래 하는 것이 옳다."는 식의 믿음으로 표현된다. 이에 대한 논리적 혹은 실증적 근거는 있을 수도 있으나 없는 경우가 대부분이다. 특정한 이념이 논리적, 실증적 근거가 분명하다면 이는 이념이라기보다는 과학의 영역이 된다. 때에 따라서는 과학인 것처럼 그럴듯하게 논리적으로 포장된 이념도 있다. 위에서 지적한 대로 절대평등을 추구하는 사회주의 이념도 과학적인 것처럼 포장되었지만 결국은 논리적, 실증적 근거가 취약한 이념에 불과하다. 이렇게 보면 평등사회라는 이념도 신과 마찬가지로 '만들어진 이념'이라 할 수 있다.

어떤 학자들은 "경제발전은 이러이러한 결과를 가져와야 한다."는 주장을 자주 한다. 그리고 그 당위성과 실현 방안에 대해 정교한 논리를 제시하기도 한다. 그러나 이러한 당위적인 주장은 그 주장에 대한 호, 불호를 떠나 과학이 아니라 이념의 영역에 속하는 경우가 많다.[5] 그리고 사회정의 혹은 분배정의란 평등 분배가 기본이며 차등 분배는 예외이고, 취약한 계층의 사람들이 더 대접받는 것을 의미한다는 존 롤스(John Rawls) 류의 주장도 이념의 표현이다.[6] 롤스는 이러한 평등분배의 이유를 사람들은 누구나 자신들이 불행해질 가능성을 배제할 수 없기 때문에 이러한 때에 대비하고자 하는 생각으로 평소에도 평등분배를 원할 것이기 때문이라고 주장하고 있는데, 필자의 생각으로는 이 가설은 사회발

---

4. 도킨스(2007)는 신은 만들어졌다고 주장한다.

5. 예컨대 발전은 균형적이어야 한다거나 아니면 불균형적이어야 한다는 주장이나, 경제발전은 자유를 확대하는 것이어야 한다는 주장(Sen, 2000)들은 발전의 과정에 대한 과학적 탐구 결과라기보다는 발전은 무엇을 담아야 한다거나 발전의 과정은 어떠해야 한다거나 발전은 무슨 결과를 가져와야 한다는 주장으로서 규범적 주장이다. 이들 주장은 일종의 발전의 의미, 가치에 대한 개인의 이념의 표현으로 볼 수 있다.

6. 롤스의 평등분배관에 대한 상세한 논의는 다음 제5장의 III절을 참조.

전에 대한 무슨 과학적 논거에 기초하고 있다기 보다는 "내가 안 될 가능성 때문에 나도 남도 다 같이 평등하게 살자"는 대단히 평등주의적 이념의 표현이라고 생각한다.

2. 복잡경제 시장을 어떻게 모형화할 것인가?: 신 제도경제학과 진화경제학

본서의 주요 목적인 발전친화적인 이념을 선별하는 작업을 위해서는 복잡경제의 신 발전원리를 이념의 발전친화성여부를 판별할 수 있는 실제 작동모형으로 구체화하지 않으면 안 된다. 여기서는 이념을 비공식적 제도로 보는 신 제도경제학의 관점을 진화적 시각에서 재구성함으로써 경제주체의 이념과 경제행태와 성과 간의 관계를 체계적으로 정형화할 수 있는 모형을 구축하고자 한다.

1) 시장경제란 경제제도, 즉 경기규칙에 의해 정의된다

복잡경제의 시장경제란 일정한 경기규칙 속에서 모든 시장참여자들이 각자의 성공을 위해 경쟁하는 일종의 운동경기장과 같다. 우리 경제주체들은 인생의 성공을 위해 개인적으로 노력하는 것은 물론 서로 협력하기 위한 조직을 만들어낸다. 기업도 정당도 사회단체도 동창회도 향우회도 심지어 국가라는 조직도 모두 시장이라는 운동경기장에서 성공가능성을 높이기 위해 우리들이 만들어내는 성공의 수단인 셈이다. 그러나 이러한 모든 노력은 그냥 무질서하게 일어나는 것이 아니다. 국내든 국제든 한 사회 내에서 더불어 살아나가기 위해서는 모두 지켜야 될 규칙이 있기 마련이며 이러한 경기규칙을 일컬어 경제제도라 부르는 것이다.

국가의 경제제도는 비공식적 제도, 공식적 제도, 제도의 집행 등으로 구성된다. (그림 3 참조)

- 비공식적 제도란 이념, 문화, 관습, 관행, 국민정서와 같이 공식적인 규칙은 아니지만 국민들의 행동에 비공식적인 제약으로 작용하는 사회의 공통적인 생각들을 통칭한다. 특히 이념이나 문화 등은 공식적인 법과 마찬가지로 경제활동에서 매우 중요하다. 비공식적 제도는 많은 경우 그 사회의 공식적 법제도의 기초가 된다. 특히 이념이나 문화 등은 헌법이나 상위 법률 속에 용해되어 공식적 제도의 기초를 형성한다. 20세기 이후 민주주의 정치체제하에서는 다수 국민의 세계관을 대변하는 이념에 따라 국가의 공식적인 법제도의 내용이 크게 영향받고 있다.
- 공식적 제도란 헌법, 각종 법률, 정부가 정하는 규칙, 명령, 정부규제에 이르기까지 사회구성원의 행동을 규율하는 모든 공식적 제약

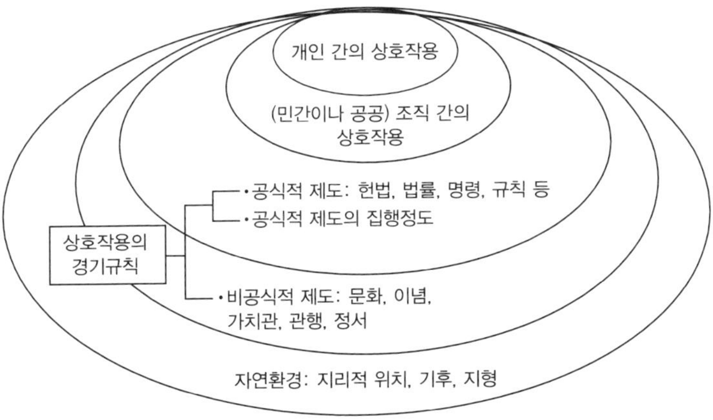

그림 3 경제사회의 구성

을 포함한다. 공식적 제도는 비공식적 제도의 내용을 포함한 여러 가지 요인들을 반영한다. 특히 헌법은 국가의 기본질서를 규정하는 최상위 법이다. 헌법은 그 사회 속에서 오랜 세월에 걸쳐 형성되어 온 비공식적 제도, 특히 그 사회의 보편적 이념적 가치를 가장 추상적 차원에서 공식화한 제도로서 다른 모든 공식적 법령의 모태가 되는 공식적 제도의 최상위 규범이다. 이러한 헌법의 이상은 하위의 법령들을 통해 실질적인 경제사회생활의 규칙으로 보다 구체화되게 된다. 그래서 한 나라의 공식적 제도는 그 사회의 이념이나 문화에서 자유로울 수 없다.

• 제도 집행의 정도는 사회가 그 구성원들에게 경기규칙인 법제도를 얼마나 엄격하게 집행하고 있느냐의 정도를 말한다. 아무리 좋은 법을 가지고 있다 하더라도 제대로 집행되지 않으면 법이 없는 것이나 마찬가지가 되기 때문에 법집행은 대단히 중요하다. 법치의 관건은 그래서 법집행의 엄격성에 달렸다고 할 수 있다.

이제 교과서 속의 신고전파적 추상적인 시장은 바로 이러한 공식적 제도와 비공식적 제도의 내용과 그 집행의 정도에 의해 구체적이고 현실적인 모습을 가지게 되며, 따라서 시장이란 바로 이러한 공식, 비공식적 제도라는 경기규칙에 의해 정의되고 규율되는 생활공간이라고 정의할 수 있다.

경기규칙으로서의 경제제도는 경기자의 행태와 경기의 내용, 나아가 경기의 승패에 결정적인 영향을 미친다. 따라서 우리들 개인이나 우리가 만들어내는 조직들은 자신들의 성공 가능성을 높이기 위해 경기규칙을 자신들에게 유리하게 만들기 위해 노력하기도 한다. 이와 같이 경기규칙을 만들어내고 나아가 자신들에게 유리하게 만들어내기 위한 노력의 과정을 일컬어 정치과정이라 부르는 것이다. 특히 정치과정에서 중요한 역할을 하는 조직이 정당인 셈이다. 여기서 정치적 이념에 의해 경기규칙이 영향을 받게 될 가능성이 생기게 되는 것이다. 이 과정을 통해 비공식적인 제도로서의 이념은 많은 경우 공식적 제도의 방향과 내용에 영향을 미침으로써 우리의 실제 경제생활에 깊숙이 들어오게 된다.

경제제도는 일종의 하느님이나 부처님과도 같다. 우리 경제주체들은 부처님 손바닥 위의 손오공과 같다. 신자들이 하느님이나 부처님의 뜻에 맞게 살아야 구원을 받게 되듯이 시장에서는 경제제도에 부응하는 주체만이 생존할 수 있다. 진화론적으로 말하면 경제제도는 하느님이나 자연과 마찬가지로 자연선택의 주체이다. 그림 3은 바로 이러한 경제선택의 주체로서 제도적 환경의 중요성을 요약하고 있다. 우리 모두는 생존을 위해 상호작용을 거듭한다. 조직을 만들기도 한다. 그러나 이 상호작용은 그 사회의 제도, 즉 경기규칙에 의해 제약된다. 경기규칙에 따라 상호작용 메커니즘이 달라질 수 있다. 선형이냐 비선형이냐의 작용메커니즘도 바로 이런 경기규칙의 내용에 의해 결정된다. 제도가 어떤 내용이냐에 따라 경기의 내용과 경기에 참여하는 경제주체들이 부담하는 거래비용의 크기가 결정되고 따라서 경제활동의 패턴과 그 효율성이 결정되기 때문이다. 경제활동의 상호작용에 따르는 비용의 크기, 따라서 그 상호작용이 선형적일 것이냐 혹은 비선형형적일 것이냐의 여부가 제도의 내용에 의해 결정되게 된다.

2) 한국의 시장경제와 미국의 시장경제는 다르다

경제적으로 한국 사람은 왜 한국 사람인가? 한국 사람이 경제적으로 한국 사람인 이유는 다른 나라 사람들과 피부가 다르고 체구가 다르고 쓰는 말이 다르기 때문이 아니라 바로 외국과는 다른 한국의 시장경제

경기규칙에 따라 살기 때문인 것이다. 한국의 비공식적, 공식적 경기규칙이 만들어낸 한국 사람의 경제행동 혹은 생활 패턴은 예컨대 미국의 경기규칙에 적응한 미국인의 경제행동 혹은 생활 패턴과는 다를 수밖에 없는 것이다. 한국 사람들은 보편적 이념성향이나 문화 등에 있어 미국 사람들과 다르다. 그리고 한국의 헌법적 가치와 미국의 헌법적 가치는 다르고 법률의 양식도 서로 다르다. 그러나 한국 사람이 미국에 이민 가서 잘 적응하여 미국 사람과 같은 경제생활의 행동패턴을 잘 구사하여 미국사회에서 성공할 경우 그 사람은 이미 미국화된 것이다. 한국적 이념성향과 문화를 버리고 미국식으로 바뀌었다는 뜻이다. 그리고 미국의 법질서에 잘 적응하게 되었다는 뜻이다. 물론 적응하느라 많은 거래 비용, 조정비용을 들였겠지만 말이다.

한국과 미국 시장은 서로 다른 이념과 문화를 구현하고 있고 서로 다른 공식적 경기규칙을 갖고 있다 할 수 있다. 그래서 미국의 시장경제와 한국의 시장경제는 서로 다른 경기규칙 때문에 서로 다른 것이며, 그렇기 때문에 서로 다른 경제주체들을 만들어내게 되는 것이다. 물론 한국 기업이 미국 기업과 그 행태가 다른 것 또한 같은 이치 때문인 것이다.

우리의 발전원리에 의하면 한국보다 훨씬 강한 경제를 만들어내는 미국의 경기규칙은 비선형적 창발을 유도하는 규칙인 반면 한국의 경기규칙은 선형적 상호작용을 만들어내는 데 그치고 있다고 할 수 있는 것이다.

3) 경제제도의 내용이 거래비용의 크기와 경제성과를 결정한다

경기규칙은 그냥 하늘에서 내려오지 않는다. 그 사회가 애써서 만들어내야만 한다. 또한 경기규칙이 만들어졌다고 모든 사람이 다 쉽게 따르지도 않으며 개인들의 입장에서 특정 경기규칙에 적응하는 것이 쉬운 일도 아니다. 새로운 경기규칙에 따라 경기내용을 바꿔야 하는 경기자들의 불편함은 보통일이 아니다. 또한 경기규칙의 내용에 따라 견뎌내야 하는 불편함의 정도도 다르기 마련이다. 신 제도경제학은 이러한 경기규칙을 만들고 운영하고 지키는 데 드는 모든 비용을 일컬어 거래 비용이라 부르고 있다.

현실 경제에서 진행되는 모든 경제활동은 반드시 양(陽)의 거래비용을 수반한다. 시장거래에서는 거래조건에 합의해야지만 거래가 성사될 수 있기 때문에 상대방과의 합의를 이끌어내기 위해 협상을 하지 않으면 안 된다. 이 협상이야말로 거래규칙(계약)에 합의하고 서로 지킬 것을 서약하고 지키지 않으면 누가 책임지는지의 여부 등 경기규칙을 만들고 운영하고 지키는 문제에 합의한다는 것을 의미한다. 이 과정에서 소요되는 시간과 노력, 금전적 비용 등을 일컬어 거래비용이라 부른다. 다시 말해 거래비용이란 정보의 불확실성과 미래의 위험이 존재하는 상황에서 개별경제주체들이 현실거래를 통하여 서로 간에 이익을 담보하기 위해 거래와 관련된 사고에 대비할 목적으로 지출하는 온갖 노력, 시간, 돈 등을 말하는 셈이다. 역사적으로 보면 이러한 거래비용이 많이 소요되는 경제는 발전이 더딘 반면 이 비용이 적게 소요되는 경제는 그만큼 효율이 높고 경제발전이 빨랐음이 확인되고 있다.

우리는 원천적으로 피할 수 없는 거래비용이지만 그 크기를 낮추어 보려고 경기규칙인 경제제도를 만들어내게 되는 것이다. 따라서 현실적으로 특정사회가 지불해야 하는 거래비용의 크기는 그 사회가 갖고 있는 경제제도의 내용에 의해 영향을 받게 된다. 경기규칙으로서 경제제도는 국민생활의 모든 면을 통제하고 규율하는 외생적 제약조건이 되기 때문에 이러한 경제제도가 보다 투명하고 경제활동에 친화적일수록, 개별경제주체들과 사회전체가 부담하는 거래비용은 그만큼 낮아지게 된다. 따라서 경제제도는 거래비용의 크기에 영향을 미침으로써 경제 · 사회 유인구조를 변화시키고 궁극적으로 사회구성원들의 정치 · 경제 · 사회 등 모든 분야에서의 의사결정과 행동, 나아가 그 사회의 변화 방향에까지 영향을 미친다. 그래서 한 나라 국민들의 사고와 행동은 그 나라의 경제 제도의 산물이라고 할 수 있으며 이는 제도가 국민을 바꾸어낼 수 있다는 의미이다.

시장경제를 발전시킨다는 것은 시장의 경기규칙인 각종 경제제도를 합리적으로 만들고 잘 지키도록 함으로써 경제주체들이 부담해야 하는 거래비용을 낮추어 준다는 것을 의미한다.

시장을 축구경기에 비유하면 경제제도의 역할을 보다 쉽게 이해할 수 있을 것이다. 축구경기는 일정한 경기규칙하에 진행된다. 한국 사람들이 즐기는 축구(soccer)는 우선 양 팀의 선수는 각각 11명으로 하며, 골키퍼를 제외하고는 손으로 공을 만지지 못한다. 한편 미식축구(American football)는 축구라고는 하지만 공을 들고 잘 뛰는 것이 승리에 도움이 된다. 발로 하는 우리식 축구경기규칙에 의하면 미식축구 선수들은 핸들링을 범하여 한 발짝도 앞으로 나아갈 수 없게 된다. 경기규칙, 즉 제도에 의해 경기의 내용이 완전히 다르게 되는 것이다. 자본주의 체제와 사회주의 체제도 이와 같이 서로 다른 경기규칙의 결과이다. 자본주의사회는 개인의 재산권을 인정하지만 사회주의체제에서는 개인의 재산권은 인정되지 않는다. 이에 따라 국민들의 경제활동 패턴이 달라지며 경제성과도 달라진다.

한편 경기운영에 있어서는 경기 규칙이 너무 까다롭거나 심판이 너무 경직적으로 규칙을 적용해서 조그만 태클에도 퇴장을 남발하게 되면 경기의 흐름이 끊기고 선수들이 제대로 실력을 발휘하기가 어렵게 되어 결국은 경기가 재미없어진다. 이 경우 선수들은 그만큼 반칙을 피하고 퇴장을 피하기 위해 지나치게 신경을 쓸 수밖에 없으며, 경우에 따라서는 지나친 판정에 대해 시비가 생기기도 할 것이다. 이런 불편함 모두를 일컬어 거래비용이라 부르는 것이다. 거래비용이 너무 높아지면 경제사회는 침체되고 활력을 잃게 되어 경제성과는 악화된다. 예컨대 자본주의 체제하에서도 이러저런 정치적인 이유로 각종의 규제를 통해 개인재산권 및 그 행사에 제약을 가하게 되면 경제활동의 활력은 저하되고 경제성과에도 나쁜 영향을 미치게 되는 것이다.

4) 재산권과 거래비용

시장에서의 모든 상호작용 거래는 특정 재화와 서비스에 대한 재산권을 이전하는 행위이다. 따라서 모든 거래는 거래 물건이나 서비스에 대한 소유권이 명확히 규정되어야 쉽게 거래가 성사될 수 있다. 소유권을 형성하는 거래물건의 내용이 투명하게 정의되고 이에 쉽게 합의될 수 있어야 하며, 거래당사자 간 신뢰가 있어 서로 믿을 수 있어야 하고, 만에 하나 거래계약을 이행하지 않을 경우 책임소재를 가려 계약집행을 강제할 수 있는 법적인 장치가 구비되어야 거래비용을 최소화할 수 있는 것이다. 이와 같이 거래비용의 많은 부분은 재산권의 확정과 인정, 거래계약의 합의, 계약집행을 담보하는 법적 장치의 운영 등에 부수되는 시간, 노력, 금전적 비용 등에 의해 결정된다. 이러한 과정에 불확실성을 초래하게 만드는 경제제도는 결국 거래비용을 높여 거래대상 재화의 가치이상으로 추가적인 비용을 지불하게 만들거나 심하면 아예 거래 자체를 무산시키는 결과를 초래하게 되는 것이다.

경제주체 간의 상호작용을 보다 용이하게 한다는 것은 바로 이러한 거래비용을 낮출 수 있는 경기규칙, 혹은 거래규칙을 만들어낸다는 것을 의미한다.

3. 이념의 경제적 역할

이념은 궁극적으로 거래비용의 크기에 영향을 미침으로써 경제성과에 영향을 준다.[7] 우선 이념은 비공식적 경제제도로서, 그리고 헌법 등 공식적 제도의 큰 방향과 그 내용에 영향을 줌으로써 한나라 경제가 부담하게 되는 거래비용의 크기에 영향을 주고 나아가 경제전체의 성과에 큰 영향을 미친다.

다음으로 이념은 기존의 경제제도의 정당성에 대해 가치 판단을 하고 문제제기를 함으로써 기존제도의 유효성에 영향을 미쳐, 제도의 불확실성에 영향을 미침으로써 거래비용과 나아가 경제성과에 영향을 미친다. 예컨대 특정 이념을 반영한 국가의 경기규칙, 넓게는 경제제도에 대해 다른 이념을 가진 많은 국민들이 옳지 않다고 가치판단을 하고 정부마저 기존제도를 지키겠다는 의지가 미흡하게 되면 거래비용은 상승하게 되고, 그러한 거래규칙하에서 거래가 일어나기는 그만큼 어려워질 수밖에 없게 된다.

특정 경제가 경제체제로서 공산주의, 사회주의를 선택하느냐, 자본주의를 선택하느냐, 혼합경제 혹은 사회민주주의체제를 선택하느냐 하는 것은 전자의 경우에 해당한다고 볼 수 있다. 어떤 제도를 선택하느냐에 따라 그 경제가 지불하게 되는 거래비용은 차이가 난다. 한편 민주주의 정치체제하에서 좌파와 우파의 이념이 어느 한 쪽이 안정적 다수가 되지 못하고 팽팽하게 대립하고 있는 상황에서 정권이 바뀔 때마다 혹은 여야 간의 대치상황에서 상대방 이념에 기초한 경제제도를 수용하지 않고 그 정당성을 계속해서 훼손하는 경우 제도의 유효성이 약화되고 거래비용

---

7. North(1992)도 이념이 비공식적 제도로서 거래비용과 나아가 경제성과에 영향을 미친다는 점을 지적한 바 있으며 이 절의 논의도 그를 참조하였다.

은 상승할 수밖에 없다. 이러한 경우는 후자에 해당한다고 볼 수 있다.[8]

이념은 비공식적 제도이면서, 공식적 제도의 내용을 결정하고, 나아가 기존 제도의 유효성에 영향을 미침으로써, 일국의 거래비용수준, 시장의 차별화능력, 나아가 경제발전의 역동성을 결정하는 핵심 요인이다.

1) 이념은 경제제도의 큰 방향과 내용을 결정한다

비공식적 제도로서 이념은 정치과정을 통해 헌법을 포함하는 공식적 제도의 방향을 결정한다. 특정이념을 신봉하는 정치집단인 정당이 입법부의 과반수를 차지하게 되면 이들은 자신들의 이념에 따라 법제도를 구축하고자 한다. 따라서 집권당의 이념에 따라 시장의 경기규칙이 달라지게 되고, 나아가 거래비용과 경제성과도 다르게 나타난다.

어떤 사회의 이념이나 문화, 나아가 헌법이 경제활동 규칙으로서 개인의 경제적 자유를 얼마나 허용하고 있으며, 국민의 재산권을 얼마나 잘 보호하고 있느냐 등에 따라 그 사회가 부담하게 되는 거래비용에 차이가 나고 경제활동의 활력에도 차이가 나게 된다. 예컨대 헌법은—이념의 발로로서—자유민주주의나 시장경제를 천명할 수도 있으며, 공산주의, 사회주의를 천명할 수도 있다. 헌법이 어떠한 정치 및 경제체제를 천명하느냐에 따라 그 나라 국민들이 경제활동에서 부담하게 되는 거래비용에 큰 차이가 생기며, 나아가 경제발전의 정도에도 차이가 생기게 되는 것이다. 그동안의 역사적 경험에 의하면 자유민주주의와 시장경제 체제하에서 개인의 정치적, 경제적 자유와 재산권에 대한 보호를 천명

8. 이념성향 외에도 거래비용의 크기는 다음의 세 가지 추가적인 요소에 의해 결정된다. 그 하나는 교환의 첫 단계에서 교환대상인 재화나 서비스의 속성이나, 교환이나 생산에 참여하는 경제주체들의 속성을 사전에 파악해두는 데 소요되는 비용, 즉 측정비용(measurement costs)이다. 다음은 계약의 집행정도이다. 그리고 마지막으로 시장의 크기이다. 이에 대한 좀 더 상세한 논의는 좌승희(2006)의 제3장, 3절을 참조.

하고 지켜온 나라일수록 경제적 번영을 누렸음이 입증되고 있다. 물론 이는 자유민주주의와 시장경제라는 헌법적 가치가 사회 모든 법률과 규칙 속에 용해되어 국민들이 자신들의 경제적 자유나 재산권을 지키기 위해 개별적으로 부담해야 하는 거래비용이 낮아짐으로써 국민들의 일상 경제활동이 보다 원활해지기 때문인 것이다. 반면에 공산주의나 사회주의는 기본적으로 개인 간의 평등한 부와 소득을 보장하는 데 역점을 두기 때문에 자연히 개인의 경제적 자유나 재산권을 보호하는 데 소홀할 수밖에 없는 것이며, 이 점이 이들 정치 · 경제체제의 몰락을 가져온 이유가 된 것이다. 그러나 이러한 헌법적 가치들은 말할 필요도 없이 그 나라의 보편적 이념성향을 반영하는 것이라 할 수 있다.

2) 이념의 혼란은 경제제도에 대한 불확실성의 원인이 될 수 있다

한편 이념의 혼란이나 헌법적 가치의 혼란은 그 내용 못지않게 경제생활에 지대한 영향을 미친다. 예컨대 앞에서 경기규칙으로서의 제도의 중요성과 관련해서 논의했던 축구경기의 예에서, 만일에 손을 대면 핸들링이 되는 사커(soccer) 축구에 손으로 들고 뛰어도 되는 미식축구경기 규칙을 동시에 허용할 때 경기장에서 어떤 혼란이 초래될지 상상하기는 어렵지 않을 것이다. 이러한 상호 상충되는 이념이나 헌법적 가치들이 혼재하는 경우 경기규칙에 대한 불확실성을 높임으로써 경제주체들이 부담하거나 인식하는 실제, 혹은 잠재적 거래비용은 크게 증가하게 되고 그 사회의 경제성과는 악화되게 된다. 따라서 이념이나 헌법이 어떠한 가치를 추구하고 있느냐 하는 내용도 중요하지만 이념이 안정되고 헌법이 일관된 가치를 투명하게 담아내는 것도 중요하다.

이러한 관점에서 볼 때 지금의 우리 대한민국은 아주 흥미로운 예가 될 수 있을 것이다. 우리나라는 지금 이념적으로 큰 혼란 속에 있다. 수직적 세계관과 수평적 세계관 어느 것도 다수 이념이 되지 못하고 팽팽한 긴장상태 속에서 서로 많은 갈등을 초래하고 있다. 이명박 정부의 출범 이후, 지난 10여 년간 정권을 잡았던 소위 좌파이념의 정치집단들이 우파를 자처하는 지금의 정권에 승복하지 않고 문제제기를 계속함으로써 이념적 혼란이 증폭되고 있다. 현 정부는 지난 정부에서 만들어진 많은 경제규제제도들을 바꾸려고 하고 있지만 소위 좌파이념의 국민들과 야당의 반대로 고치지 못하고 있어 제도상의 불확실성이 극에 달하고 있다. 국민들은 기존의 제도를 믿고 따르지도 못하고 그렇다고 새로운 제도의 도입이 확실치도 않은 상태하에서 많은 거래 비용을 지불하고 있는 셈이다.[9]

여기에 더하여 우리 헌법도 이러한 이념적 혼란을 부추기고 있다. 우리 헌법은 크게 보면 자유민주주의와 시장경제를 천명하고 있다 할 수 있으나 그 내용을 면밀히 살펴보면, 서로 상충되는 가치들이 혼재되고 있어 하위 법령에 일관된 가치신호를 보내지 못하고 있다는 평가가 많다. 우리 헌법은 제정 당시 독일 바이마르 헌법의 복지국가 모형을 모방하고, 또한 당시의 국내외 사회주의적 성향의 정치조류를 반영해서 적지 않게 사회민주주의적 성향의 가치를 담고 있었다. 그러나 개발연대에는 경제발전에 대한 의지를 반영하여 시장경제를 강조하고 사회민주주의적 요소를 완화하였다(1962년 제5차 개정). 그러나 지금의 헌법은 1987년 개정시 경제민주화를 내건 사회민주주의적 성향의 경제체제 조항을 도입하였다. 이제 우리 헌법은 자유민주주의와 시장경제의 가치와 정부개입과 복지, 사회 민주주의적 가치들이 혼재되게 되었다.[10] 이러한

9. 각종 세제개편, 대기업규제, 수도권규제, 동반성장, 공정사회 등과 관련된 제도의 찬반 논쟁과 개혁의 지지부진이 좋은 예가 될 것이다.

10. 제2장 V절에서 논의한 바와 같이 우리 헌법의 경제 장의 중심은 제119조이다. 2개의 항으

헌법적 가치의 혼란은 안 그래도 심각한 우리 사회의 이념적 혼란을 더 심화시키는 작용을 하고 있다. 이런 면에서 우리 국민들은 높은 거래비용을 지불하고 있는 셈이다.

3) 좋은 이념보다 옳은 이념이 중요하다

이념은 세계관이라 했다. 세상의 변화 이치를 나름대로 이해한 것이 각자의 이념인 셈이다. 그런데 만일 세상의 변화이치를 잘못 이해하면 어떻게 될까? 잘못된 세계관은 잘못된 생각, 잘못된 정책을 잉태하게 되며, 나아가 "이념의 주체가 정치인, 정치지도자, 국가 지도자일 경우는" 자신은 물론 남과 더 나아가 사회전체를 잘못된 방향으로 이끌게 된다. 사람들은 대개 좋고 아름다운 세상을 꿈꾼다. 그리고 이러한 꿈을 이념화하여 이를 실현하기 위한 정책들을 만들어낸다. 그러나 이러한 좋고 아름다운 이념이 현실의 세상이치와 안 맞으면 어떻게 될까? 현실 속의 수많은 대중들이 바로 희생양이 된다. 현실과 동 떨어진 목표를 실현하기 위해, 즉 실현 불가능한 목표를 위해 높은 거래비용을 들이면서 헛수고를 해야 하는 것은 바로 일반 대중이며 이들이야말로 피해자가 된다. 그래서 좋고 아름다운, 이상적인 이념보다 '옳은 이념'이 중요해진다. 세상의 이치, 즉 '진리'를 제대로 찾는 노력이 없이 단순히 아름다운 꿈이나 이상을 이념화하는 것은 대단히 위험하다.

그러면 옳은 세계관, 혹은 이념과 그른 이념, 혹은 세계관은 어떻게

로 구성되고 있는데 그 내용은 다음과 같다. "① 대한민국의 경제 질서는 개인과 기업의 경제상의 자유와 창의를 존중함을 기본으로 한다. ② 국가는 균형 있는 국민경제의 성장 및 안정과 적정한 소득의 분배를 유지하고, 시장의 지배와 경제력의 남용을 방지하며, 경제주체 간의 조화를 통한 경제의 민주화를 위하여 경제에 관한 규제와 조정을 할 수 있다." 제1항은 자유시장경제를 천명하고 있으나 제2항은 사회민주주의 체제를 천명하고 있는 것으로 해석된다. 또한 경제장의 123조는 농어민보호, 지역균형발전, 중소기업보호육성 등을 국가의 의무로 규정하고 있다.

판단할 수 있는가? 세계관은 세상을 이해하는 눈이기 때문에 그 옳고 그름은 결국 현실 세상과의 정합성 여부이다. 세상의 변화원리와 맞지 않다면 그 세계관은 틀린 세계관이라 할 수 있는 것이다. 또한 좋은 세계관이라 해서 옳은 세계관이라 할 수도 없다. 예컨대 모든 사람이 모든 면에서 동등하며 그렇게 되어야 한다고 하는 좋은 세계관도 그것이 현실 정합성이 없다면 그른 세계관일 수밖에 없는 것이다. 그래서 그른 세계관은 현실 정합성이 없기 때문에 현실과 충돌하고 많은 보통 사람들을 불편하게 만드는 규칙과 정책을 만들어낼 가능성이 그 만큼 많아지게 되는 것이다. 그래서 옳은 이념 혹은 세계관이 좋은 이념 혹은 세계관보다 더 중요한 것이다.

요약하면 옳은 이념은 거래비용을 낮추는 데 기여하지만 좋지만 그른 이념은 많은 경우 현실과의 충돌 때문에 거래비용을 높이는 역할을 할 가능성이 높다. 그래서 옳은 이념은 경제발전에 기여하지만 좋지만 그른 이념은 경제발전을 지체시킬 가능성이 높다고 할 수 있다.

II. 주류경제학은 이념과 제도정책에 대해 무슨 입장을 갖고 있는가?

그렇다면 경제학은 이념이나 헌법이 추구해야 할 가치에 대해 어떤 입장을 가지고 있는가? 수직적 세계관이나 수평적 세계관이 경제성과에 미치는 영향은 어떻게 다른지, 동서양 문화의 차이나 기독교, 이슬람교,

유교, 불교 등의 서로 다른 종교가 경제성과에 미치는 영향은 어떻게 다른지 등에 대해 주류경제학은 어떤 시사를 주고 있는가? 나아가 헌법이 어떤 이념적 가치를 추구하는 것이 국가 사회의 발전에 기여할 것인가에 대해 경제학은 어떠한 시사를 주고 있는가?

이 질문에 대한 답은 "주류 실증경제학은 이념에 대한 특별한 입장이 없다."는 것이다. 흥미롭게도 주류경제학의 기본 모형인 완전경쟁 모형은 사회주의 계획경제나 자본주의 경제 어디에도 응용될 수 있는 모형이라는 사실은 이미 오래전부터 인식되어 왔다.[11] 신고전파 주류경제학은 거래비용이 0인 경제를 상정하고 있기 때문에 제도의 역할이 없다. 앞의 그림 3을 보면 신고전파 이론은 개인과 조직 밖의 울타리인 제도적 여건이 사상된 패러다임이다. 그래서 주류경제학을 "제도가 없는 경제학(institution-free economics)"이라 부르는 것이다. 주류경제학은 제도의 영향이 사상된 현실과 괴리된 진공 속의 이론이다. 이에 따라 특히 신고전파 경제성장론은 내생변수로 내생변수를 설명하는 동어반복의 이론에 머물게 되며, 결과적으로 이념이나 문화가 경제성장에 어떠한 영향을 미치는지에 대해 체계적으로 설명할 수가 없게 되는 것이다. 실증적 경제이론이 경제정책, 특히 경제제도 선택의 지침이 되지 못하고 있는 것이다. 헌법문제를 포함하는 경제제도정책이 정치이념의 산물로 전락하게 되는 이유가 바로 여기에 있는 것이다.

그래서 경제학은 경제사회발전을 위해 어떠한 이념을 선택해야 하는가, 혹은 어떠한 이념이 경제사회발전에 도움이 되는가 하는 질문에 대

11. 20세기 초반에 진행된 사회주의 계산논쟁(socialist economic calculation debate)이 왈라스(Marie Esprit Léon Walras)의 모색과정을 통해 완전경쟁모형이 그리는 최적배분상태를 만들어낼 수 있느냐 하는 데 모아졌다는 사실은 아이러니가 아닐 수 없다. 사회주의와 자본주의 경제는 서로 다른 경제제도이며, 양 제도하의 경제주체들의 인센티브구조는 판이하기 때문에 같은 완전경쟁모형으로 논쟁하는 것 자체가 의미가 없다. 이 논쟁을 통해 완전경쟁모형은 결국 제도와 상관없는 모형이라는 점을 쉽게 이해할 수 있다.

한 체계적인 답을 제공하기 어려운 것이며 이에 따라 헌법 등 경제제도가 어떠한 가치를 담는 것이 국가발전에 도움이 되는 지에 대해 답을 주지 못하는 것이다.

한편 이러한 주류경제학의 취약점을 개선하기 위해 등장한 신제도주의 경제학은 양의 거래비용을 수용하고 제도의 중요성을 명시적으로 도입하여 앞의 그림 3과 같이 경제주체들의 행태가 경제제도, 즉 이념이나 문화와 같은 비공식적 제도와 헌법 등 공식적 제도의 영향을 받는다는 점을 인정함으로써 시장경제를 보는 관점을 크게 넓혔다. 그러나 여기에서도 문제는 어떠한 문화 혹은 이념이 발전친화적인지를 체계적으로 분석할 수 있는 틀을 제공하지는 못하고 있다. 개인의 경제적 자유와 재산권을 보장하는 경제제도가 발전친화적이라고 하는 것이 제도경제학의 가장 두드러진 결론(주장)이긴하다. 하지만 이것만으로 우리의 관심인 이념과 문화 등 헌법의 바탕이 되는 비공식적 제도가 어떻게 체계적으로 경제사회발전에 영향을 미치는지에 대한 분석틀이 될 수는 없다는 것이 필자의 판단이다. 신 제도경제학은 개인재산권만 보장되면 만사가 형통하다고 하는데 우리는 제도를 활용하겠다는 경제주체들의 의지가 미흡하다면 재산권보장만으로는 충분하지 않다고 본다. 경제주체들의 생각과 이념을 발전친화적으로 바꿔내는 일이 선행될 필요가 있다고 본다.

> 옛말에 가난한 사람을 도움에 있어 생선을 잡아다 주는 것보다 낚싯대를 제공하여 생선을 잡도록 도와주는 것이 좋다는 말이 있다. 이것이 아마도 그동안 발전경제학이 견지한 철학이었다고 생각된다. … 중략 … 그럼 여기에 무슨 문제가 있다는 말인가? 문제는 낚시대를 들고 바다나 강이 아닌 산으로 가거나, 설령 바다나 강으로 가더라도 낚시보다도 피크닉을 즐기는 국가나 국민들이 예상외로

> 많았다는 점이다. … 중략 … 바로 이러한 상황이 지난 20세기 후반의 선진국의 빈곤 후진국에 대한 지원이나 선진국이나 중진국의 복지정책의 시행과정에서 나타난 경험이라 할 수 있다. 여기서 우리의 발전론적 질문은 "어떻게 하면 이들로 하여금 자발적으로 낚싯대를 들고 강과 바다로 나가, 더 많은 고기를 잡는 데 매진하게 할 수 있을 것인가?" 하는 것이다.[12]

그래서 우리는 비공식, 공식적 제도가 재산권보장 차원을 넘어 차별화원리를 담아내어야 경제주체들의 이념을 보다 자조적이고 발전친화적으로 유도하여 재산권제도를 부의 창출을 위해 적극 활용하도록 동기부여할 수 있다고 주장한다. 헌법이 담아내는 이념은 물론 하위 경제제도 또한 차별화원리에 배치되지 않아야 발전친화적 경제사회 인프라를 구축할 수 있는 것이다.

경제학이 이념문제에 대해 소극적인 예는 너무나 많다. 예컨대 지난 2세기에 걸친 경제발전의 과정에서 나타나는 이슬람 문화권과 기독교 문화권의 경제발전의 차이가 두 종교의 어떠한 이념적 차이에서 연유하는 것인지에 대한 분석이 얼마나 철저하게 이루어졌는가? 아시아적 가치와 관련된 논쟁은 무슨 결론을 가져왔는가? 동서양의 경제발전의 차이가 아시아적 가치와는 혹은 동서양의 종교적 이념의 차이와는 어떤 연관성이 있는 것인가? 필자는 이념의 한 형태인 종교는 경제성과와 어떤 관계를 갖는 것인가, 어떤 종교가 발전친화적인가 하는 질문에 대해 경제학은 아직도 준비된 답을 가지지 못하고 있다고 생각한다.

수직적 세계관과 수평적 세계관 중 어느 세계관이 발전친화적인가? 수평적 세계관을 바탕으로 구축되었던 공산주의, 사회주의가 쇠퇴한 지

---

12. 좌승희 『신 국부론』, p. 32에서 인용.

금도 수평적 세계관은 또 다른 형태의 포퓰리즘이나 사회민주주의라는 이름 속에서 꽃을 피우고 있다. 민주주의와 경제성과와는 어떤 관계가 있는가? 민주주의와 시장경제는 같이 갈 수 있는 것인가? 이 질문에 대한 경제학의 답은 분명치 않다. 최근 들어 문화가 경제성과에 영향을 미친다는 주장과 분석들이 나오고 있지만 어떤 문화가 발전친화적인지에 대한 체계적인 분석결과는 없어 보인다.

경제학이든 사회과학 일반이든 심지어는 과학 일반이든, 이와 같이 인간의 이념과 그 사회의 변화 혹은 발전과의 관계에 대한 이해가 충분치 못하고 나아가 서로 다른 이념 간의 충돌에 속수무책일 수밖에 없는 원인은 어쩌면 모든 과학의 뿌리인 우리 인류의 우주관 혹은 세계관에 문제가 있기 때문일지도 모르는 일이다. 제2장에서 지적한 바와 같이 뉴턴 이후의 기계론적 환원주의 과학관은 모든 시스템은 가장 작은 구성부분들로 다 분해될 수 있으며 부분들을 철저히 분석(分析)하면 전체를 이해할 수 있다는 관점이었다. 그러나 이러한 세계관은 전체를 이해하는 데 실패했다는 평가이다. 본서가 따르고 있는 복잡계적 세계관은 부분이나 부분의 단순한 합과 전체는 성질이 다르다는 것이다. 전체를 단순한 부분의 합으로서가 아니라 전일적(全一的)으로 이해하고자 하는 노력인 것이다. 우리는 이러한 복잡계적 관점에서 경제사회의 변화를 읽을 때에 경제변화의 진정한 동인에 대한 진리에 보다 가까이 다가갈 수 있다고 생각하며 바로 이런 관점이 제2장의 자본주의 신 발전원리에 대한 탐구의 출발점인 것이다.

III. 실증 정치경제학의 모색

1. 실증 정치경제학의 과제

이념에 관한 실증 정치경제학의 과제를 다음과 같은 비유로 설명할 수 있을 것이다. 도킨스(2007)는 창조주인 신은 만들어졌다는 명제를 증명하기 위해 애를 썼고 그리고 어느 정도 성공한 것으로 보이지만 그럼에도 불구하고 우리 인간은 또 다른 신을 만들어낼 것이 분명하다. 왜냐하면 인간은 신이라는 이념이 없이는 살 수 없어 보이기 때문이다. 그렇다면 신이 없다는 것을 증명하는 것 못지않게 어떠한 신이 발전친화적인지를 밝히고 나아가 다수 국민들이 발전친화적인 신을 믿도록 만들어내는 일이 중요해질 수밖에 없는 것이다. 바로 이 작업이 실증 정치경제학의 주제가 되어야 한다는 것이 필자의 생각이다.

따라서 실증 정치경제학의 가장 중요한 과제는 경제사회의 변화원리에 대한 이해와 이에 비춰 어떤 이념이 발전친화적인지를 밝히는 것이라고 할 수 있다. 다음으로 실증 정치경제학의 과제는 발전친화적인 이념을 어떻게 다수 국민들에게 체화시켜 사회의 집합적 이념으로 만들어낼 것이냐 하는 문제에 대한 답을 찾는 일이다.

2. 이념과 경제발전의 관계에 대한 주요 가설들

1) 자본주의 신 발전원리에 비춰본 이념과 발전의 기본적 관계

여기서는 제2장과 3장에서 논의한 복잡계, 자본주의경제 신 발전원리에 대한 이해를 바탕으로 이념의 발전친화성여부를 판별해보고자 한다. 세계관으로서의 이념은 적어도 복잡한 세상의 변화원리와 상충되지 않아야 그러한 이념에 따른 제도가 거래비용을 높이지 않고 국민생활의 불편을 최소화하여 경제의 역동성을 유지시키는 데 기여할 수 있을 것이다. 따라서 발전친화적인 이념은 다음과 같은 복잡계 발전현상을 수용할 수 있어야 한다.

첫째, 모든 변화의 시작은 시너지를 나누는 호혜적 만남에서 시작된다. 따라서 발전친화적 이념은 서로 만남을 장려해야 하며, 특히 호혜적 만남을 수용할 수 있어야 한다. 이에 따르면 자본주의를 계급투쟁의 장으로 보는 마르크스적 이념은 발전 역행적이다. 이런 이념을 구체화하려는 사회는 진화경쟁에서 도태될 가능성이 높다.

둘째, 시너지의 창출과 공유는 반드시 나하고 다른, 나보다 더 나은 이웃을 둠으로써 가능해진다. 나와 같거나 못한 이웃과의 만남은 그만큼 시너지창출효과를 줄인다. 발전친화적인 이념은 그래서 나보다 더 나은 이웃을 적극적으로 수용할 줄 알아야 한다. 모두가 나보다 나은 이웃을 두고자 하면 모두 발전하지만 나보다 나은 이웃을 버리고자 하면 모두 퇴보하게 된다. 시너지원(源)을 존경하고 우대할 줄 알아야 사회가 발전한다. 이러한 이치를 수용하지 못하는 이념은 발전 역행적이 된다.

셋째, 하느님도, 환경도, 시장도 스스로 돕는 자를 돕는다. 우리 모두는 항상 스스로 돕는 자를 돕는 일을 한다. 복잡한 세상은 바로 이 원리에 의해 진화한다. 필자는 이를 차별화원리라 불렀다. 발전의 과정은 그래서 흥하는 사람, 기업, 지역들을 만들어내며 이들이야말로 시너지원 역할을 한다. 따라서 성공하는 자를 우대할 수 있는 이념이라야 발전친화적일 수 있다. 역으로 흥하고 성공하는 사람을 적대시하는 이념은 발전 역행적이다.

넷째, 차별화원리에 따르면 자원과 경제력의 집적과 집중은 발전의 자연스러운 현상이다. 이를 피하고 발전을 이룰 수는 없어 보인다. 따라서 역량 있는 기업이나 지역에 경제적 힘의 집중과 집적을 수용할 수 있는 이념이어야 발전친화적일 수 있다.

다섯째, 발전은 많은 사람들이 앞서가는 혁신자들을 쫓아 시너지를 향유함으로써 모두 발전하는 동반 성장의 과정이지만, 결코 서로 같아지지는 않는 과정이다. 결과적으로 발전은 모두가 발전하지만 발전 속에서도 차등과 차이, 불균형을 만들어내는 과정이다. 따라서 균형, 평등, 형평을 경직적으로 추구하는 이념은 발전친화적이기 어렵다. 같은 맥락에서 평등을 추구하는 수평적 세계관은 발전 역행적이며, 역으로 차등과 차이를 수용하는 수직적 세계관은 발전친화적이다.

여섯째, 다양성은 발전은 물론 모든 변화의 전제조건이다. 획일성은 정체의 전제조건이다. 부분이 서로 같으면 서로 만나도 창발할 수 없다는 것이 복잡계 과학이 시사하는 바이다. 획일성을 추구하는 이념은 발전 역행적이 된다.

일곱째, 시너지의 창출과정은 서로 무임승차하는 과정이며, 그래서 시너지 시장은 실패한다. 기업으로 대변되는 민간 조직은 시너지 시장의 실패를 교정하여 발전을 만들어낸다. 또한 복잡계의 창발현상은 자기조직화 과정을 거쳐 이루어진다. 창발현상은 하나의 자기조직화 과정이라 할 수 있다. 따라서 기업의 자기조직화 역량을 강화하는 경제는 발전을 이루지만 역으로 조직의 생성을 어렵게 하는 경제는 발전에서 멀어지게 된다. 그래서 기업친화적인 이념이라야 발전친화적이 될 수 있다.

여덟째, 기업조직(내부거래)의 비민주성과 불투명성을 수용하지 못하는 이념은 발전친화적이기 어렵다. 복잡계 경제관에 의하면 기업은 시장에서 사라질 위험이 큰 시너지창출활동을 내부화해서 살려냄으로써 발전의 동력을 만들어내지만 시장거래에 비해 내부거래의 비민주성과 불투명성을 그 본질로 간직하게 된다. 따라서 기업의 내부거래를 시장거래처럼 당사자 간의 자발적 합의에 의한 수평적 거래로 바꾸게 하고 모든 내부거래의 조건을 시장거래처럼 투명하게 밝히게 하면 기업은 과도한 거래비용 때문에 존속하기가 어려워질 것이다. 따라서 기업의 조직운영을 수평적으로 만들려 하거나 기업의 내부거래를 시장거래처럼 투명하게 만들려는 소위 '경영민주화' 이념은 그래서 발전친화적일 수 없다. 예컨대 노조와 공동경영하게 하는 소위 민주적 기업제도나 내부거래를 (사실상 존재하지도 않는) 시장가격으로 하도록 강제하는 기업제도는 진화경쟁에서 도태될 가능성이 높다.

아홉째, 시장은 차별화의 장이다. 시장은 항상 스스로 돕는 자를 우대함으로써 차이와 차등을 만들어내지만 이를 통해 모두를 일으켜 세우는 동기부여자 역할을 한다. 시장경제의 본질이면서 장점인 것은 바로 차등과 차이를 기초로 한 발전의 원리와 민주주의체제의 자유의 이념을 다 포용하고 구현할 수 있다는 점이다. 그래서 시장은 발전친화적이다. 한편 이런 관점에서 보면 경제적 차이와 차등을 수용할 수 있는 정치 체제만이 발전의 원리와 동시에 시장의 기능을 수용할 수 있게 되는 것이다. 그래서 자유민주주의체제와 시장경제체제가 완벽하지는 않지만 인간사회의 변화와 발전의 가능성을 키워낼 수 있는 정치와 경제 체제라고 할 수 있는 것이다.[13]

---

13. 여기서 자유민주주의체제는 평등보다 자유의 이념을 더 중시하며 경제적 평등보다는 법 앞

2) 이념과 경제발전에 대한 논의의 확장

이하에서는 이상의 기본적 가설들을 바탕으로 이념과 경제발전의 관계에 대한 논의를 보다 확장함으로써 현실 경제정책이나 경제사회체제의 발전친화성여부에 대해 논의해보고자 한다. 그리고 차별화발전원리와 평등과 균형 그리고 형평 등의 반차별화이념들과의 조화방안에 대해서로 생각해보고자 한다.

(1) 차별화원리를 부정하는 이념은 발전 역행적이 된다

좌승희(2006)는 발전친화적 이념의 일반적 기준을 다음과 같이 정리하였다.

"특정 이념이 발전친화적인지 여부의 판단은 그 이념이 차별화원리를 수용할 수 있는 지 여부에 의해 판단할 수 있다. 차별화원리와 합치(상충)되는 이념은 발전을 촉진(저해)할 수 있다."[14]

이하에서는 중복의 위험이 없지 않지만 논의의 편의상 일부 경제발전의 과정을 부연해서 정리하고자 한다. 발전의 과정은 차별화의 과정으로 스스로 돕는 자에게 힘이 집적되는 과정이다. 개인 간에도 조직 간에도 지역 간에도 역량 있는 주체에게 더 많은 경제적인 힘이 모이는 과정이 발전과정이다. 평등한 발전은 없다. 발전은 그래서 차이와 차등이 수반되는 과정이다. 경제(력)의 집적과 집중 현상이 발전의 자연스러운 과정이며 모두 발전하지만 결코 모두 같아지지 않는 것이 발전의 과정이다. 그래서 불균형은 아주 자연스러운 발전현상의 하나이다.

보다 구체적으로 보면, 부자가 생기는 것이 발전의 한 과정이며, 부의

의 평등을 추구하는 민주주의를 지칭한다. 이에 대치되는, 자유보다 평등의 이념을 더 중시하고 경제적 평등을 추구하는 민주주의 체제를 평등민주주의라 부를 수 있다고 본다.

14. 좌승희(2006), p. 181, 〈결과 11〉를 참조.

소유에 차등과 차이가 생기는 과정이 발전과정이다. 강한 기업 없이 발전은 없다. 그리고 역량 있는 기업이 더 성장하고 대기업, 세계 일류 기업으로 성장하는 과정이 발전과정이다. 대기업에 경제력의 집중은 발전의 자연스러운 과정이다. 성장하지 않는 중소기업들만으로 발전은 일어나지 않는다. 중소기업이 대기업으로 성장하는 과정이 발전의 과정이다. 지역 간에 발전의 차이가 생기는 것이 발전의 과정이다. 도시의 성장과 집적이 자연스러운 발전 과정이다.

국민의 이념이나 문화, 정서 등이 이와 같은 발전의 원리와 과정을 수용할 수 있을 때 발전친화적이라 할 수 있다. 반면에 차이, 차등, 불평등, 불균형, 집중과 집적, 차별화를 수용하지 못하는 이념이나 문화, 정서는 발전 역행적일 수밖에 없다. 그래서 경제적 평등은 발전과 양립할 수 없다. 균형 또한 발전의 개념이 못된다. 사회주의 경제평등의 이념은 발전역행적이다. 반면에 자유의 이념은 평등한 결과를 보장하지 않기 때문에 발전 친화적이다. 획일성도 어느 경우든 변화와 발전의 역동성을 저해한다. 부의 축적이나 부자를 혐오하고, 기업의 성장이나 대기업을 싫어하는 문화나 정서는 발전 역행적이다. 과도한 분배평등을 선호하는 것도 발전 역행적이다.

(2) 자유민주주의는 발전친화적이지만 평등민주주의는 발전 역행적이다

인간은 이기성과 동시에 더불어 사는 이타적 성향도 타고 났다.[15] 그래서 사회를 이루고 더불어 살아가기 위해서는 지나친 부의 불평등은 안 된다는 생각도 뿌리가 깊다. 그래서 경제적 평등의 이상이 공산주의, 사

---

15. 인간은 이기적 유전자에 의해 조종되지만(리차드 도킨스), 바로 이 이기성이 또한 인간을 이타적으로 만든다(메트 리들리). 그래서 인간은 이기적이기도 하고 이타적이기도 한 것이다. 이에 대한 논의는 좌승희(2006)를 참조.

회주의, 사회민주주의 이념의 뿌리이기도 한 것이다. 그러나 경제발전의 원리나 경험은 적절한 수준의 차등 없이는 인간사회의 변화, 발전은 지체될 수밖에 없음을 보여주고 있다. 왜 공산주의, 사회주의 국가들의 50-60년의 반차별과 평등의 이상을 실현하기 위한 노력이 무위에 그치고 말았는지, 경제적 평등을 내건 서유럽이나 북유럽 사회민주주의 국가들 역시 40-50년의 복지실험의 결과 경제정체 속에서 어려움을 겪고 있는지, 그 원인은 바로 인간사회의 진화와 발전의 원리에 반하는 경제적 평등의 이상을 추구해왔기 때문인 것이다. 민주주의도 지나치게 경제적 평등의 이상을 앞세우게 되면 경제 정체를 면치 못했다는 것이 역사의 교훈이다.

오늘날 민주주의 이념은 정치적 영역뿐만 아니라 경제적 영역까지 지배하는 이념으로 확대되고 있다. 민주주의의 두 바퀴가 자유와 평등의 이념임은 주지하는 바와 같다. 그러나 자유와 평등의 보장은 많은 경우 상충될 위험을 안고 있다. 자유란 기본적으로 자유의사에 의한 행동과 그 결과에 대한 자기 책임을 원칙으로 하지만 평등은 그 보장이 무엇을 의미하느냐에 따라 다른 뜻을 가지기 때문이다. 만일 평등의 이념이 기회의 평등을 보장하는 것이라면 자유의 이념과 배치되지 않지만 결과에 대한 평등을 보장하는 것이라면 이는 자유의 이념과 정면으로 배치되게 된다. 기회 평등의 경우에 있어서도 이를 문자 그대로 해석해서 동일한 경제적 역량을 보장함으로써 동일한 성과를 낼 수 있도록 기회를 보장하는 것으로 해석하게 된다면, 이는 결국 결과의 평등과 같은 의미를 가지게 되고 자유의 이념과 배치되게 된다. 사실상 경제적 기회란 그 본질상 각자의 노력에 의해 얻어지는 것이지 정부가 보장해줄 수 있는 성질의 것이 아니다. 그래서 평등의 이념을 법 앞의 평등으로 해석해야 될 필요가 생기게 되는 것이다. 법 앞의 평등이란 동등한 참여의 기회를 보장하지만 (동일한 결과를 가져올 수 있는) 동등한 경제적 역량을 보장하지는 않는다는 의미이다. 따라서 결과는 각자의 노력과 경제적 역량의 차이와 때로는 각자의 운에 의해서 결정되게 된다. 그러나 많은 경우 정치적 민주주의 이념이 경제영역으로 퍼져 나가면서 법 앞의 평등의 이념을 넘어 경제적 기회와 역량의 평등이나 결과의 평등을 보장하는 "평등 민주주의"로 발전하게 되는 것이 20세기 이후 민주주의의 경험이다. 물론 공산주의, 사회주의, 사회민주주의 체제들도 실상은 평등민주주의의 변종에 속한다고 할 수 있다.

결과의 평등을 강조하는 평등민주주의는 인간 사회의 변화와 발전의 원리에 부합되지 못하는 체제로서 지속가능하지 않은 정치체제이다. 반면 법 앞의 평등을 보장하는 자유민주주의 정치체제는 정치적, 경제적 자유를 인정하지만 평등한 경제적 결과를 보장하지 않기 때문에 경제적 차등과 차이, 불균형을 수용함으로써 발전의 역동성을 유지할 수 있는 것이다. 모두 발전하지만 다 같아지지는 않는다는 발전의 원리는 자유민주주의 체제하에서만 실현 가능한 것이다. 그러나 자유민주주의라는 이름을 내걸고 있으면서도 지나치게 경제적 평등을 추구하게 된다면 이는 사회주의나 사회민주주의 체제나 마찬가지로 경제정체를 면하기가 어렵게 된다.

좌승희(2006)는 정치체제와 발전의 관계에 대한 일반적 결과를 다음과 같이 정리하였다.

"전제군주제든, 독재든, 민주제든, 특정 정치체제에 관계없이 경제적 차별화를 부정하면 경제 · 사회정체를 가져오는 반면, 경제적 차별화를 촉진하면 경제 · 사회의 발전을 유도할 수 있다."[16]

---

16. 좌승희(2006), p. 216, 〈결과 15〉 참조.

(3) 차별화원리와 평등, 균형, 형평의 반차별화이념의 조화방안[17]

이상의 관점에서 보면 어떠한 고상한 이념이나 정치체제도 차별화 발전원리를 수용하지 못한다면 발전에 도움이 되기는 어렵다. 공산주의, 사회주의, 평등민주주의, 포퓰리즘, 평등의 이념, 사회민주주의, 소득재분배를 통한 복지사회 추구, 경제민주화 등은 정도의 차이는 있지만 궁극적으로는 차별화를 포기하고 평등주의를 실현하고자 하는 이상을 담고 있기 때문에 발전친화적으로 되기는 어렵다. 형평의 이념도 그것이 공평분배, 기회평등 등의 서로 다른 이름으로 표현되기도 하지만 궁극적으로 결과의 평등을 추구하는 것이라면 발전친화적이기는 어렵다. 경제적 기회마저도 평등할 수는 없는 일이므로 법 앞의 기회평등을 넘어서는 평등은 발전역행적일 가능성이 높다 할 것이다. 다음의 제5장에서 논의하는 바와 같이 정의관이나 공정관 등도 평등에 치우치면 발전친화적인 이념이 되기는 어렵다.

그렇다면 인류의 영원한 꿈인 모두 잘 사는 조화롭고 균형되고 평등한 사회는 달성 불가능한 환상에 불과하단 말인가? 이에 대한 답은 부정적이지만은 않다. 부조화를 통한 조화, 불균형을 통한 균형, 불평등을 통한 평등이 그 답이다. 경제적 차별화원리는 바로 경제적 발전과 동시에 경제적 불균형과 불평등을 가져온다. 그러나 불균형과 불평등을 해소하기 위해 차별화를 포기하면 발전도 포기할 수밖에 없다. 따라서 발전을 훼손함이 없이, 보다 균형되고 평등한 사회를 이루는 길은 경제적 차별화 발전전략을 낙후지역, 취약계층 등 사회의 저개발 부문에 적용함으로써 이들 부문이 보다 더 빨리 발전하도록 유도하는 길밖에 없어 보인다.

---

17. 좌승희(2012), p.106–107에서 일부 전재(轉載) 혹은 인용하였음.

이미 앞선 부문에는 높은 세금이나 규제로 불이익을 주기보다는 자생적으로 성장하게 함으로써 사회의 시너지원 역할을 충실히 하도록 하고 낙후된 저개발 부문에 대해서는 차별화원리를 적용하여 그 발전을 가속화시킴으로써 재분배를 통해서가 아니라 발전을 통해 점차 불균형과 불평등이 완화되도록 유도할 수 있을 것이다. 저개발 부문에 차별화원리를 적용함으로써 그 부문에 또 다른 불균형을 만들어냄과 동시에 그 부문의 발전을 가속화시켜 전체 경제 · 사회의 불균형을 완화시켜 나가는 이와 같은 전략을 일컬어 "부조화를 통한 조화, 불균형을 통한 균형, 불평등을 통한 평등"의 역설이라 할 수 있다. 우리가 추구하는 목표로서의 조화, 균형, 평등은 부조화, 불균형, 불평등을 초래하는 차별화 발전전략을 통해서만 달성될 수 있다는 말이다. 물론 어떠한 경우에도 모든 사회 구성원들이 경제적으로 동일한 부를 누리는 절대적으로 조화롭고 균형되고 평등한 사회는 영원히 달성되지 못할 인류의 이상으로 남아 있을 수밖에 없을 것으로 보이지만 말이다.

이런 관점에서 보면 그동안 경제학에서 미해결의 논쟁으로 남아 있는 '성장 대 분배, 효율 대 형평, 불균형 대 균형'의 문제는 서로 다른 차원의 개념을 대비시킨 잘못된 논쟁이었다고 볼 수 있다. "성장, 효율, 불균형"은 동태적 변화의 과정이며 전략인 반면, "분배, 형평, 균형"은 변화가 멈춘 정태적 상태로서의 궁극적 목표를 의미한다. 그럼에도 불구하고 이 두 개념들을 동일 선상에서 트레이드-오프(trade-off)가 있는 것처럼 잘못 해석함으로써 그 해법을 찾지 못한 것이다. 차별화 발전원리는 "평등분배, 형평, 균형을 전제 조건화하여 사전적(事前的)으로 강요함으로써, '발전전략'으로 전환하면 그 사회는 한 발짝도 변화의 방향으로 나아가지 못한다."는 점을 시사하고 있는 것이다. 차별화를 통한 변화는 거부할 수도 부정할 수도 없는 세상변화의 이치이다. 단지 인간이 할 수 있는 일이란 기껏해야 모두 같아지지는 않지만 모두 발전하는 사회이거나 모두 같아지지만 모두 퇴보하는 사회 중에 하나를 선택하는 일이라 할 수 있다.

이런 관점에서 보면 최근의 한국과 중국의 국가발전전략은 크게 달라 보인다. 한국은 지난 30여 년간 균형, 평등을 전제로 내건 지역 및 경제사회의 반차별화 발전전략을 추구하고 있는 반면 중국은 지난 30여 년간 연안에서 내륙으로 끝없이 차별화발전전략을 확산, 적용해 나감으로써 지역 간 불균형해소전략을 추구하고 있다. 결과는 한국의 경우 불평등은 오히려 심화되고 경제역동성은 지속적으로 하락하고 있는 반면 중국은 불평등은 심화되지만 그 역동성은 오히려 강화 또는 지속되고 있다.[18]

3. 발전친화적 제도개혁은 리더십이 이끈다

발전친화적 이념은 경제발전에 필수적인 요인이다. 그렇다면 어떻게 국민들의 이념을 발전친화적으로 바꿀 것인가? 국민의 생각을 바꾼다는 것은 국민들이 어떤 특정 생각을 가지고 생활하는 것이 그렇지 않은 경우에 비해 항상 유리하도록 법적인 장치와 사회분위기를 만들어 자연스럽게 생각과 행동을 바꾸도록 유도함으로써 오랜 세월에 걸쳐 국민들이 그런 생각과 그에 따른 생활습성을 체화하게 된다는 것을 의미한다. 물론 이 과정에서 국민들에 대한 이념교육도 필요하지만 생활의 경기규칙을 바꾸지 않고 단순히 교육만으로 이념을 바꾸는 일은 용이한 일이 아니다. 결국 이념을 발전친화적으로 바꾸기 위해서는 사회분위기와 공식

18. 이에 대한 개괄적인 논의는 본서 제6장 II절 6~7항과 제7장 IV절 4항을, 보다 상세한 논의는 좌승희(2012)를 참조.

적 규칙을 발전친화적으로 바꾸어내어 국민들이 오랜 세월에 걸쳐 그 경기규칙에 익숙해지도록 해야만 된다. 그래서 국민들이 이제 법적인 제약 없이도 그 규칙을 생활의 한 부분인 문화로 자연스럽게 받아들이게 될 때 비공식적 규칙이 되었다고 볼 수 있는 것이다. 그런데 공식적 경기규칙을 바꿔내는 데만 10-100년 단위의 시간이 걸릴 수 있지만 이념이나 문화 등 비공식적 규칙을 바꾸어내는 데는 심지어 100-1000년 단위의 세월도 모자란다는 것이 역사의 경험이다. 그래서 공식적 제도든 비공식적 제도든 제도 개혁이란 그리 용이한 것이 아니며 더구나 발전친화적인 제도를 만들어낸다는 것은 더 더욱 어려울 수밖에 없는 것이다. 바로 이런 이유 때문에 아무 나라나 쉽게 선진일류국가로 도약하지 못하고 있는 것이다.

그래서 여기서 리더십의 역할이 중요해진다. 이렇게 오랜 세월이 걸리는 제도개혁을 남보다 빨리 이뤄내어 새로운 국가 사회로, 발전된 경제 사회로 나아가기 위해서는 이 모든 과정을 단축해낼 수 있는 리더십의 역할이 중요해진다. 한 세대 혹은 두 세대 안에 압축 성장을 만들어낸 나라들은 모두 짧은 시간 안에 경제제도개혁을 성공리에 이뤄내는 훌륭한 리더십을 가졌다. 훌륭한 리더십이란 무엇인가? 바로 일류를 일류로 대접할 줄 아는 리더십을 의미한다. 앞서가는 국민들을 더 격려하고 뒤떨어진 국민들을 도움에 있어서도 항상 스스로 돕고 노력하는 국민들을 앞장세움으로써 모든 국민들에 동기를 부여하여 일으켜 세우는 리더십만이 국민들의 세계관을 바꾸어내고, 국민을 일류로 이끌 수 있다. 바로 이런 리더십이 국민을 이끌고 정치권을 이끌어 100-1000년이 걸릴 수도 있는 발전친화적 제도개혁을 수 년 안에 이루어낼 수 있는 것이다. 이러한 리더십을 발전친화적 차별화리더십이라 부를 수 있다.[19]

---

19. 20세기 리더로는 싱가포르의 이광요 수상, 한국의 개발연대 박정희 대통령, 중국의 개혁개

결국은 복잡계 발전원리를 이해하고 이에 기초하여 국민을 이끄는 발전 친화적 리더십만이 소위 발전을 이끌어낼 수 있는 것이다. 더구나 21세기 민주주의 정치가 반드시 발전에 좋은 제도적 환경을 제공하리라는 보장이 없기 때문에 리더십의 중요성은 그만큼 더 큰 의미를 가진다 할 것이다. 그럼 어떻게 이런 발전친화적인 리더십이 생겨나는가? 본서는 이 질문에 대해 다음과 같은 비유로 답하고자 한다. 인간이라는 고등동물은 왜, 어떻게 생겨났는가? 자연환경과 돌연변이가 교묘한 조합작용을 통해 인간의 출현을 가능케 한 것과 마찬가지로, 문화라는 비공식적 환경과 공식적 제도적 환경 속에서 발전친화적 문화유전자를 체화한 돌연변이가 등장하고 제도적 환경이 이를 수용하게 되는 우연적 조합 속에서라야 발전친화적 리더십이 등장할 가능성이 있는 것이다. 그래서 발전은 낙타가 바늘구멍을 통과하는 일 만큼이나 지난한 일일 수도 있는 것이다.

방을 이끈 등소평 등을 발전친화적 차별화 리더라 부를 수 있을 것이다. 정치적으로 권위주의체제를 유지하였지만 경제발전문제에 있어서 이들은 표현은 서로 달랐지만 모두 경제적 차별화원리를 일관되게 강조하고 실천하였다. 이광요의 자조와 자기책임원칙강조, 수월성 교육, 일류 인재와 세계 일류기업에 대한 우대, 박정희의 자조정신과 신상필벌 원칙의 강조, 등소평의 선부론과 성과중심의 농업경영허용 등등이 모두 차별화 원리를 담고 있다. 이들 국가들을 포함한 세계 여러 국가들의 경제도약과 성장, 정체과정에 대한 상세한 논의는 좌승희(2012)를 참조하기 바라며, 일부 국가에 대한 개관에 대해서는 다음의 제6장 참조.

IV. 좋지만 넘어야 할 이념들[20]

이제 우리는 앞에서 논의한 이념의 발전친화성 여부에 대한 판단 기준에 따라 20세기와 21세기에 걸쳐 인류를 지배하고 있는 주류 이념들에 대해 논의할 차례이다. 우리는 인류가 그동안 부분에 몰입하여 전체를 놓침으로써 좋은 세상을 지향하는 이념들을 높이 추구해왔지만 실상은 오히려 전체의 불행을 초래하는 경우가 많았다고 본다. 인류에 보다 밝은 세상을 가져다주리라고 추구한 이념들이 오히려 현실 정합성의 결여로 경제사회의 거래비용을 높이고 평범한 시민들에 오히려 어려운 결과를 초래하는 경우가 적지 않다고 본다.

1. 민주주의 평등의 이념과 온정주의: 세계금융위기의 원인

우리는 이미 민주주의의 평등이념이 경제적 평등으로 발전하게 되면 발전친화적이기 어렵다는 점을 계속 강조하였다. 여기서는 최근의 세계금융위기의 원인인 미국의 주택금융위기가 바로 미국 민주주의의 평등이념에서 비롯되었음을 밝힘으로써 우리의 주장을 검증하는 계기로 삼고자 한다.

2008년 미국의 주택금융위기에서 촉발된 세계금융위기를 놓고 금융위기의 원인이 무엇이며, 앞으로 어떻게 대처해 나가야 할 것인지, 나아가서는 전 세계의 경제운영패러다임에 일대 전환이 필요한 것은 아닌지

20. 이 절의 내용은 좌승희(2010)에서 일부 전재 혹은 인용하였다.

등에 대한 너무나 다양한 견해들이 제시되고 있다. 이러한 논쟁에서 특히 주목을 끄는 것은 이번의 금융위기는 그동안 세계 경제운영의 중심적 패러다임이라고 받아들여져 온 '시장 우위와 작은 정부'로 상징되는 소위 신자유주의 이념하에서 추진해온 규제완화정책 때문이라는 주장이다. 규제완화가 금융부문에서 과도하게 추진된 결과 주택금융의 과다공급과 주택금융에 기초한 파생상품에 대한 규제실패를 가져옴으로써 작금의 금융위기를 초래했다는 것이다. 이러한 관점에서 정부의 금융부문에 대한 규제 강화와 위기에 대처함에 있어서도 정부재정지출 확대와 저금리하의 적극적인 통화공급정책을 강조한다. 이 입장은 결국 재정지출의 증대를 통한 정부개입확대를 주장함으로써 소위 "큰 정부"로 상징되는 케인즈적 경제운영 패러다임의 부활이 필요하다고 주장하는 셈이다.

미국의 주택금융위기의 원인에 대해서는 아직도 통일된 의견이 정립되지 못하고 있다. 그동안의 주류 견해는 주택시장의 버블(bubble)이 그 원인인 것처럼 주장하고 있지만 필자의 판단으로는 "버블이론"은 일종의 동어반복이론으로 사태의 진행과정을 설명할 수는 있을지 모르나 그 근본원인을 규명하지는 못한다.[21] 주택시장과 주택금융시장의 버블을 초래한 근본원인, 즉 왜 사람들이 주택가격이 계속 오르고 주택금융은 계속 공급될 것이라고 믿게 되었는가를 설명하지 못한다면 이 이론은 동어반복에 그치고 말게 된다. 물론 버블이론은 금융규제의 완화, 미국중앙은행(FRB)의 저금리 정책, 글로벌 호황, 중국의 과도한 대미무역수지 흑자의 미국 주택금융시장 유입, 월스트리트의 탐욕 등등이 버블을 초

21. 지나친 단순화의 위험이 있기는 하지만 버블이론이란 어느 날 어느 한 지역에서 누군가가 "앞으로 주택가격이 상승할 것이다"라고 소리를 지르자 여기저기서 나도 그렇게 생각한다는 사람들이 생기면서 온 나라가 미친 듯이 주택가격 상승을 외치면서 주택구매에 나섬으로써 주택가격이 과도하게 상승하고, 주택금융이 과도하게 공급되어 부실 금융을 초래하게 되었다는 것이다.

래한 원인이라고 하지만 이러한 것들마저도 실상은 어떤 더 근본적인 원인의 결과이지 그 자체로서 독립적인 원인이라고 할 수는 없는 것이다. 말하자면 화재가 발생했는데 이 화재가 인공발화인지 그럼 방화범이 누구인지, 아니면 자연발화인지를 규명해야 하는데 그렇지는 않고 화재를 키운 바람(규제완화, 금리인하 등)이나 화재현장에서 불장난을 하던 자(월스트리트 금융인들), 혹은 화재로 오히려 피해를 본 사람들(개인 주택거래자나 금융기관들)을 화재에 책임이 있다고 책임지라고 하는 형국이 아닐 수 없다.

왜 미국 주택 및 주택금융시장 참여자들이 모두 집단최면에 빠지게 되었는가? 진정한 방화범은 누구인가? 필자는 미국 민주주의의 오래된 평등이념인 "모든 국민의 자가주택 보유"를 달성하기 위한 전략이 이 모든 버블의 진정한 원인이라고 본다.[22] 미국의 저소득층을 위한 다양한 주택정책의 목표는 '자가주택소유가 아메리칸 드림(American Dream)'이라고 간주하는 이념적인 토대 위에서 설정되었으며 대공황 이후 미국의 주택정책의 목표는 줄곧 '주택소유'였다. 물론, 시기별로 주거서비스를 제공하는 데 초점을 맞춘 공공임대주택 공급정책이 강조되기도 하고, 어느 때는 주택소유를 보다 적극적으로 실현할 목적의 정책이 강조되기도 하였지만 주택정책의 기저에는 항상 '주택보유'라는 이념이 자리 잡고 있었다. 주택소유는 정당의 성격을 초월하여 주택정책이 지향할 '최고의 목표'로 간주되고 홍보되었다.[23] 이처럼 미국의 주택정책, 특히 저소득층을 위한 주택정책은 자가주택 보유라는 이념의 실현과정이었다.

22. 이하 주택금융위기의 원인에 대한 보다 상세한 논의에 대해서는 좌승희 · 황상연(2009)을 참조.

23. 일례로 클린턴 시대의 저소득층을 위한 적극적인 주택보유 정책에 이어 2001년 미국대선 당시 공화당의 부시는 주택보유를 통한 주택문제 해결을 강조한 반면 경쟁자였던 민주당의 케리는 공공임대주택 사업을 강조하였다.

이러한 이념적 토대 위에서 만들어진 주택금융제도는 공화당이나 민주당에 관계없이 가능한 저소득계층의 주택보유를 장려하는 방향으로, 주택금융감독에 있어서도 강화보다는 완화하는 방향으로 나가게 되었다. 특히 필자의 판단으로는 1993년 자가주택보유확대를 정치적 슬로건으로 집권한 클린턴 정부가 낙후지역의 발전과 저소득층의 주택보유 확대를 목적으로 하는 소위 지역재투자법(Community Reinvest-ment Act)을 1995년부터 개정강화하면서부터 자가주택 보유가 급속도로 늘고 주택시장의 버블이 쌓이기 시작하였다. 주택금융제도, 금리정책, 파생상품제도, 규제정책 등이 이런 정치적 이념에 따라 주택금융을 보다 용이하게 하는 방향으로 전환되면서 주택금융시장참가자들의 행동 또한 이에 부화뇌동하는 방향으로 바뀌게 된 것이다. 방화의 주범은 모든 국민의 자가주택보유라는 미국 민주주의의 평등이념인 셈이다. 이 이념에 따라 미국의회와 대통령이 법을 만들고 이에 따라 중앙은행, 주택금융공사, 금융기관, 개인들이 움직인 결과가 바로 주택금융위기이다.

개인의 자가 주택 보유여부는 궁극적으로 개인의 신용도에 따라 시장이 판단하는 것이다. 그러나 정부가 이러한 시장의 기능을 존중하기보다는 의회, 정부, 중앙은행 등 금융감독당국들이 저소득층에 대한 주택대출확대라는 목적에 지나치게 경도되어 건전금융감독을 소홀히 하거나 완화하면서 과도한 주택금융대출이 초래된 것이다. 따라서 이는 정부의 실패 때문이지 시장의 실패라고 하기는 어려운 것이다. 시장이란 진공에 존재하는 것이 아니라 국가가 만들어내는 각종 시장거래의 경기규칙(rules of the game)의 집합으로서 국가가 어떠한 법령으로 시장을 규율하느냐에 따라 그 기능이나 역할이 달라지게 되는 것이다. 이 경우는 정부에 의해 도입된, 모든 국민들에게 자가 주택 보유를 용이하게 하기 위한 각종 잘못된 금융경기규칙이 가져온 결과로서 정부실패라고 보아야 할 것이다. 미국 민주주의의 평등이념이 가져온 과도한 온정주의가 모든 문제의 근본 원인인 것이다.

2. 평등주의로 흐를 수밖에 없는 마르크스와 케인즈 학파의 세계관

1) 세상은 칼 마르크스의 세계관보다 훨씬 더 복잡하다

20세기 공산, 사회주의는 물론 민주주의 사회를 통틀어 인류의 사상을 지배해온 공통된 이념은 바로 평등의 이념이며 이 이념이 20세기 후반의 세계 경제정책을 주도했다고 해도 과언이 아니다. 그런데 이러한 평등 이념의 배후에는 바로 칼 마르크스의 세계관이 자리 잡고 있다.

칼 마르크스의 계급투쟁론과 자본가의 노동자 착취이론은 자본주의 경제의 작동원리를 보는 하나의 세계관이다. 자본주의 사회는 자본가와 노동자 간의 계급투쟁과정을 통해서 변화해가며, 이 과정은 전자가 후자를 착취하는 과정이라고 본다. 물론 이 과정에서 발생하는 부의 불평등을 자본주의 체제의 모순이라고 본다. 그래서 자본주의체제는 결국 무산자계급의 혁명을 통하거나, 혹은 그 자체의 모순에 의해 소멸된다고 보았다. 이러한 세계관은 두 가지의 서로 다른 대응전략을 낳았다. 우선은 이러한 자본주의의 작동원리가 불합리하다고 보고 이를 타파하는 것이 옳다는 입장이다. 이러한 입장은 자본가와 노동자 간의 불평등을 해소하기 위해 무산자 혁명을 통해 사회주의, 공산주의를 지향해야 된다고 본다.

한편, 두 번째의 대응전략은 이와는 다르게 자본주의 체제가 마르크스가 지적한 어두운 면이 있기는 하지만 그럼에도 불구하고 자본주의 체제 자체를 타파하기보다는 마르크스가 지적한 불평등의 문제를 완화할 필요가 있다고 본다. 그래서 20세기 자본주의 경제의 변화는 바로 수정자본주의 혹은 혼합경제, 더 나아가서는 사회민주주의라는 정치경제체제의 진화, 정착과정이라고도 할 수 있다. 소득재분배장치를 통해 "착취"의 결과를 완화하여 민주사회의 평등의 이념을 실현함으로써 정치, 경제, 사회적 안정을 도모할 수 있다는 생각이다.

여기서 주목해야 할 점은 어느 입장이든 대응 방법상의 차이가 있기는 하지만 궁극적으로 마르크스가 지적한 계급투쟁의 결과로 나타나는 강자의 약자에 대한, 선발자의 후발자에 대한 착취라는 자본주의경제관은 모두 다 수용하고 있다는 점이다. 그래서 20세기 자본주의 체제에 대한 인류의 공통된 세계관은 마르크스의 세계관과 크게 다르지 않다고 해도 과언이 아니다.

그럼 마르크스의 자본주의관은 옳은 것인가? 그래서 자본주의는 무산자 혁명에 의해서 혹은 그 자체의 모순에 의해서 종국적으로 소멸될 수밖에 없는 것인가? 만일 마르크스의 주장처럼 호혜적 만남이 없는 계급투쟁과 착취가 자본주의의 진정한 모습이라면 이 체제는 창발은 고사하고 존속마저 할 수 없으리라는 것이 제2장에서 제시한 자본주의경제의 신 발전원리가 시사하는 바이다. 그러나 지난 20세기 후반의 실패한 사회주의 실험은 물론 역으로 산업혁명이후의 자본주의 경제가 멸망하지 않고 꾸준히 부의 증가를 시현해왔다는 사실 자체가 마르크스적 자본주의관이 잘못되었음을 웅변하고 있는 것이다.

제2장에서 논의한 복잡계 경제관에 따르면 자본주의 경제는 계급투쟁이나 착취가 아니라 협력을 통한 시너지창출과정을 통해 변화, 발전해 나간다. 여기서 나의 발전을 가속화시키는 길은 나보다 훌륭한 이웃을 두어야 한다는 명제가 도출되었다. 그래서 이 세상의 변화는 선발자가 후발자를 착취해서가 아니라 후발자가 선발자를 무임승차하여 베낌으로

써 동반 성장하게 된다. 우리 모두는 남의 노하우를 모방하고 베낌으로써 발전하게 되는 것이다. 앞선 선각자, 그것이 자본가이든, 혁신가이든, 부모든, 선생님이든, 선배든, 더 나은 동료든, 더 나은 후배든, 이들을 청산함으로써가 아니라 이들을 역할 모델로서 이웃으로 두고 '착취'함으로써 발전을 도모할 수 있다. 칼 마르크스의 자본주의관은 복잡한 세상의 이치를 거꾸로 뒤집어 놓은 것이나 다름없다 할 것이다. 더 좋은 이웃이 없이 모두가 같고 평등한 사회는 시너지를 창출할 수가 없어 영원한 휴식에서 벗어날 수가 없다. 공산주의, 사회주의의 말로는 이미 정해진 길이였다.

이 세상은 어두운 면도 있어 보이지만 궁극적으로 서로 배우고 도움으로써 살 길을 찾는 그래서 무엇이든 만들어낼 수 있는 변화무쌍한 복잡한 세상이다. 훌륭한 이웃을 만들기 위해 노력하는 사회는 흥하고 역으로 흥하는 이웃을 청산하려는 사회는 필히 몰락할 수밖에 없다는 것이 새로운 경제관의 시사점이다. 우리는 칼 마르크스가 생각한 것보다 훨씬 더 복잡한 세상에 살고 있는 것이다. 마르크스의 세계관에서 벗어날 때가 되었다고 생각한다. 한국사회는 더더욱 그렇다고 생각한다.

2) 정치적 포퓰리즘으로 흐를 수밖에 없는 케인즈 학파 세계관

2008년 세계금융위기이후 케인즈 학파 세계관이 새로운 대안으로 떠오르고 있다. 그러나 케인즈 학파 세계관은 바로 수정자본주의, 혹은 혼합경제라는 자본주의와 사회주의 체제의 혼합을 시도하는 좋은 이념이긴 하지만 틀린 마르크스적 세계관을 바탕에 깔고 있기 때문에 현실 정합성에 문제를 가지고 있다. 정부의 개입을 통해 마르크스적 착취과정에서 발생하는 불평등을 완화하겠다는 좋은 뜻을 가지고 있지만 결과적으로는 사회주의가 가져오는 현실과의 괴리 문제와 동시에 어떻게 자본주의 경제체제를 지키면서 평등을 실현할 것이냐 하는 문제에 봉착하게 되는 것이다.

사실상 2008년의 주택금융위기마저도 이미 지적한대로 의식(衣食)문제를 해결한 중진국 이상 혹은 선진국에서 대두되는 주거(住居)문제를 해결하려는 과도한 민주주의 평등이념이 초래했음을 상기한다면, 케인즈 학파 세계관은 정부의 역할을 강조하기 때문에 항상 국가 능력 이상의 것을 요구하는 국민들의 요구를 수용할 수밖에 없어 정치적 포퓰리즘으로 흐를 가능성을 안고 있다. 작금의 세계경제위기에 대한 대응에 있어서도 이러한 경향을 충분히 읽을 수 있으며 멀지 않아 이에 대한 비용을 크게 치를 가능성을 배제할 수 없을 것이다. 민주주의가 국민들에게 해줄 수 있는 일의 한계를 분명히 설정하지 못하는 한 케인즈 학파 세계관은 평등주의에 경도된 포퓰리즘, 나아가 사회민주주의, 사회주의로 흐를 가능성이 높다 할 것이다. 시장경제라는 현실과의 끝없는 충돌을 어떻게 관리할 것이냐가 관건이며, 이에 성공하지 못한다고 하면 또 다른 위기는 재발할 수밖에 없을 것이다.

3. 조직이 필요 없는 신자유주의와 주류경제학의 세계관

1) 시장을 신격화하는 신자유주의 세계관

최근의 금융위기에 대해 신자유주의 세계관이 가장 큰 책임이 있는 것으로 보고 있으나 필자의 판단으로는 신자유주의는 케인즈 학파 온정주의를 실현하려는 미국 민주주의의 하수인 역할을 했을 뿐이라고 생각한다. 전 국민의 자가 주택보유를 추구하는 민주주의 이념이 신자유주의 이념이라 할 수는 없는 것이며 단지 미국 정치권과 학계가 이 목적을 달성하기 위해 신자유주의 이념을 내걸고 지나친 금융자율화를 정당화했다고 보는 것이 타당하다고 생각한다. 이렇게 보면 신자유주의는 케인즈 학파 혹은 민주주의의 온정주의 때문에 엉뚱한 피해를 입은 셈이라 할 수 있다. 그렇다면 신자유주의가 우리의 대안인가?

하이에크는 시장은 자생적 질서이며 인류가 발견해낸 최고의 질서라 하였다. 경쟁을 통한 시장의 발견기능이 자원의 최적배분을 가져온다고 본다. 그러나 조직(기업이나 정부)은 인위적 질서로 보며, 인위적 질서는 본질적으로 자유와 충돌할 수밖에 없기 때문에 자생적 질서인 시장의 중요성을 특히 강조하고 있다. 질서의 자생성을 강조하는 이 관점은 정부나 기업을 포함하는 조직은 자생적이지 않다는 이유로 그 역할을 부정적으로 본다.[24]

그러나 제2장에서 지적한바와 같이 '조직'은 시장의 불완전성을 보완하기 위해 등장하는 질서이다. 따라서 조직이 등장하지 않는 이론은 명시적이든 암묵적이든 시장의 완전성을 가정하는 것과 다르지 않다. 조직의 중요성을 인정하고 있느냐 여부는 그 이론이 시장의 완전성, 절대성을 얼마나 높게 평가하고 있느냐와 직결된다. 이런 관점에서 보면 하이에크의 입장에 대해서는 두 가지의 비판이 가능하다. 첫째, 조직은 불완전한 시장을 대체하기 위해 등장한다는 점에서 조직의 중요성 혹은 유용성을 인정하지 않는 그의 이론은 논리적으로 시장의 완전성을 암묵적으로 가정하고 있는 셈이다. 둘째, 조직을 인위적 질서라 하지만 앞의 제2장에서 지적한대로 모든 질서의 '자기조직화(self-organization)' 성향을 강조하는 복잡계의 관점에서 보면 인간의 만남, 조직의 형성 등도 복잡한 경제의 자생적인 자기조직화과정으로 이해할 수 있다. 따라서 기

24. 하이에크의 시장과 조직에 대한 관점은 앞의 제2장 Ⅲ절, 4-4)항, '기업조직은 시장에 대립되는 질서인가?'를 참조하기 바람.

업이나 국가 등의 조직을 인위적 질서라고만 하기는 어려우며, 조직은 인간의 자기조직화 성향이 만들어낸 결과이다.

이렇게 보면 하이에크는 기업이나 정부가 필요 없는 그래서 완전한, 이상적인 시장 질서를 염두에 두고 있다고 간주할 수 있다. 여기서 자생적 시장질서는 하느님의 수준으로 신격화되고 있다는 느낌마저 든다. 그래서 비판자들의 입에서는 다소 과장해서 표현하면, '모든 것을 시장에 맡기라'는 말인가라는 비판의 소리가 나오게 되는 것이다. 수렵과 채집시대 이후의 1만 5000년의 시장경제역사 중에서 경제적 성장을 이룬 지난 200여 년을 제외한 1만 4800년 동안의 장기 경제정체기간 동안 자생적 시장의 힘은 어디에 갔었는가? 정부도 조직도 시장의 차별화와 동기부여기능을 보완함으로써 발전친화적인 역할을 할 경우 경제발전에 기여할 수 있다는 본서의 관점에 비추어 보면, 조직과 정부의 역할을 배제하는 신자유주의라면 현실적 대안이 되기는 어렵다고 생각한다.

시장을 경시하고 정부의 개입을 중시하는 반시장적 이념이나 이런 이념의 극단적 형태인 사회주의체제를 타파하기 위해 재산권제도와 경제적 자유를 강조하고 정부 기능의 무절제한 확대를 반대하는 신자유주의의 친시장적 주장들에 동의한다 하더라도, 시장질서의 절대성만을 강조하는 근본주의적 자기만족에 빠져 조직과 정부의 긍정적 역할가능성까지 배제한다면 신자유주의는 자칫 공허한 시장이론이라는 비판을 면하기 어려울 것으로 보인다.

2) 주류경제학의 니르바나 세계관

그러면 완전경쟁모형으로 대변되는 신고전파 주류경제학의 세계관은 어떠한가? 주류 신고전파 경제학의 완전경쟁모형은 주류경제학이 세상을 보는 세계관이다. 이 모형은 완전한 시장은 이상적인 결과를 가져온다는 것으로 이는 마치 소위 부처님의 열반(涅槃)의 세계와 같은 완전한 세상에서는 항상 모든 일이 잘 된다고 얘기하는 것과 다르지 않기 때문에 이를 니르바나(열반, 涅槃) 세계관이라 부를 수 있다.[25] 완전한 시장에서는 시장의 자동조절기능에 의해 자원배분이 최적화되기 때문에 정부도 조직(기업)도 필요 없는 세상이 된다. 이는 발전이 다 이루어진 최상의 경제, 즉 열반의 경제를 상정하고 있는 것과 같아서 현실 시장과는 크게 괴리된 시장인 셈이다. 현실 시장은 항상 불완전하고 거래비용을 피할 길이 없어 시장만의 힘으로 발전을 만들어낼 수 없다.

주류경제학의 완전경쟁모형이 상정하는 시장에는 항구적이고, 호혜적인 만남은 없고 한 번 옷깃을 스쳐 지나가는 간헐적인 만남이 있을 뿐이다. 내가 하는 선택이 다른 경제주체들에게 어떤 영향을 미치는지 고민할 필요도 없고 남이 무슨 행동을 하든 나에게 미치는 영향을 고민할 필요도 없다. 앞서 강조한 호혜적이고 항구적인 상호작용에서 창출되는 복잡계의 창발현상은 주류경제학의 완전경쟁시장에서는 나타날 수가 없다.[26] 이러한 세상은 이미 모든 경제주체들이 달관(완벽)하여 부처님의 경지에 이르러 이제 남의 도움도 필요 없고 혼자서 열반의 삶을 사는 세상이다. 그래서 완전경쟁시장에서는 발전을 기대하기가 어려운 것이다.

---

25. Demsetz(1969)는 비현실적 이상향(니르바나, 예컨대 완전경쟁모형)을 설정하고 그 기준으로 현실을 비판하거나 현실정책을 비판하는 경향을 니르바나식 접근이라 불렀다. 이론도 정책도 현실적 대안들 간의 선택이어야지 이상형에 비춰 현실을 재단하는 것은 문제해결에 도움이 되지 않는다. 세상에 완전한 이론도, 정책도 답도 없다. 그저 불완전한 것끼리 비교 선택할 수 있을 뿐이다.

26. 유사한 주장은 Beinhocker(2006)나 Demsetz(2008)에서도 찾아볼 수 있다.

3) 조직이 필요 없는 시장경제관이 대안이 되기는 어렵다

이미 앞에서 지적한 바와 같이 인류는 수렵과 채집시대 이후 지난 200여 년 동안만 경제발전이라 부를 수 있는 소득의 증대를 시현한 것으로 밝혀지고 있다. 수렵과 채집생활이야말로 시장경제의 분업원리에 기초한 교환경제생활에 다름 아님을 이해한다면, 인류는 왜 그 장구한 세월, 1만 4800년 동안 시장경제하에서도 기근 속에 살아야만 했을까? 신자유주의가 강조하는 자생적 질서나 완전경쟁모형이 주장하는 완전경쟁시장이라는 시장의 힘은 다 어디에 갔었는가? 더구나 오늘날 지구상에 200개가 넘는 독립경제가 있으나 그중 3/4이 넘는 국가들이 아직도 먹고 사는 문제를 해결하지 못하고 있는 현실을 어떻게 설명할 것인가? 오늘날 세계화와 정보화시대에 북한 등 일부 국가 말고 시장경제를 하지 않는 경제가 지구상에 있는가? 자생적 시장질서 혹은 완전경쟁시장의 힘은 어디에 숨어 있는 것인가? 이 질문에 대한 답은 시장이 어디 숨어버린 것이 아니라, 시장만의 힘으로 발전을 기대하기는 어렵다는 것이다.

조직 없이 시장만의 힘으로 발전이 어렵다는 것이 제2장의 신 발전원리의 시사점이다. 세상은 조직과 더불어 발전을 이끌어간다. 조직이 필요 없는 시장은 현실 시장이 아니며 발전을 만들어내기 어렵다. 우리가 완전경쟁모형을 부정하는 것도 결국은 그 '완전성' 때문에 조직을 필요로 하지 않기 때문인 것이며 같은 이치로 신자유주의가 대안이기 어렵다고 보는 것도 기업, 정부 등 조직의 역할을 제대로 인정하지 않기 때문인 것이다.

4. 민주주의의 한계를 설정하는 것이 중요하다

우리의 신 발전원리는 복잡한 이 세상의 발전을 위해서는 시장도 중요하고 기업도 중요하고 정부도 중요하다 하였다. 이들의 발전과정에서의 역할은 결국 스스로 돕는 자를 돕는 차별화원리의 실천이라고 했다. 다른 것을 다르다 하고 다른 만큼 다르게 대접하는 차별화원리의 실천이 바로 복잡한 경제의 변화원리이며 이 원리를 제대로 실천하는 경제, 리더십만이 발전을 만들어낼 수 있다. 차등만이 발전의 싹을 틔울 수 있다. 그리고 발전은 반드시 차등을 수반한다. 항상 흥하는 이웃을 두어야 나도 발전할 수 있는 것이다. 역으로 평등은 정체의 길이다. 모두의 평등은 모두 망하는 평등을 만들어낸다.

어떠한 이념, 세계관이든 이러한 복잡한 세상의 현실을 수용하지 못하면 그 이상이 아무리 좋다고 해도 결국은 그른 이념, 세계관으로 전락하게 된다. 그리고 모두를 불행하게 만드는 결과를 가져온다. 21세기 민주주의가 앞으로 아무리 숭고하게 발전한다 하더라도 그 이념이 이러한 세상의 현실과 발전의 이치를 수용하지 못한다면 결국은 진화의 경쟁에서 도태되고 말 것이 분명해보인다. 이러한 현실 인식하에서 민주주의가 국민을 위해 할 수 있는 일과 할 수 없는 일의 한계를 찾아내는 일이 향후 민주주의의 생존여부를 결정하게 될 것이다.

그동안의 정부의 경제운영 철학은 실업의 발생과 가난한 취약계층의 출현을 시장실패로 간주하는 마르크스적 자본주의세계관을 기초로 해서 형성되었다. 그렇기 때문에 무슨 희생을 치르더라도 정부가 실업을 해소하고 취약계층을 구제하기 위해 "시장에 개입해야 한다"는 것이 민주정치이념으로 자리 잡게 된 것이다. 우리의 자본주의경제 신 발전원리는 이러한 세계관이 잘못되었음을 시사한다. 정부가 실업자, 취약계층을 구제해야 할 필요가 있지만 이 현상을 시장실패라고 보지는 않는 것이다. 따라서 시장의 원리에 역행하는 일을 통해 이 일을 수행하기보다는 시장의 차별화기능을 더 보완, 활성화함으로써 더 효율적으로 할 수 있다고 보는 것이다.

시장의 기능이란 무엇인가? 시장은 모든 주체를 다 평등하게 취급함으로써 모두에게 고용을 보장하는 것이 아니라 열심히 하는 주체와 그렇지 않은 주체를 차별화함으로써 모두를 보다 열심히 하게 하는 동기부여장치이다. 이를 통해 고용도 창출하지만 실업도 만들어낸다. 따라서 정부의 역할이란 시장과 마찬가지로 차별화원리를 실천함으로써 모든 국민들을 동기부여를 통해 일으켜 세우는 일을 하는 데 있다. 성공하는 사람을 역차별해서도 안 되며 역으로 취약계층을 도움에 있어서도 취약해서 만이 아니라 어려움 속에서도 열심히 노력하기 때문에 지원해야 한다. 취약계층에 대한 지원에 있어서도 동기부여장치가 제도화되어야 한다. 결국은 정부가 차별화원리에 충실하는 것만이 문제해결에 도움이 된다는 것이다. 향후 민주주의의 이념 또한 이러한 원리에 역행하지 않는 방향으로 정립되어야 지나친 온정주의, 포퓰리즘으로 인한 또 다른 경제위기의 발생을 방지할 수 있을 것이다.

V. 실증 정치경제학 체계: 요약

이상의 논의를 정리하면 "실증 정치경제학"이라 불릴 수 있는 경제학

체계를 그림 4와 같이 요약할 수 있다. 신고전파 성장론은 동어반복 이론으로서 생산요소가 성장을 설명하는 제도가 사상된 이론이다. 신제도학파 이론은 여기에다 경제제도가 생산요소의 활동에 영향을 미칠 수 있는 통로를 열어 놓고 있는 셈이다. 여기서 인센티브이론이 작동할 수 있는 길이 마련된 셈이다. 특정한 제도적 틀이 시장경기규칙으로서 경제주체들의 인센티브 구조에 영향을 미침으로써 경제성과에 영향을 미치게 되는 것이다.

실증 정치경제학은 비공식적인 제도로서의 이념과 공식적 제도로서의 정치, 경제사회제도를 분리하여, 이념이 정치과정을 통해 공식적 제도에 영향을 미치는 통로뿐만 아니라 역으로 특정 공식적 제도가 오래 집행됨으로써 국민들의 생각을 바꿔 이념의 변화를 만들어낼 수 있는 길

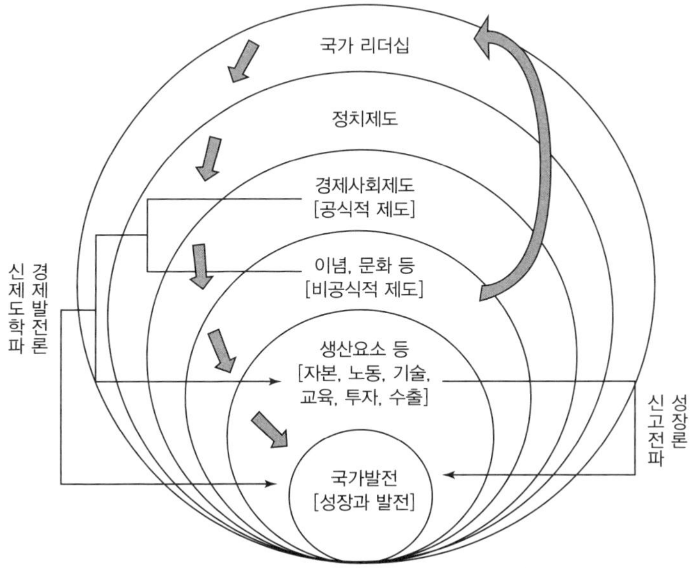

그림 4 실증 정치경제학 체계

출처: 좌승희(2006), 『신 국부론』, p. 325

을 열었다. 이제 특정 이념의 리더십이 정치권을 바꿔내는 역할, 정치가 공식적 경제제도를 결정하는 역할, 공식적 경제제도가 국민의 이념을 바꿔내는 역할, 국민의 이념성향이 생산요소의 생산성과 혁신역량에 영향을 미치고 궁극적으로 경제성과가 결정되는 과정을 모형화함으로써 국민의 이념이 내생화되게 되었다. 그림 4는 이념에서 리더십/정치, 그리고 제도로 이어지는, 이념을 외생변수로 취급하는 모형과 리더십에서 정치 · 경제 · 사회제도, 그리고 이념으로 이어지는 이념의 내생화 모형을 통합한 실증 정치경제학모형을 설명하고 있다. 여기서 이념에서 리더십, 그리고 공식적 제도로 이어지는 전자의 순환구조가 바로 앞의 그림 3의 내용이며 거기서 이념은 외생변수였다.

실증 정치경제학은 이제 발전친화적인 리더십이 정치를 움직여 발전친화적인 경제제도를 구축하고 국민의 이념을 발전친화적으로 바꿔냄으로써 경제발전의 성과에 영향을 미칠 뿐만 아니라, 바로 발전친화적으로 바뀐 국민의 이념이 이제 역으로 발전친화적인 리더십을 선택하고 이 리더십이 발전친화적인 정치, 경제제도를 취사선택하게 되는 경제발전의 선순환 구조를 만들어내는 정치 · 경제 · 사회변화의 전 과정을 설명할 수 있게 되는 것이다. 물론 역으로 발전역행적인 이념의 함정에 빠지면 악순환 구조가 생길 수도 있는 것이다.

결국 실증 정치경제학의 정립이란 이념이 경제사회발전과정에서 어떤 역할을 하며, 어떤 이념이 발전친화적인지를, 그리고 어떻게 하면 발전친화적인 이념을 국민다수의 이념으로 만들어낼 수 있는지에 대해 답할 수 있는 경제모형을 구축하는 작업인 셈이다. 따라서 이를 위해서는 외생변수로서 이념의 경제적 역할 규명과 이념을 바꾸어내기 위한 이념의 내생화작업은 불가피한 과정이다. 결국 본서는 이러한 작업의 아주 조그만 부분을 시작했다는 데서 그 의의를 찾을 수 있을 것이다.

제5장

어떤 정의관이 발전친화적인가?

I. 규범적 정의관을 넘어 실증적 정의관을 정립해야 한다

정의나 공정의 문제는 언제나 인기 있는 정치철학 담론이다.[1] 그러나 경제학은 항상 이 문제에 대해 이념문제와 마찬가지로 경제학의 주제가 아닌 듯 외생변수로 바라본다. 정의관의 경제적 역할은 바로 이념의 역할과 같다. 정의관은 비공식적 제도의 한 부분으로 그 자체로서 경제활동의 제약이 될 뿐만 아니라 그 사회의 공식적 제도의 바탕이 된다. 정의관은 그래서 한 사회의 경제제도로서 경제활동 나아가 경제발전에 지대한 영향을 미칠 수 있다. 그 사회가 어떠한 정의관을 따르느냐에 따라 그 사회의 경제발전이 영향을 받게 된다.

그러나 무엇이 정의로운가 하는 문제는 과학적으로 논증될 수 있는 어떤 정답이 있는 문제가 아니다. 정의에 대한 입장은 궁극적으로 이념,

1. 정의와 공정은 많은 경우 같은 의미로 쓰인다. 공정이란 불편부당하고 공명정대하고 사리에 맞아야 한다는 것으로, 이 또한 정의로운 것을 의미한다. 공정(公正)과 같은 의미로 쓰이는 유사 개념들로서는 정의뿐만 아니라 정당성(正當性), 합리성(合理性), 평등(平等), 그리고 형평(衡平)을 들 수 있다. 특히 정의란 이러한 개념들을 포괄하는 의미로 여겨지고 있다. 이들 개념에 대한 보다 상세한 논의는 이영희(2005)를 참조.

즉 세계관의 발로라고 할 수 있다. 특히 서로 다른 시장관이 서로 다른 정의관을 초래한다. 정의의 기준은 각자가 믿는 세계관, 시장관에 따라 다를 수 있는 것이다.

예컨대 시장을 공정한 배분의 장으로 보는 시장관은 현실의 시장가격은 공정한 가격이며 이에 따른 배분도 따라서 정의롭다고 본다. 시장은 사회정의 혹은 배분적 정의를 실현하는 장치인 셈이다. 아담 스미스는 각자의 이기심에 기초한 "보이지 않는 손(invisible hand)"에 의한 경쟁시장메커니즘에 의해 결정되는 시장가격이 '공정한 가격'이며 이 가격에 기초한 배분이 국민경제의 자원배분의 최적화를 달성하게 된다고 본다. 기본적으로 주류, 완전경쟁시장모형도 이러한 스미스의 전통을 따르고 있다. 여기서 더 나아가 하이에크는 시장질서를 자생적 질서라 정의하고 시장결과는 운칠기삼으로 과학적 증명의 대상이 될 수 없기 때문에 시장결과가 공정하냐 혹은 정의로우냐 하는 논쟁 자체가 의미 없는 일이며 그러한 잣대를 댈 수도 없다고 본다. 사회정의나 배분적 정의는 의미가 없다는 주장이다.

그러나 현실 자본주의 시장은 불평등, 불공정한 모순된 질서이며, 이 질서를 바꾸어야 한다는 반 시장적, 규범적(normative) 세계관의 입장에서 보면 불평등한 시장의 결과를 교정하여 평등한 사회를 추구하는 것이 사회적으로 정의로운 일이다. 예컨대 칼 마르크스는 자본주의 경제는 계급투쟁의 장으로서 부의 불평등을 초래하기 때문에 무산자혁명을 통해 부가 평등한 평등사회, 즉 정의로운 사회를 건설하자고 하였다. 정도는 다르지만 이와 유사한 수정자본주의나 사회민주주의 시장관도 자본주의 경제는 불평등한 체제로서 이를 교정하여, 복지국가 건설을 통해 보다 평등한 사회를 건설하고자 한다. 그래서 롤스는 마땅히 존재해야 할 사회는 평등이 기본이 되어야 한다고 주장하였다. 필자는 이와 같이 자본주의 경제에 대한 부정적 이념을 바탕으로 한 평등주의 정의관들을 규범적 정의관(normative justice)이라 부를 수 있다고 본다.

그러나 본서의 제2장은 보다 현실적 시장관을 제시하고 있다. 시장은 차등과 차이를 만들어냄으로써 동기부여를 통해 고차원의 질서인 발전을 만들어내는 장치라고 새롭게 해석하였다. 시장은 주어진 부의 배분뿐만 아니라 "새로운 부를 창출하는, 발전을 이끌어내는 동기부여의 장"으로서 동반성장을 가져오지만 평등한 결과를 보장하지 않는다고 본다. 이런 관점에서 보면 평등분배를 선호하는 기존의 정의, 공정의 담론은 부의 창출문제는 제쳐놓고 주어진 부의 배분문제에 집착함으로써 오히려 시장의 발전촉진기능에 반하는 발전 역행적 결과를 초래할 수 있다고 볼 수 있다. 따라서 이제 새로운 부의 창출 관점에서 정의, 공정의 문제를 재검토할 필요가 있다고 본다. 그동안 정치철학적 담론이 주도해온 "규범적 정의(normative justice)관"에서 탈피하여 실증 정치경제학 차원에서 발전친화적인 "실증적 정의(positive justice)관"을 정립할 수 있어야 인류의 발전이 지속가능하다고 본다. 이제 경제철학의 역할을 살려내어야 할 때가 되었다는 것이다.

II. 정의, 공정문제를 보는 두 가지 관점

1. 정치철학적 관점: 정의, 공정은 천부의 정치적 자유, 권리를 배분하는 문제

정의나 공정에 대한 담론은 그동안 정치철학에 의해 주도되었다. 그리고 담론의 핵심 주제는 천부의 정치적 자유(political freedom)나 권리(political rights)를 어떻게 공정, 혹은 평등하게 분배할 것이냐 하는 분배의 정의 문제였다. 예컨대 평등분배를 주장하는 롤스는 경제적 자유보다도 언론의 자유, 사상의 자유, 신앙의 자유, 토론의 자유 등 정치적 자유를 더 강조하고 있다. 이러한 논의가 그대로 경제 분야에 확장 적용되면서 경제문제에 있어서도 부나 소득의 분배 혹은 재분배 문제가 정의나 공정의 담론으로 자리 잡았다. 그런데 여기서 특이한 것은 정치철학적 담론으로서 뿐만 아니라 경제적 담론으로서의 정의나 공정의 논의마저도 분배의 원천이 되는 부의 창출문제에 대해서는 일고의 고민도 없이 오로지 분배문제에 집중되고 있다는 점이다. 이는 아마도 논의의 시발인 정치 분야가 자유나 권리의 창출문제는 없고 오로지 추상적으로 주어지는 정치적 자유와 권리를 나누는 문제만 존재하기 때문이 아닌가 싶다. 또한 이러한 사고가 경제 분야에도 그대로 전이된 것으로 보인다.

이렇게 되면 무슨 문제가 생기는 것인가? 이렇게 되면 누가 무엇을 어떻게 창출하는가 하는 보다 원천적 문제는 등한시되고 그저 있는 부를 어떻게 나누는 것이 정의, 공정이냐 하는 추상적, 규범적 논의에 그치게 된다는 점이 문제이다. 예컨대 평등분배를 주장하는 롤스는 실제로 존재하는 양식은 마땅히 존재해야 하는 양식을 결정하지 않는다고 선언함으로써 현실 타파적 규범적 정의의 입장을 천명하였는데, 그는 마땅히 존재해야 할 양식(樣式)으로서 평등분배 원칙을 제시하고 있는 것이다. 물론 여기서 이러한 평등분배가 부의 창출문제에는 어떤 영향을 미치는지에 대한 깊은 성찰은 없어 보인다. 이런 방식의 정의, 공정에 대한 입장은 그래서 과학적 논거에 의해서가 아니라 논자의 정치적 이념, 세계관에 의해 입장을 달리하게 되는 추상적, 규범적 수준에 머물게 될 수밖에 없게 된다. 필자는 이런 정의, 공정의 개념을 '규범적 정의(normative justice)'라 불러야 마땅하다고 생각한다.

2. 경제철학적 관점: 부나 소득은 창출되어야 나눌 수 있는 것

한편 경제적 관점에서 보면 부는 나누기 전에 반드시 새로 창출되어야 하는 것이다. 부의 창출문제가 선결되지 않고서는 분배문제를 논의할 수 없는 것이다. 이런 관점에서 보면 정치적 자유(political freedom)와 달리 경제적 자유(economic freedom)의 문제는 분배문제가 아니라 오히려 경제활동에의 참여를 통한 부의 창출문제라고 할 수 있다.[2] 물론 이러한 관점에서 보면 부의 창출에 참여한 만큼 분배받는 것을 분배정의라고 할 수 있을 것이다. 그러나 그동안 정의, 공정의 문제는 정치철학적 담론에 의해 주도되면서 주어진 부나 소득의 공정한 분배 문제는 강

---

2. 이 문제와 관련해서는 자유의 개념 측면에서 하이에크와 롤스의 차이를 명쾌하게 설명한 민경국(2007)의 논의가 도움이 될 것임. 롤스는 자유의 개념을 경제적 자유보다 정치적 자유로 해석한다. 따라서 그의 정의문제는 부의 창출문제를 제쳐 놓고 주어진 정치적 자유의 배분문제에 한정할 수 있다. 하이에크는 경제적 자유 또한 중요한 개념으로 본다. 일단 경제적 자유가 중요하다면 부의 창출에 참여할 자유가 공정한 배분에 참여할 자유에 앞서 중시되어야 할 것이다.

조되었지만 어떻게 창출할 것이냐의 문제는 경시되었으며, 주어진 재화와 자원의 배분문제에 경도된 주류경제학(allocative economics)도 이런 추세에 편승해왔다. 완전경쟁모형이 지극히 평등한 모형이며, 복지경제학은 시장의 동기부여기능에 역행하는, 발전역행적인 규범적 분배, 즉 부의 평등을 추구하는 재분배논리를 담고 있음을 상기할 필요가 있을 것이다.

이제 경제철학적 관점에서 경제발전을 훼손하지 않는, 즉 발전친화적인 '실증적 정의(positive justice)'의 개념을 찾아내야 할 때가 되었다고 생각한다. 그래야 경제학도 정치학 혹은 정치철학의 하위학문이라는 오명에서 탈출할 수 있을 것이다.

III. 분배의 정의에 대한 현대적 논의: 발전친화적 정의관을 찾아서

마이클 샌델(Michael Sandel, 2010)은 정의, 공정을 보는 세 가지 입장을, ① 최대다수의 행복을 중시하는 공리주의, ② 자유주의, ③ 공동선을 강조하는 공동체주의로 분류하였다. 물론 자유주의에는 자유시장원리를 강조하는 전통적인 자유(지상)주의자와 개인의 자유로운 선택권을 강조하면서 진정한 선택의 자유를 행사할 수 있도록 정부가 평등한 물질적 조건을 제공해주어야 한다는 롤스 류의 평등주의자들을 포함시키고 있다. 그러나 공리주의자도 자유지상주의자도 평등주의자도 공동체주의자도 파이가 어떻게 창출되는지, 나아가 정의로운 혹은 공정한 사회는 부의 창출에 어떤 영향을 미치는지에 대한 발전경제학적 관점에서의 체계적인 문제제기를 하지는 않는다.

이하에서는 평등분배를 부정하는 자유주의적 분배정의관과 평등분배를 선호하는 규범적 정의관의 입장에 서고 있는 평등주의자와 공동체주의자의 분배정의관을 살펴보고, 필자의 실증과학적 정의관을 제시해보고자 한다.

1. 자유주의자의 사회(분배)정의 부정

1) 프리드리히 폰 하이에크[3]

시장을 자생적 질서로 규정하고 이 질서의 확대만이 인류문명의 번영을 지켜줄 수 있다는 철학적 체계를 확립하는데 일생을 바친 하이에크는 그의 『법, 제정법 그리고 자유』(*Law, Legislation and liberty*, 1982)의 제2권 『사회정의의 환상』(*The Mirage of Social Justice*)에서, 사회정의(경제정의 혹은 분배정의와 동의어)라는 말은 무의미한 것이며, 이런 말을 사용하는 것마저도 생각이 없고, 남을 속이는 짓이라고 혹평하고 있다. 사회는 동등한 권리를 갖는 사람들을 동등하게 취급해야 하며, 각자가 자기가 받을 자격이 있는 것 — 그것이 선이든 악이든 — 을 받는 것이 정당한 것이라는 존 스튜어트 밀(John Stuart Mill)의 사회정의 혹은 분배정의 — 밀에서부터 명시적으로 이 두 개념을 같은 개념으로 보기 시작했음 — 에 대한 정의(定義)는 잘못된 것이라고 주장하고 있다. 많은 경우

3. 좌승희(2006)의 제6장에서 일부 전재하였다.

에 이러한 개념은 동일한 물질적 보상을 보장하는 평등주의적 고려를 담고 있는데, 이러한 사회정의 혹은 분배정의 개념은 자생적 시장질서의 결과와 아무런 연관성도 없으며, 이러한 개념에 대한 믿음은 실제로 일종의 미신이나 다름없다고 주장한다. 시장결과는 항상 기술(skill)과 운(chance), 즉 우리말로 운칠기삼(運七技三)의 결과로서 어느 누구도 사전에 그 결과를 예측할 수 없는 것이다. 따라서 자생적 시장질서로부터 정의를 요구하는 것은 어불성설이며, 특정한 개인이나 그룹의 사람들에게 특정한, 특히 동등한 몫을 정해준다는 것은 오히려 부당한 일이라고 보고 있다. 시장결과는 어떠한 형태로든 정의롭다거나 정의롭지 않다는 평가의 대상이 될 수 없고, 시장을 혹은 사회를 그와 같이 정의로운 곳으로 만들고자 하는 여하한 시도도 개인의 자유를 박탈하고 궁극적으로 전체주의 사회를 초래하게 된다고 본다. 사회정의는 일종의 도깨비불과 같아 이를 좇다가는 인류문명의 발전을 이끌어온 중요한 가치인 자유의 가치를 포기하는 결과를 초래하게 될 것이라고 우려하고 있다. 그는 자유의 이념을 기초로 하는 자유인의 위대한 사회(The Great Society of Free-men)는 시장의 자생적 질서에 기초하고 있기 때문에, 이러한 질서에 위배되는 예컨대, 평등의 이념에 기초한 사회정의, 혹은 분배정의는 결국 국가의 무제한의 개입을 초래하여 자유를 제약하고 자유인의 위대한 사회를 파괴하게 된다고 보는 것이다.

평등분배의 이념을 담고 있는 사회정의 혹은 분배정의라는 이념은 실상은 하이에크의 주장처럼 개념이 불분명하기 때문에 그 뜻을 분명히 알기도 어렵지만, 그럼에도 불구하고 그 말이 풍기는 소위 고상한 맛이나 그 이념을 설파함으로써 다소라도 유식하고 정의감에 불타는 도덕적 인간으로 비쳐질 수 있을 것이라는 선입관 때문에 무비판적으로 사용되어 왔음을 부인하기 어려운 것이 오늘날의 사회상황이다.

그러나 우리는 여기서 하이에크를 따라 사회정의 개념을 파기하기보다는 그 개념을 경제발전의 원리에 맞게 재정의함으로 논의의 차원을 바꿔보고자 한다.

2) 밀턴 프리드먼

프리드먼(2003, 제5장 빗나간 평등)도 하이에크와 유사한 견해를 피력하고 있다. 미국의 경우 건국초기 수십 년 동안 평등의 개념은 하느님 앞의 인격의 평등을 의미했고 남북전쟁을 거치면서 평등의 개념은 점차 기회의 평등으로 바뀌어 그 후 20세기 전반까지는 대다수의 미국시민들이 이해하는 평등은 기회의 평등이었다. 그러나 20세기 후반 들어 지난 수십 년 동안 소위 결과의 평등이라는 새로운 평등의 개념이 등장하기 시작하였다. 프리드먼은 평등분배를 원하는 결과의 평등은 민주주의란 마차의 또 다른 한 바퀴인 자유와 충돌한다는 점에서 반대한다.

> "그런데 최근 수십 년 동안에 미국에서는 매우 다른 의미의 평등, 즉 '결과의 평등'이라는 것이 출현하였다. 모든 사람이 동일한 수준의 생활이나 소득을 누려야 한다는 것이며 경주의 결승점에 나란히 들어와야 한다는 것이다. 결과의 평등은 명백히 자유와 충돌한다. 그것을 촉진시키려는 노력은 정부를 한층 거대화하고 정부로 하여금 우리의 자유를 제한하게 하는 주요한 원천이 되어온 것이다."[4]

그는 20세기 후반 영국과 유럽에서 시작된 결과의 평등을 추구하는 정책들은 점차 미국의 정책에도 영향을 미쳐, 일부지식인들 사회에서는 결과의 평등이 바람직하다는 것이 종교적 신앙처럼 되었다고 개탄하고

---

4. 프리드먼(2003), p. 170에서 인용.

있다. 그는 평등분배를 요구하는 좀 더 고상한 근거로서 제시되는 '공평(fairness)'의 개념, 즉 모든 사람에게 '공평한 몫'을 주어야 한다는 주장도 '공평'이라는 또 다른 애매모호한 개념으로 포장하고 있으나 사실은 '능력에 따라 일하고 필요에 따라 받는' 칼 마르크스의 표어의 현대적 표현에 불과하다고 주장한다. 공평이라는 잣대의 정의가 현실적으로 — 불가능하지는 않겠지만 — 어려울 뿐만 아니라 누가 공평여부를 결정해서 분배할 것이냐 하는 문제에서 파생되는 정부권한의 비대화와 자유의 제약 문제뿐만아니라, 만일 '공평'이라는 어떤 절대적인 잣대, 즉 그 사람이 생산하는 것과는 관계없는 잣대로 분배를 결정한다면 어느 누가 열심히 '나누어야 할 파이'의 생산에 참여할 것인가가 더 큰 문제라고 주장한다.[5] 이러한 프리드먼의 생각은 정의, 공정, 공평에 대한 논의가 부의 분배의 문제에만 천착하고 부의 창출의 문제를 경시하고 있다는 우리의 인식과 맥을 같이하는 것이라 할 수 있다.

> "인생이란 결코 공평하지 않다. 자연이 만들어 놓은 것을 정부가 수정할 수 있다고 믿고 싶은 유혹도 생긴다. 그러나 우리가 개탄해 마지않는 불공평 바로 그것으로 부터 얼마나 많은 혜택을 얻고 있는지 깨닫는 것 또한 중요하다. … 무하마드 알리가 위대한 권투선수가 될 수 있는 기술을 타고났다는 사실은 결코 공평치 못하다. … 그러나 다른 한편 … 우리가 알리의 권투시합을 즐길 수 있는 것은 바로 알리와 같은 사람을 태어나게 한 자연의 불공평 덕택이 아니겠는가. 만일 모든 면에서 모두가 똑같다고 하면 이 세상은 어떤 세상이 되었을까? 무하마드 알리가 하룻밤에 수백만 달러를 벌어들이는 능력을 가졌다는 사실도 분명 공평치 못하다. 그러나 평등이라는 추상적 이상을 추구하느라, 알리가 하룻밤 경기에서 벌 수 있

5. 프리드먼 전게서, p. 177-178.

는 돈이 … 최하층 사람이 부두에서 하루 동안의 미숙련 노동으로 벌 수 있는 돈보다 많아서는 안 된다고 한다면 …알리를 보며 즐기는 사람들에게는 더욱 불공평한 일이 아니겠는가?"[6]

왜냐하면 그렇게 되면 아무도 애써 연습하여 훌륭한 권투선수가 되려는 사람이 없을 것이고 알리처럼 훌륭한 선수는 더구나 생기지 않을 것이고 그래서 그런 경기를 즐길 수도 없을 것이기 때문이다.

그러나 결국 프리드먼은 하이에크와 마찬가지로 사회정의나 공평의 이름으로 주장되는 결과평등이나 평등분배를 실현하는 과정에서 초래될 자유의 침해 가능성을 가장 크게 우려하고 있다. 그래서 전게서(프리드먼, 2003)의 평등의 문제를 논의한 '제5장 빗나간 평등'의 장을 다음의 주장으로 마치고 있다.

"평등을 — 결과의 평등이라는 의미에서 — 자유보다도 앞세우는 사회는 결국 평등도 자유도 달성하지 못하게 될 것이다. 평등을 달성하기 위해 힘을 사용하면 자유가 파괴될 것이며, 좋은 목적을 위해서 끌어들인 것일지라도 힘이란 결국 자신의 이익을 증진시키기 위해 힘을 사용하는 사람들의 손에 들어가게 될 것이다."[7]

---

6. 프리드먼, 전게서, p. 178.(인용자 일부 수정)
7. 프리드먼 전게서, p. 194. 한편 평등과 자유의 개념의 충돌여부에 대한 상세한 논의는 본서 제4장 Ⅲ절과 좌승희(2006) 참조.

2. 규범적 평등주의 정의관[8]

현대의 분배정의의 논의에 결정적인 영향을 미친 『정의론』(*A theory of justice*, 1971)의 저자인 존 롤스(John Rawls)는 정의를 실체적 평등으로 정의한다. 그에게 있어 불평등분배를 가져올 수 있는 법 앞의 평등, 기회의 평등이라는 절차적 정의는 충분하지 않다. 평등분배는 도덕적 명분이며 그 자체가 인류가 추구해야 할 목적적 지향점이다. 분배정의 측면에서 볼 때 그는 재능이나 체력 등의 타고난 자연적 자산은 그 자체로서는 아무런 도덕적 가치를 갖지 못하며 오히려 이러한 자연적 불평등은 사회정의에 의해 수정되어야 한다고 주장한다. 재능으로부터의 이득은 공동의 자산이며 따라서 공평하게 나누어야 된다는 생각이다. 그에 있어서 분배정의란 실체적 평등분배를 의미한다. 그는 일반적 정의관을 다음과 같이 천명하고 있다. "모든 사회적 기본 가치—자유와 기회, 소득과 부, 그리고 자존심의 기반—는 이러한 가치들의 일부 또는 전부의 불평등한 분배가 모든 사람들에게 이득을 주지 않는 한 평등하게 분배해야 한다."[9]

여기서 한 가지 흥미로운 것은 롤스가 이전의 다른 저작에서는 이와는 반대의 견해를 피력했다는 사실이다. 롤스는, 원하는 것에 대한 정당한 분배(the task of selecting specific systems or distributions of desired things as just)라는 것은 잘못된 원칙으로서 파기해야만 하며, 어떠한 경우에도 분명한 답을 구하기는 어렵다고 선언하고, 정의의 원칙이란 단지 사람들이 자신들의 분배 몫에 대해 불평하지 않도록 분배제도가 지켜

8. 좌승희(2006)의 제6장에서 일부 전재하였다.

9. 롤스(2004), p. 107

야 할 중요한 제약조건을 정의할 뿐으로 이것만 지켜진다면 결과적인 분배가 어떠하든, 평등하든 불평등하든, 정의롭다고 봐야 한다고 주장하였다.[10] 이 점에 대해서는 분배정의 개념을 정면으로 부정했던 하이에크도 동의하고 있다.[11]

롤스는 상기한 평등분배 사회정의관을 도출하기 위해 어떠한 인위적인 것도 배제된 초기적이고 자연적인 무지의 상태(veil of ignorance)를 상정한다. 그는 이를 원초적 상태(orginal position)라 하였다. 이는 사회계약을 통해 호혜적 공동체 사회를 이루고 정치적 · 경제적 이득을 추구함에 있어서 자연적 재능과 사회적 여건의 우연성을 배제하는 원초적 평등분배를 정당화할 수 있도록 구성된 것이다. 원초적 상태를 이런 식으로 구성하는 근거로서 그는 아무도 자신의 자연적 자질의 분배분에 있어서나 사회에 있어서 최초의 출발점에 대한 당연한 권한은 없으며 그러한 특성들은 도덕적 관점에서 볼 때 임의적이라고 보았다. 이와 같은 의미의 원초적 상태에서 사회적인 기본선(자유, 기회, 권력, 소득, 부, 자존심의 기반 등)의 분배원칙을 정함에 있어서는 우선 평등에서 출발하는 것이 합리적이라고 본다. 이러한 결론의 논리는 다음과 같다. 원초적 상태에 있는 당사자들은 미래에 대한 무지와 여기서 나오는 불확실성 때문에 항상 자신이 최하층으로 떨어질 위험에 노출되어 있다. 자신을 위해 어떤 독점적 이익을 취할 길도 없지만 또한 그들은 자신의 이익을 추구하는 합리성으로 인해 자기에게 특별한 손해를 그대로 묵과할 이유도 없

---

10. Rawls(1963), p. 102

11. 이에 대해서는 Hayek(1982; 서문과 제 2권, p.100, 그리고 주 44) 참조. 그러나 하이에크는 불행하게도 롤스가 그의 1971년의 정의론에서 "사회정의(social justice)라는 용어를 사용하고 있을 뿐만 아니라, 확실하지는 않지만 1963년 연구에서 주장한 위의 내용을 분명히 천명하지 않음으로써 그의 정의론이 사회주의 윤리서, 혹은 사회주의 옹호서로 오해받고 있는 것 같다고 평하고 있다.

다. 따라서 그들이 사회적 기본 가치의 분배에 있어서 동등한 몫 이상을 기대한다는 것은 부당하며 동등한 몫보다 적은 것에 합의한다는 것도 불합리하다. 즉 그들이 할 수 있는 현명한 길은 최악의 상태에 대비하여 평등한 분배를 요구하는 원칙을 정의의 원칙으로 받아들이는 일이라 할 수 있다. 롤스는 이러한 원칙을 최소극대화기준(maxi-min criterion)이라 부르고 있다.[12]

그런데 우리의 생각으로는 이 원리는, 자칫 자신이 가장 불리한(최하층의) 위치에 떨어질 가능성 때문에 모두가 다 아무도 남보다 더 나아지지 못하도록 하는 분배제도를 선호할 것이라는 것으로, 내가 잘하지 못할 가능성 때문에 남도 못하도록 만드는 특이한 평등주의 체제를 상정하고 있는 것으로 보인다.

어쨌든 이러한 롤스의 사회정의관을 포함하여 사회 및 도덕철학적 관점에서 보는 사회정의관의 본질적 특징은 '분배에 있어서는 평등이 기본이며 차등은 예외'로 보는 데 있다. 이러한 시각에서 보면 정치 · 경제 · 사회제도나 그 운영방식 또한 평등을 지향하는 방향으로 나가는 것이 도덕적으로 옳은 것이다. 정의 문제에 있어서 증명의 부담(burden of proof)은 차등 쪽에서 지는 것이며, 따라서 차등은 그것이 정당화될 수 있는 경우에 한해서만, 즉 롤스의 말을 빌리면 가장 불리한 위치에 있는 사람들(the least advantaged)에게 이득이 될 경우에만 예외적으로 허용되어야 한다고 보는 것이다.[13]

한편 프리드먼의 견해에 대한 롤스의 논평도 흥미롭다. 롤스는 《정의론》에서, 앞에서 인용한 프리드먼의 인생은 공평하지 않다는 주장과 관

---

12. 이에 대해서는 롤스(2004), 제3장 참조.

13. 롤스(2004), p.123−133 참조

련하여 다음과 같이 평등분배에 대한 믿음을 피력하였다.

> "재능이 분배되는 방식과 사회 환경의 우연성이 부당하다는 이유로 제도를 강제하는 것은 언제나 문제가 있게 마련이며, 그러한 부당함은 인간의 합의에도 나타날 수밖에 없다는 주장이 있는데, 우리는 그것을 거부해야 한다. 더러 부당함을 간과하는 구실로도 이용되는 그 주장은 부당함을 묵인하지 않으려는 태도를 죽음을 받아들이지 못하는 태도와 똑같이 취급한다. 자연의 분배 방식은 공정하지도, 불공정하지도 않다. 인간이 태어나면서 특정한 사회적 위치에 놓이는 것 역시 부당하지 않다. 그것은 단지 타고나는 요소일 뿐이다. 공정이나 불공정은 제도가 그러한 요소들을 다루는 방식에서 생겨난다." (롤스 2004: sec. 17; 샌델 2010: 230−231에서 재인용).

여기서 롤스는 "실제로 존재하는 양식은 마땅히 존재해야 하는 양식을 결정하지 않는다"고 선언하고 있는 셈이다. 여기서 "제도가 그러한 요소들을 다루는 방식"에 대한 롤스의 생각은 바로 우연성을 배제한 평등주의 분배방식이 공정하다고 보는 것이다.

한편 공동체주의자인 샌델도 롤스의 자유로운 선택에 의한 사회계약 합의와 자신의 선택에 따른 책임만을 인정하는 자유주의적 태도는 적극 비판하면서도, 그의 평등분배 주장에 대해서는 애매한 태도를 취한다. 공동의 이익을 위한 평등분배는 공동체주의의 특징이라 할 수 있고 그래서 샌델 자신도 평등주의를 벗어나기는 어렵다.

그래서 샌델은 다음과 같이 롤스의 평등주의를 지지하고 있다.

"롤스는 우리가 그러한 요소를 다룰 때, '서로의 운명을 공유하고' '우연히 주어진 선천적이거나 사회적인 환경을 (자신을 위해) 이용하려면 그 행위가 반드시 공동의 이익에 도움이 되어야 한다'는 데 동의하자고 제안한다. 롤스의 정의론이 궁극적으로 성공하든 실패하든, 그 이론은 미국 정치철학이 아직 내놓지 못한, 좀 더 평등한 사회를 옹호하는 가장 설득력 있는 주장임에 분명하다." (샌델 2010: 231)

3. 실증과학적 차별화 정의관

필자는 시장을 '경제적 차별의 장(場)'이라 정의하였다. 경제적 차별화란 경제적으로 다른 것을 다르게 취급하되 항상 스스로 돕는 자를 더 우대하는 것이라고 정의하였다. 그리고 경제적 차별화는 경제 · 사회발전의 필요조건이라고 천명하였다.[14]

시장은 성과에 따른 차별화를 통해 경제주체 모두에게 동기를 부여하는 장치이다. 시장은 모든 경제주체들을 경제사회에 대한 기여에 따라 차별적으로 대접하며 이를 통해 경제주체들 간의 차이와 차등을 만들어낸다. 그래서 열심히 노력하여 보다 좋은 성과를 내는 경제주체에게는 경제력이 집중되고 시장의 차별화기능이 원활할수록 경제발전은 빨라진다. 이러한 시장관(市場觀)과 경제발전관은 세상 사람들을 사회에 대한 경제적 공헌의 측면에서 다르면 다르게, 같으면 같게 대접하는 것이 경제적으로 옳다는 판단의 현실적, 그리고 논리적 근거가 되는 것이다. 다시 말해 경제적 차별화는 또 다른 형태의 경제정의(正義)의 표현방법이라고 할 수 있다.

---

14. 앞의 제2장의 논의 혹은 좌승희(2006, 2012) 참조

이러한 입장에 따르면 특정한 이유로 특정 그룹의 사람들에게 특정한 몫을 보장하거나 (예컨대 특정한 계층에 속하기 때문에 특정한 분배 몫을 보장하거나), 부나 소득의 분배를 균등하게 하려는 평등주의적 배분 정책은 시장의 차별화기능과 배치된다. 시장은 운칠기삼의 결과에 따라 차별할 뿐 사전에 어떠한 보장도 하지 않는 것이 그 본래 기능이다. 시장의 차별화기능(에 따른 배분)은 도덕적 가치 판단의 대상이 아니다. 세상 이치가 그러할 뿐인 것이다. 따라서 이러한 시장의 차별화 기능에 역행하는 정부의 개입은 시장의 기능을 무력화시킬 것이며, 결국은 발전에는 역행하게 될 것이다. 따라서 특정한 예컨데 평등한 분배 몫을 보장하는 어떠한 사회정의, 분배정의, 경제정의, 공정사회의 개념도 시장의 차별화기능과는 양립할 수 없기 때문에 경제사회의 발전을 이끌어낼 수 없는 것이다. 그래서 차별화원리와 같이 갈 수 있는 자유의 가치(이념)는 사회의 발전을 이끌어낼 수 있지만 차별화원리를 수용하지 못하는 평등의 가치(이념)에 기초한 사회정의나 분배정의는 발전을 이끌어내기 어려운 것이다.

시지위크(H. Sidgwick)는 정의(正義)를 "서로 비슷한 경우들을 비슷하게 대우하는 것"이라고 정의하였다.[15] 물론 이 공식에 따르면 불의(不義)란 비슷한 경우들을 다르게 대우하는 것을 의미하게 된다. 이러한 시지위크의 주장에 따른다면 경제적 차별화는 바로 정의로운 반면, 경제적으로 다른 것을 다르지 않다고 하는 경제적 평등주의는 정의롭다 할 수 없게 된다. 우리는 경제적 차별화는 그 자체로서 정당하며, 합리적이고, 공정하며, 형평에 맞는다고 본다. 따라서 경제적 차별화는 정의에 부합한다고 본다. 그래서 필자는 경제적 차별화에 따른 분배, 즉 각자가 자

15. 복거일(2005)에서 재인용

신이 이뤄낸 성과에 부합하는 보상을 받는 분배를 '차별화 정의(差別化正義)'라 불렀다.[16]

그러면 차별화 정의는 그동안 사회철학이나 정치철학 담론의 중심이 되어온 실체적 평등을 지향하는 분배정의와 어떻게 구별되어야 할 것인가. 필자의 판단으로는, 차별화 정의는 차등을 기본으로 하고 평등을 예외로 보는, 경제발전을 훼손하지 않는 발전친화적인 "실증 과학적 정의(positive justice)"라고 부를 수 있는 반면, 실체적 평등을 추구하는 정의는 평등을 기본으로 하고 차등을 예외로 하는, 롤스적인 "당위론적 혹은 규범적 정의(normative justice)"라고 부를 수 있다고 생각한다.

우리는 여기서 사회정의 혹은 분배정의의 또 다른 표현인 '공정', '형평'이라는 개념도 당위론적 혹은 규범적 정의보다는 실증적 정의 차원에서 '차별화 정의'를 의미하는 것으로 재해석해야 할 필요성을 제기하고자 한다. 공정이란 경제적으로 다른 것을 다르게, 같은 것을 같게 취급하는 것이어야지 경제적으로 서로 다른 데도 정치적인 이유로 같게 취급한다고 한다면 이것이야말로 공정에 어긋난다 할 수 있는 것이다. 이렇게 보면, 공정의 개념을 제대로 차별화 정의로 해석할 때, 발전은 공정과 같이 갈 수 있으며 결과적으로는 공정 없는 발전은 불가능하다고까지 할 수 있는 것이다. 이러한 관점에서 보면 공정한 분배, 공정한 사회의 의미가 부의 창출에 참여해서 기여한 만큼의 분배 혹은 대접을 받는 것을 의미할 때라야, 공정의 개념이 현실의 시장기능, 그리고 경제발전에 친화적이 될 수 있는 것이다.

물론 여기서 부의 창출에의 참여기회가 공정하고 평등해야 한다는 것이 공정한 분배의 전제조건임은 말할 필요도 없을 것이다. 그래서 평등

16. 좌승희(2006) 참조

한 기회의 문제가 사실은 분배의 정의, 공정, 형평 문제의 선결조건이라고 할 수 있다. 그럼 평등이란 무엇을 의미하는가? 다음절에서 답을 구해보고자 한다.

IV. 발전친화적인 평등의 잣대: "법 앞의 기회평등"

1. 평등의 잣대의 상대성

사상사를 통해서 보면 인류는 평등(equality)에 대해 어떤 절대적 의미나 정의(定義; definition)를 부여하고자 노력해왔지만 실제 결과는 해석하는 자의 세계관(이념)에 의해 그 의미하는 바가 크게 달라지는 상대적 개념으로 발전해왔다. 예컨대 평등의 잣대가 법이냐, 기회냐, 결과냐의 논쟁이 바로 그 예이며, 각자의 세계관에 따라 다양한 견해들이 제시되고 있는 것이다. 규범적 정의관은 정의나 공정을 결과 평등의 시각으로 본다. 사회정의, 분배정의란 궁극적으로 부의 평등한 분배를 의미한다. 평등하지 않은 결과는 정의롭지 않고 공정하지 못하다고 본다. 사회주의 이념도 마찬가지로 부의 평등한 배분을 이상으로 삼고 있어 결과평등을 추구한다.

민주주의의 역사에서 평등의 개념은 대체로 ① 법 앞의 평등, ② 기회의 평등, ③ 결과의 평등 등 세 가지 개념이 사용되어 왔다.

'법 앞의 평등(equality before the law)'은 누구든지 법에 의해 규정된 경기규칙에 따라 참가할 수 있는 권리를 평등하게 보장받지만 경쟁의 결과는 각자의 노력이나 실력, 혹은 운에 의해 결정된다는 개념이다. 즉 특정 결과를 보장하지 않는다.

'기회의 평등(equal opportunity)'은 경기에 참여할 수 있는 기회를 사전적으로 평등하게 보장한다는 의미로 해석하지만, 기회라는 말을 어떤 기준에 따라 해석하느냐에 따라 그 의미가 크게 달라진다. 법 앞의 평등한 기회를 넘어 특정 결과를 성취할 수 있는 기회, 소위 실질적 기회의 평등을 보장한다는 의미로 해석하게 되면 기회의 평등은 사후적 결과의 평등에 가까워진다.

'결과 평등(equal outcome)'은 경기의 결과를 평등하게 보장한다는 의미로 경제적 역량이나 노력, 운에 관계없이 모두에게 같은 결과를 보장하는 것이다.

이러한 세 가지 해석 중 어떤 해석을 수용할 것이냐 하는 것은 해석하는 자, 혹은 그 사회의 이념적 성향에 의해 달라진다. 자유와 평등이라는 민주주의의 양대 이념 중 자유의 이념이 강한 사회는 법 앞의 평등, 평등의 이념이 강한 사회는 결과의 평등으로 해석하는 경향이 있으며, 기회의 평등에 대해서도 전자의 사회는 법 앞의 기회 평등, 후자 사회는 실질적 결과 평등으로 해석하는 경향이 강하다.

2. '기회평등'의 모호성: 국내 정치권이나 일부 학계의 해석과 문제점

국내 학계나 정치권에서는 많은 경우 기회의 평등이 정의롭고 공정한 사회의 기본 바탕이며 정의와 공정성을 판단하는 잣대는 기회 균등(평등)이어야 한다고 주장한다. 그러나 '기회의 균등(평등)'은 말 자체는 매

력적이나 이미 지적한대로 이념적 성향에 따라 '법 앞의 평등'과 '결과의 평등'의 중간 어느 곳이든지 해당될 수 있는 상대적 개념으로서 실제 적용하기에는 그 의미가 모호해 논란의 소지가 크다.

일부 학계나 정치권에서는 표현은 기회의 평등이라 하면서도 실제 의미는 '같은 결과를 향유할 수 있는 공정한 기회'를 시사함으로써 결과의 평등을 염두에 두는 경우가 많아 보인다. 나아가 결과의 불평등 자체를 불평등한 기회 때문으로 치부하는 경우를 많이 보게 된다. 논리는 기회가 문자 그대로 평등하다면 결과 또한 평등해져야 하는데 그렇지 못한 것은 결국 기회불평등의 반증이 아니냐는 입장인 것이다.

42.195km 마라톤 경주에서 매 킬로미터마다 기회의 평등을 내걸고 다시 새로 출발하게 하면 결승선에는 같이 골인하게 되는 것과 마찬가지로 기계적으로 매 시장기(市場期)마다 기회의 평등을 강요하면 결과의 평등이 보장될 수는 있을 것이다. 그러나 시장의 결과는 과학적으로 다 설명할 수 없는 것이다. 같은 기회가 같은 결과를 보장하지 않는 것이 시장의 본질인 것이다. 하이에크의 지적처럼 운칠기삼이 바로 시장결과의 본질이다. 이런 현실을 무시하고 너무 기계적으로 기회의 평등을 추구하여, 규범적 정의관처럼 양육(nurture)을 통한 개인적 차이는 물론 타고난 본성적(nature) 차이, 나아가 시장에서 불가피하게 부딪치는 운(運) 등을 수용하지 않으려 하면 사회는 획일화되고 하향평준화는 불가피해진다.

더구나 경제적 기회야말로 정부가 보장하기 어려운 것이다. 시장에서의 기회는 오직 열심히 노력하는 주체에게만, 혹은 운이 좋은 주체에게만 찾아오기 때문이다. 정부가 이 모든 요인들을 통제하지 못하는 한 정부가 평등한 기회를 모두에게 보장한다는 것은 불가능한 일이 된다.

한편 이명박 정부는 2010년 8월 15일 대통령경축사를 통해 공정한 사회를 국가운영비전으로 제시하고, 공정의 의미가 결과의 평등이 아니라 기회의 평등이라 주장하고 있지만 정부의 진의가 무엇이든 사회주의 좌파 성향의 그룹은 '실질적 혹은 결과의 평등'으로 해석하여 주장할 것이며, 자본주의 우파 성향은 '법 앞의 평등'에 무게를 둘 것이고 논쟁은 끝이 없을 것이다.

3. '법 앞의 기회평등'이 발전친화적인 평등의 잣대

복잡경제는 진화한다. 당위가 아니라 현실이 자연선택을 결정한다. 롤스의 "실제로 존재하는 양식은 마땅히 존재해야 하는 양식을 결정하지 않는다"는 주장은 "마땅히 존재해야 하는 양식이 실제로 존재하지 않는 이유는 마땅히 존재해야 할 양식이 자연선택되지 않았기 때문임"을 인지하지 못한 주장이다. 아무리 아름답고 이상적인 정의로운 사회도 우주의 섭리인 복잡경제의 변화원리에 역행하게 되면 자연선택에서 탈락되어 실존할 수 없는 것이 이 세상의 이치이다. 공산, 사회주의가 소멸된 이유가 현실 시장의 작동원리에 안 맞는 제도를 추구함으로써 자연선택과정에서 탈락되었기 때문임을 상기해보면 정의롭고 공정한 사회의 잣대가 어떠해야 하는지 그 한계를 가늠해볼 수 있을 것이다.

발전친화적인 정의나 공정은 시장의 차별화기능과 이를 통한 경제의 진화과정을 억제하지 않는, "차등과 차이"를 적극 수용할 수 있는 개념이어야 한다. 결과의 차이나 차등은 복잡경제의 본질이며, 결과의 평등은 어느 누구도 보장할 수 없다. 시장결과는 운칠기삼이기 때문이다. 자연적 재능(nature)의 우연이나 양육(nurture)의 행운을 완전히 배제한 무지의 베일은 있을 수 없다. 이를 완전히 배제한 상황은 진화와 발전이

거세된 상황이다. 기회의 평등, 또한 보장되지 않는다. 기회야말로 시장 현상이며 운칠기삼의 전형이다. 다만 남보다 더 노력하는 자에게만 더 좋은 기회의 가능성이 열릴 뿐이다.

그래서 필자의 판단으로는 "법 앞의 기회평등"만이 결과의 차등을 허용함으로써 시장의 동기부여기능을 해치지 않을 것이기 때문에 복잡경제의 진화와 발전과 양립할 수 있다고 생각한다. 그래서 자유민주주의 사회에서 정의나 공정성은, 법에 의해 기회가 평등하게 주어지지만 결과는 자신이 책임지는 '법 앞의 기회평등'이 기본 원칙이 되어야 한다. 시장경제는 자유의 이념과 법 앞의 기회의 평등을 그 기본으로 하며, 결과의 평등 혹은 소위 "실체적 기회평등"으로 포장된 결과의 평등과는 같이 갈 수 없다. '법 앞의 기회평등'만이 시장의 차별화기능을 포용할 수 있으며 따라서 발전친화적인 정의롭고 공정한 사회를 담보할 수 있다. 이런 관점에서 보면, '기회의 평등'도 보다 엄격하게, '결과의 평등'보다는 '법 앞의 기회평등'으로 그 의미가 정립되어야 개인과 기업의 창의와 자발적 노력을 자극하여 경제사회발전에도 친화적이 될 수 있다.

특히 평등과 사회주의적 이념이 강한 한국사회에서는 정의와 공정은 결과의 평등으로 해석하는 경향이 강하기 때문에 한국경제의 지속가능한 발전을 위해서는 정의, 공정의 기준인 평등의 잣대가 "법 앞의 기회평등"임을 지속 전파하는 것이 필요하다.

4. 경기규칙(법)의 내용과 집행이 공정해야 동기부여기능을 원활히 수행할 수 있다

법 앞의 기회평등이 실질적으로 발전친화적인 정의와 공정의 잣대가 되기 위해서는 다음의 두 가지 전제가 충족될 필요가 있다. 우선 법의 내용이 공정해야 한다. 시장경제에서의 공정은 부의 창출에 기여한 만큼 받는 것을 의미한다. "자조하여 흥하는 이웃이 그에 합당한 만큼 부를 쌓는 것"이 공정한 것이다. 바로 이 원칙이 공식, 비공식 제도에 내재되어야 한다. 다음으로 법 집행이 공정해야 한다. 지위고하와 빈부귀천에 관계없이 법 앞에 어떤 차별도 있어서는 안 된다. 이것이 정의, 공정, 신뢰사회의 기초이다. 이러한 조건들이 충족되는 경기규칙, 즉 제도 하에서라야 시장의 동기부여기능이 활성화되어 발전의 역동성을 유지할 수 있다.

V. 새로운 경제철학 담론: 발전친화적, 실증과학적 차별화 정의관

지난 200여 년간의 세계 경제발전의 역사를 살펴보면, 정치철학적 혹은 사회철학적 담론에 주도된 분배정의관을 적극적으로 수용해온 국가들의 경우 예외 없이 경제발전의 둔화, 정체를 경험해왔다.[17] 필자는 이 이유가 그동안의 평등분배를 주장해온 분배정의관과 복잡경제의 발전원리 간의 상충과 마찰에 있다고 본다. 부의 창출 문제에 대한 고민 없이 있는 부를 평등하게 나누는 문제에만 천착해온 그동안의 분배정의관은,

17. 후술하는 제6장의 논의나 좌승희(2012)를 참조

차등과 차이를 만들어냄으로써 동기부여를 통해 흥하는 이웃의 양산체제를 만들어내는 경제발전의 원리에 역행할 수밖에 없는 것이다. 그동안 인류는 발전역행적인 정의관과 공정관, 즉 규범적 정의(normative justice)관에 빠져 있었음을 의미하는 것이다.

경제철학적 관점에서 보면 정의와 공정의 문제는 왜 분배의 불평등이 생기느냐의 문제가 아니라 "왜 부의 창출에 참여가 불평등한가?"의 문제가 되어야 한다고 생각한다. 이제 부의 분배문제에서 부의 창출문제로 담론의 전환이 필요하다고 생각한다. 부의 창출이라는 관점에서 보면, 복잡경제의 진화, 발전원리가 우리의 선택의 폭을 제한한다. 차등과 차이, 차별을 통한 동기부여, 경제력의 집중과 집적, 시너지의 창출원인 흥하는 이웃 등을 허용하지 않는 어떤 제도나 사회도 진화과정에서 도태될 수밖에 없기 때문이다. 이제 발전친화적 정의관과 공정관은 차등과 차이를 적극 수용하는, 경제적으로 다른 것을 다르다고 하는 차별화 정의로서, 기존의 정치철학담론의 '규범적 정의'와는 달리 발전경제학적 논거에 근거한 '실증(과학)적 정의(positive justice)'로 재정립되어야 한다. 그래서 발전친화적인 정의, 공정사회의 잣대 또한 '법 앞의 기회의 평등'으로 정립되어야 한다고 생각한다.

자본주의의 분배구조의 모순처럼 인용되는 80:20의 파레토법칙(Pareto principle)은 배분의 문제로 볼 것이 아니라 부의 창출문제로 봐야 한다. 소위 파레토 법칙에 의하면 부의 80%를 20%의 인구가 소유하는 경향이 있다고 한다. 그런데 규범적 정의관이나 사회주의 이념을 지향하는 사람들은 이를 자본주의 사회는 20%의 소수에게만 혜택을 주는, 혹은 소수에게만 이득을 주는 구조적으로 불공평한, 혹은 불공정한 체제라는 의미로 해석하는 경향이 있다. 그래서 평등한 부의 분배를 위해 재분배정책이 필요하다고 본다. 그러나 이는 배분경제학적 관점에서만 문제를 보는 편협한 시각이다.

부의 창출이라는 관점에서 본다면 파레토 법칙은 사회의 부의 80%를 소수의 20%가 창출한다는 의미를 갖는다. 여기서 적절한 질문은 어떻게 하면 20%에 집중된 부를 80%의 인구에게 나누어 줄 것인가?가 아니라, 왜 이런 부의 창출구조의 불균형이 발생하는가?, 어떻게 하면 보다 많은 인구가 부의 창출과정에 참여할 수 있도록 할 것인가? 라야 발전친화적일 수 있는 것이다. 정의롭고 공정한 부의 분배문제는 평등분배를 위한 재분배의 문제라기보다 어떻게 하면 부의 창출에의 참여기회를 보다 확대함으로써 보다 많은 인구가 부의 창출에 참여하게 할 것인가의 문제로 재해석할 필요가 있다. 정의롭고 공정한 경제란 사회구성원 모두가 자기능력에 맞는 일자리를 확보함으로써 사회의 부의 창출에 참여할 수 있도록 하여 그에 상응하는 분배의 몫을 향유할 수 있게 하는 경제를 말하는 것이다. 이런 경제만이 모두 같아지지는 않지만 모두 발전하는 지속가능한 동반성장을 이루어낼 수 있다.

소위 양극화 문제를 봄에 있어서도 분배적 관점에서 보면 소득분배의 불공정성, 혹은 불평등성으로 해석할 수 있지만 부의 창출문제로 보면 소수가 그 사회의 부의 보다 많은 부분을 창출하고 있음을 의미한다. 역으로 다수가 부의 창출에 적절히 참여하지 못하고 있음을 의미하는 것이다. 이 상황을 문제로 보고 풀어내려한다면 올바른 질문은 어떻게 하면 다수를 더 많은 부의 창출에 참여하게 할 것인가 하는 문제여야지, 어떻게 하면 소수가 소유한 부를 다수에게 재분배할 것인가 하는 부의 재배분문제로 접근해서는 안 되는 것이다. 물론 부의 재분배를 통해 원천적으로 부의 창출에 참여할 수 없는, 즉 일할 능력이 없는 경제주체들의 경제문제를 해결해야 할 사회적 책임과 필요성은 항상 높지만, 그럼에도 불구하고 경제문제인 부의 창출문제를 재분배라는 정치사회문제로 접근하면 답을 찾기는 어려워지고 부의 창출은 더 어려워지고 양극화는 더 심화된다.

마이클 샌델(2010)의 공정분배문제의 예인, "케이크를 공정하게 나누는 문제"를 보면 "케이크를 자르는 사람과 먼저 선택하는 사람을 다르게 하면 공평한 분배에 가까워진다."고 했는데, 이 문제에 있어서도 보다 더 근본적인 문제는 배분에 앞서 누가 이 케이크를 창출했는지 하는 문제를 생각하는 것이 중요하다. 어느 경우에도 케이크를 창출한 사람에 더 많이 분배되어야 동기부여를 통해 그 사회의 부의 증가를 가져올 수 있는 것이다. 이를 무시하고 단지 평등분배문제에만 천착하면 부의 창출은 더 어려워진다.

로버트 라이시(Robert Reich, 2011)는 1930년대 대공황과 최근의 경제위기의 원인을 찾는 과정에서, 1928년과 2007년 모두 상위 1% 인구가 부의 23% 이상을 소유하였으며, 이러한 분배의 불평등이 양 경제위기의 원인이라 주장하였다. 그래서 경제위기를 방지하기 위해서는 소득재분배강화가 해법이며, 부자에게서 더 많은 세금을 징수하여 중산층 소득보조를 늘려 중산층 살리기에 나서야 한다고 주장하였다. 이 해법은 문제의 원인에 대한 고민 없는 대증요법의 전형인 것으로 보인다. 그러나 이 문제 또한 중산층이 그만큼 부의 창출에 충분히 참여하지 못하는 문제임을 잊어서는 안 된다. 따라서 이 문제는 재분배로 해결될 수 있는 문제가 아니라 기업 활동을 활성화하여 중산층을 위한 일자리를 더 많이 창출함으로써만 근본적으로 해결할 수 있는 문제인 것이다. 만일 라이시의 해법을 강화한다면 부의 창출에 부정적인 결과는 물론 모두를 하향 평준화시키는 결과를 가져올 수밖에 없을 것이다.

이제 사회정의의 문제는 자유주의자의 원천적 부정도 아니고 평등주의자의 재분배정의도 아니고 '부의 창출에의 공정한 참여의 확대'라는 새로운 차원의 발전친화적인 실증과학적 정의관으로 재정립되어야 할 필요가 있다. 동시에 공정의 잣대 또한 발전친화적인 '법 앞의 기회평등'으로 정립되어야 할 것이다.

제6장

세계경제발전의 역사와 미래:

동북아시대가 도래할 것인가?

I. 개관

이 장에서는 제2장과 3장의 신 경제발전원리와 제4장과 5장의 이념이나 사회정의, 공정 등과 경제발전과의 관계에 대한 논의 결과를 바탕으로 과거 산업혁명이후의 세계경제발전사를 규명해보고 나아가 미래 전개방향에 대해 생각해보고자 한다. 본서의 경제의 흥망성쇠에 대한 시사점은 아주 간명하다. 기업관이나 이념이나 사회정의관 등이 경제적 차등과 차이를 적극 수용하는 발전친화적 성향을 갖는 사회는 경제 제도적 환경 또한 자조하여 흥하는 이웃에 친화적인 구조로 바꾸어낼 것이며, 사회전체가 경제적 차별화를 통해 개인과 기업의 창발을 장려하게 됨으로써 발전을 이루게 된다. 이에 역행하는 사회는 경제정체를 면하기 어렵다. 물론 여기에는 국가 간 발전경쟁에서 일어나는 성공문화유전자의 무임승차현상에 따른 "일등의 저주" 혹은 "성공의 저주" 현상이 또 다른 변수로 작용한다.

그림 5는 지난 500년간의 세계경제에 있어 부의 변천사를 요약하고 있다. 19세기 영국의 산업혁명에서 시작된 인류의 산업화 여정은 흥미롭다. 영국에서 시작된 산업화를 기점으로 서구의 시대가 열렸고 특히

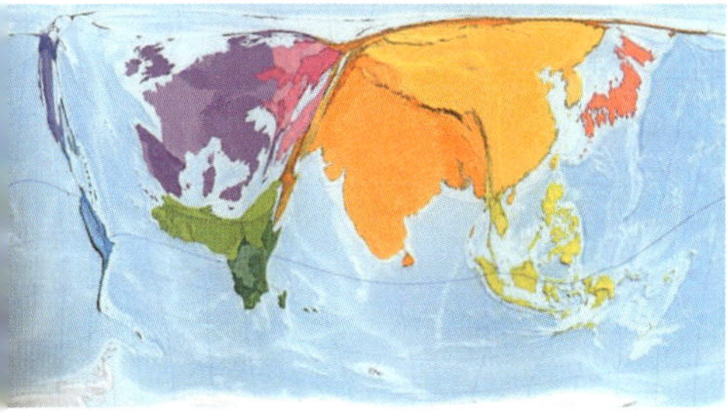

〈1500년〉

〈1900년〉

〈1990년〉

〈2015년(추정)〉

그림 5 세계 부의 변천사
자료: 다니엘 돌링 · 마크 뉴만 · 안나 바포드(2009)

20세기 북미의 괄목할 만한 도약이 눈에 띈다.

그러나 20세기 후반기를 거치면서 영국을 비롯한 유럽의 비중이 현격히 줄어들고, 21세기 초반에는 어쩌면 북미를 제외하면, 부의 상대적 집적이 산업혁명 이전 상태로 돌아갈 것으로 전망되고 있다. 선진국이라는 영국과 유럽대륙의 사회민주주의 국가들의 부의 비중은 이미 산업혁명이전 수준으로 하락하고 있다. 이 과정에서 20세기 후반 일본과 한국, 대만 등 동아시아의 괄목할 만한 도약이 있었다. 21세기의 추세에서 가장 흥미로운 것은 역시 중국의 놀라운 성장이며, 1세기경 세계 부의 26%를 차지했고 산업혁명이전까지 세계 부의 창출을 주도했던 중국은

20세기 중 그 존재가 거의 미미했으나 2015년에는 그 비중을 27%까지 높일 것으로 전망되고 있다.[1]

서구 선진국과 일본 등 G-7은 향후 그 비중이 더 하락할 것으로 전망되고 있다. 세계 경제의 미래는 동북아시대를 예측하는 듯하다. 우리의 신 발전원리는 이러한 세계 부의 변천사와 미래에 대해 어떠한 설명을 할 수 있을까?

II. 세계경제발전의 역사

1. 길고 긴 시장경제 정체의 원인

인류는 수렵과 채집시대 이후 오늘날까지 1만 5000년의 '전문화와 교환' 경제시대를 살아왔다. 그런데 이 역사에서 경제발전이라 부를 수 있는 부의 증가역사는 산업혁명 이후 200년 정도에 불과하다(앞의 제3장의 그림 2 참조). 왜 그럴까, 시장경제의 힘은 어디에 갔었나? 핵심 이유는 인류가 산업혁명이전까지는 문화진화의 실패 속에 산업화를 이루지 못했기 때문이다. 농업사회에서 산업사회로의 전환은 전형적인 창발과 발전현상이다. 그러나 산업혁명 이전에는 흥하는 발전친화적인 문화유전자인 성공 노하우가 복제 증폭될 수 있는, 즉 창발의 여건이 미성숙됐기 때문이다.

1. 다니엘 돌링 외(2009) 참조.

앞에서 지적한 대로 경제발전은 성공노하우의 창출과 복제, 전파, 증폭과정을 통한 문화진화과정이다. 그러나 이는 무단복제를 통한 무임승차과정이다. 따라 배우고 베끼지만 그 대가를 지불하지 않는다. 그래서 경제발전과정은 실패할 수밖에 없다. 변화를 주도하는 시너지원천인 롤모델들, 즉 흥하는 이웃들은 항상 무임승차 당할 운명이며, 진화의 오랜 시간 속에서 점차 사라질 운명에 처하게 된다. 문화진화는 생물진화와 달리 '진화실패' 현상에 노출될 수 있는 것이다.

시장의 힘에만 의존하는 경제발전은 실패할 가능성이 높다. 흥하는 이웃에 대한 무단복제를 통한 무임승차는 궁극적으로 흥하는 이웃을 소수로 만들어 경제사회의 정체를 초래하게 된다. 자본주의 경제는 흥하는 이웃을 키워내는 기업이라는 조직이나 정부의 보조역할 없이는 정체를 면하기가 어려운 것이다. 그래서 경제의 발전은 일상적인 현상이 아니다. 인류의 오랜 시장경제 역사 속에서 오직 지난 200여 년간만 산업화를 경험하게 된 것은 전혀 놀라울 일이 아니다. 문화진화현상으로서의 경제발전은 예외적인 현상일 가능성이 높기 때문이다.

산업혁명 이전의 경제는 우선 지적(知的)으로 성공문화유전자를 창출하고 또한 이를 복제 · 증폭시켜 나갈 수 있는 인적자본의 집적이 미흡하였다. 발전친화적 인간상 혹은 인적자본이 양산될 수 있는 경제사회시스템이 정착되지 못하였다. 교육이 일반화되지 못하였고 경제적 자유가 신장되지도 못하였다. 여기에 더하여 사유재산권이 충분히 보장되지 못하고 법치가 확립되지 않아 국가 권력이 언제나 개인의 재산권을 무력화시킬 수 있었기 때문에 시장이 흥하는 이웃을 선택하고 돕는 경제적 차별화 기능이 한계를 가질 수밖에 없었다. 여기에다 오늘날과 같은 유한책임 주식회사라는 기업조직이 등장하지 못해 진화실패를 보완할 길이 없었고, 더 나아가 정부라는 권력은 흥하는 이웃을 돕는 경제적 차별화기능을 둔화시킴으로써 흥하는 성공유전자의 창출과 복제, 전파, 증폭이라는 발전의 과정을 촉발시킬 수가 없었던 것이다. 시장경제의 문화진화실패를 교정할 수 있는 장치가 부재함으로써 장기정체를 피할 길이 없었던 것이다.

2. 인류를 구한 영국의 산업혁명: 19세기 영국의 산업혁명과 그 후 200년의 인류의 경제발전은 어떻게 가능했을까?

그럼 19세기 영국의 산업혁명은 어떻게 가능했을까? 답은 그 이전 1만 4800년 동안 성공노하우의 창출과 복제, 전파, 증폭을 막았던 장애요인들이 해소되면서 가능하게 된 것이다. 우선 영국의 경우 산업혁명이 시작되기 200여 년 전부터 인구구조상의 변화가 일어나면서 흥하는 성공노하우가 창출, 복제, 전파, 증폭될 수 있는 환경이 조성되었다. 앞에서 언급한 바와 같이 인구증가속도가 아주 느렸던 영국에서는 중산층 이하의 계층에서는 인구증가가 없는 반면 주로 중산층 이상의 부유한 계층에서 인구증가가 일어나고 이러한 가정에서 교육을 받은 인구의 하향계층이동이 일어나게 되었다.[2] 이 과정에서 영국사회 전체의 문화유전자가 흥하는 중산층의 성공노하우, 즉 발전친화적 문화유전자로 바뀌게 되면서 새로운 발명과 혁신의 지적 기반이 마련되게 되었다. 흥하는 이웃의 문화유전자, 성공노하우가 영국전역으로 퍼져 나감으로써 발전의 과정이 시발되게 된 것이다.

물론 이와 동시에 영국은 어느 사회보다도 먼저 국민의 재산권을 보

---

2. 이에 대해서는 앞의 제3장 III절 1항 참조.

호하고 법치를 정착시키는, 그래서 시장의 경제적 차별화기능을 보완하는 정부의 역할을 정착시켜나갔다. 인권과 재산권이 강화되면서 시장의 차별화기능은 강화되었다. 물론 다른 사회에 앞선 이러한 경제사회적 인프라의 정착도 다수 국민들이 중산층 이상의 성공문화유전자를 체화함으로써 지적수준이 향상되고 그 힘이 커지면서 입헌군주제를 정착시키는 등 시민의 권리를 확보해나갈 수 있었기 때문이라 할 수 있다.

여기에서 특기할 점은 유한책임 주식회사라는 새로운 기업제도를 창안해 냈다는 것이다. 기술혁신만으로 경제발전이 가능한 것은 아니다. 여기에다 기술혁신을 상업화하여 부가가치화하는 사회적 기술이 필요하다. 앞에서(제3장 Ⅲ-1절) 지적한 대로 영국은 19세기 초중반에 걸쳐 주식회사제도라는 기업제도를 일반화시킴으로써 산업혁명을 가능케 하였으며, 나아가 이후 200년간의 자본주의 경제의 지속가능한 발전을 가능케 하였다. 자본을 대규모로 집적하면서도 위험을 분산하고 최소화할 수 있는 현대적 기업의 출현이 19세기 이후 오늘날까지 인류의 경제적 부의 축적을 가능케 한 것이다. 19세기 이전의 기업은 개인, 가족 기업 중심으로 경제의 발전을 가능케 할 정도의 힘을 만들어내기에 역부족이었다. 그래서 현대적 기업은 경제발전의 필수적 요소이다. 현대적 기업이 등장하여 무임승차로 인한 시장의 실패를 효율적으로 교정, 보완하면서 산업혁명을 완수할 수 있었다.

영국의 산업혁명은 영국사회의 문화유전자가 성공친화적으로 바뀜으로써 발전의 사회적 여건이 형성되고 국가가 시장의 차별화기능을 강화하고 기업의 형성과 발전을 유도하는 경제 제도적 장치를 적극 도입함으로써 가능할 수 있었던 것이다.

이후 영국의 산업화의 노하우가 유럽 대륙 국가들과 북미에 의해 무단복제 되고, 20세기 들어 일본, 한국, 동아시아, 중국이 무단복제하면서 인류의 경제발전이 촉진되었다. 영국의 산업화 노하우가 무단복제, 무임승차를 통해 전 세계로 퍼져나가는 과정이 지난 200년의 자본주의 경제발전사라 할 수 있다.

3. 산업혁명의 기회를 놓친 중국: 왜 중국은 산업혁명의 기회를 놓쳤나?

중국은 1세기경, 세계 GDP의 26% 정도를 차지하였고 19세기 초까지도 1/3를 주도하였다.[3] 그러나 중국은 19세기 산업혁명의 기회를 놓쳐 1840년 영국과의 아편전쟁에 패함으로써 그 후 20세기까지 경제정체를 경험하게 되었다. 왜 중국에는 산업혁명의 기회가 찾아오지 않았을까?

우선은 산업혁명의 기회를 놓친 중국의 경우도 일등(문명)은 영원하지 않다는 명제의 또 다른 실례라고 할 수 있다. 인류 문명사에서 산업혁명 이전까지의 중국은, 개명된 전제군주하에서 농업을 바탕으로 부를 쌓았고, 프랑수아 케네가 최초로 도입하여 나중에는 아담 스미스가 채용한, 중상주의를 대체한 자유방임주의(laissez-faire) 철학의 원류인 노자(老子)의 무위자연(無爲自然) 철학의 본고장으로 서구에 비해 선진문명이었다.[4] 그러나 선진문명인 중국도 결국은 후진문명인 서구가 성공노하우를 무단복제(무임승차)함으로써 일등의 자리를 내주게 된 셈인 것이다.

---

3. Maddison(2003) 참조.

4. 프랑수아 케네(Francois Quesnay)는 중농(重農)주의와 개명(開明)된 전제정치를 주창하였는데 그의 이러한 사상은 개명된 전제정치를 바탕으로 농업의 진흥을 통해 발전해온 중국을 그 모델로 생각하였으며, 중국 노자의 무위자연의 철학을 자유방임주의 철학으로 해석하여 당시의 중상주의적 사상의 대안으로 주창하였다. 서구의 계몽사상이나 자유주의 경제사상을 포함하여 서구 문명의 뿌리는 바로 노자와 공자의 사상을 바탕으로 한 중국의 선진문명이었고, 산업혁명초기 영국은 중국에 비해 후발 개발도상국에 불과하였다는 주장들에 대해서는 Little(2006) 참조.

한편 중국은 영국이 경험한 성공문화유전자의 창출과 복제, 전파, 증폭과정을 가지지 못했다. 중국에서는 19세기 이전까지 영국과는 달리 높은 인구증가를 경험했는데, 또한 이 증가가 영국과는 반대로 주로 중산층 이하의 저소득계층에서 일어났다.[5] 이에 따라 중국의 경우는 영국과는 달리 교육기회를 가지지 못한 인구가 결국 전 사회를 덮게 된 것이다. 중국의 문화유전자가 발전친화적이지 않은 방향으로 생성, 전파되게 된 것이다. 결국 중국은 영국과는 달리 흥하는 성공문화유전자의 증폭과정을 경험하지 못함으로써 도약의 기회를 상실하게 된 것이다.

이에 따라 중국의 경우는 영국이 향유할 수 있었던 경제적 자유의 신장, 개인재산권제도나 주식회사제도의 정착 등 성공문화유전자의 복제, 증폭을 가능케 할 사회적 인프라 확충이 지연되었다.

4. 서구 시대의 등장: 19–20세기 서구의 시대는 어떻게 열렸나?

19세기 이후 서구의 시대는 영국의 산업화전략이 유럽대륙국가와 북미로 무단복제되면서 흥하는 문화유전자가 서구 문화를 지배하면서 가능해졌다. 독일의 프리드리히 리스트는 영국을 따라잡기 위한 산업정책

5. 클라크(2009)는 당시 이러한 영국과 중국의 인구증가패턴의 차이를 기술하고 있지만 그 원인에 대해서는 언급이 없다. 그럼 중국과 영국 간의 인구증가패턴의 차이가 일어난 이유는 무엇인가? 우선 영국은 14세기부터 시작되어 15–16세기에 보편화되었고, 18세기 후반에서 19세기 초반에 재 점화된 인클로저 운동(enclosure movement)의 결과 중산층 이상과 이하 간의 부와 소득의 격차가 커지면서 저소득계층의 출산율이 크게 떨어진 반면, 중국의 경우는 비옥한 큰 강 유역을 중심으로 일찍 정착농경생활을 실현하여 영국에 비해 상대적으로 더 많은 부를 쌓아 저소득계층의 출산율이 높았다. 반면 부유층의 경우는, 소득증가에 따라 자녀의 수보다 질을 선호하는 자녀수요의 독특한 성질 때문에, 양국 모두 출산율이 상대적으로 낮았던 것이 아닌가 생각된다. 이에 따라 양국 모두 부유층의 출산율은 낮았지만 저소득계층의 경우는 중국은 상대적으로 높은 출산율을 보인 반면 영국의 경우는 아주 낮아, 전체적으로 보면 영국의 낮은 전체출산율은 부유층에 의해 주도되고, 중국의 높은 전체출산율은 저소득계층에 의해 주도되게 된 것이 아닌가 추측된다.

적 전략개발에 몰두하였고 미국은 영국이 그대로 이식(移植)된 식민지로서 어부지리를 얻었다 할 수 있다. 특히 미국은 영국보다도 더 적극적으로 주식회사제도를 이식, 정착시킴으로써 20세기 들어 영국경제를 추월할 수 있는 기틀을 마련하였다.[6]

한마디로 서구시대는 영국의 산업혁명이 이끌고 서구 대륙국가와 미국이 영국의 발전유전자를 무단복제하여 무임승차하면서 열리게 된 것이다. 흥미로운 것은 20세기 전반을 거치면서 복제자 미국이 영국을 추월하면서 영원한 일등경제는 없다는 우리의 명제가 확인 되었다는 점이며 오늘날 휘청거리는 서구경제와 미국경제를 어느 경제가 추월할지는 또 다른 흥미로운 관심사가 아닐 수 없다.

5. 일본의 명치유신과 오늘의 정체: 일본의 도약은 어디서 왔나? 그리고 오늘날의 정체는 어떻게 설명할까?

일본은 명치유신 이후 탈아입구(脫亞入歐) 전략을 내걸어 선진 서구, 특히 독일을 무임승차하여 발전의 노하우를 무단복제하였다. 나아가 국내정책에서 육체보다 정신노동, 농업보다 공업, 농촌보다 도시를 우대하는 3대 차별화 정책을 내걸고 경제적 차별화 전략을 구사하였다. 서구유학을 장려하여 서구의 성공노하우를 무단 복제하는 데 애를 썼다. 명치유신 후 서구식 교육제도를 도입하고, 할 일이 없어진 사무라이들을

6. 유한책임주식회사제도는 영국의 발명품이지만 사실상 그 꽃은 미국에서 더 활짝 피었다. 영국이 섬나라의 틀 안에서 아직도 초기자본주의의 형태를 못 벗어나 가족기업과 개인경영에 의존하고 있는 사이 영국을 복제한 미국은 급속도로 경영자본주의, 기업자본주의라 불릴 정도로 소유와 경영이 분리된 대기업 주도의 새로운 자본주의를 발전시켜 나갔다. 이에 대해서는 Micklethwait and Wooddridge(2003) 참조.

CEO로 앞장 세워 기업들의 창업을 장려하였고, 1899년에는 정식으로 주로 독일상법을 모델로 하여 현대식 상법을 제정하여 추후 일본경제의 도약을 가져온 기업들의 성장을 뒷받침하였다. 이들 기업들이 그 후 2차 세계대전을 일으키는 데 배후세력이 된 일본재벌이 되었으며, 오늘날 일본경제의 버팀목이 되었다. 흥미로운 것은 일본은 산업화의 노하우를 독일에서 배웠을 뿐만 아니라 종국에는 서로 2차 세계대전까지 같이 일으켜 패망하게 되는 동맹국이 되기도 했다. 그러나 일본은 2차 세계대전 패망 이후, 명치유신 이후의 차별화 발전전략을 재가동함으로써 재도약을 이루어, 20세기 후반 세계 2위의 경제대국으로 성장하는 데 성공하였다.

그러나 일본은 1970년대 중반이후 서서히 서구의 사회민주주의체제를 도입하기 시작하면서 오늘날의 극심한 경제정체의 씨앗을 뿌리게 되었다. 국내적으로는 지역균형발전의 적극적 추진, 서구식 복지의 도입, 평준화(유도리)교육의 실시 등 경제사회적 평등을 추구하면서 경제적 차별화 전략을 점차 포기하였다. 대외적으로는 한국 등 아시아 네 개의 용이라는 후발자들의 무임승차와 약진 등으로 발전전략과 노하우의 우위를 상실하게 되었다. 일본의 지난 30여 년은 국가 하향평준화의 시대였다. 이것이 바로 오늘날 일본경제 어려움의 뿌리이다.

앞에서 살펴본 바와 같이 일본경제의 세계 500대 기업 수는 최근 급락하고 있는데 이는 우연이 아니다. 일본은 1970년대 중반 종신고용제를 일본식 경영으로 선언하였고 1985년 프라자 합의 후 엔화를 대폭 절상하였는데 이런 일련의 사건들은 기업경영환경을 크게 악화시켰다. 이들 사건은 일부 일본기업들의 해외탈출을 재촉하는 촉매제가 되었다. 국내 기업경영환경의 악화 속에서 추격해오는 후발자들의 경쟁압력을 이겨내기는 쉬운 일이 아니다. 종신고용제가 한때 일본경제성공의 요인이라고 세계경제, 경영학계의 찬사를 받고 벤치마크의 대상이 되었음은 놀라운 일이다. 경제적 차별화가 발전의 필요조건임은 기업의 진화와 도약에도 예외가 아니다. 종신고용제로 차별화가 실종된 기업조직에서 어떻게 동기부여와 발전이 가능할 것인지를 상기한다면 오늘날 일본경제 정체의 원인이 명치유신과 전후 회복을 이끌었던 경제적 차별화원리의 실종에 있음은 쉽게 유추할 수 있다.[7]

6. 한국경제의 기적과 중진국 함정: 개발연대 한국경제의 도약(한강의 기적)은 어디서 왔나? 그리고 지금의 성장정체의 원인은 어디에 있는가?

한국경제의 도약은 경제발전사에 하나의 돌연변이처럼 취급되고 있다. 왜냐하면 1960년대 이후 30여 년간 연평균 8% 넘는 초고속 성장을 이룬 한강의 기적은 '주류경제학'적 관점에서 이해하기는 대단히 어렵기 때문인 것이다. 경제력 집중과 지역집중을 초래하고 각종 차등을 만들어내면서 이룬, 그것도 정부의 적극적인 시장개입을 통해 이룬 산업화를 주류경제학이 이해하기는 어렵기 때문이다.

그러나 우리의 신 발전원리에 의하면 한국경제 도약의 핵심은 개발연대에 정부가 경제적 성과에 기초한 경제적 차별화를 통해 한국문화 속에 "하면 된다"는 흥하는 문화유전자를 창출해내고 이 유전자의 복제를 증폭시킴으로써 가능해진 것이다. "하면 된다"는 정신을 가지고 흥함을 만

7. 그러나 일본의 종신고용제가 종업원들의 회사에 대한 충성도를 높임으로써 성과를 높이는 동기부여기능을 수행한다고 볼 수도 있지만, 이 제도가 무차별적으로 시행될 경우는 오히려 역효과를 가져올 수 있다. 일본 경제의 부침에 대한 보다 상세한 논의는 좌승희(2012)를 참조.

들어내는 이웃을 경제적으로 차별화함으로써 동기부여를 통해 보다 많은 흥하는 유전자를 체화한 경제주체들을 양산해낼 수 있었기 때문에 도약이 가능했던 것이다. 국내정책에 있어, 특히 수출진흥정책, 새마을 운동, 중화학공업화 전략 등에 있어 기본원리는 "하면 된다"는 생각을 가지고 노력하여 흥하는 이웃을 대접하는 정책이었다. 그래서 중소기업이 잘하는 기업 중심으로 빠른 성장을 이루어 결국 대기업, 재벌로 성장하는 일이 일어나게 되었다.

그래서 한국의 개발연대 경제도약은 한마디로 중소기업이 대기업, 재벌로 성장하는 과정이라 할 수 있다. 필자는 이러한 정부의 개입을 관치차별화전략이라 명명하였다. 개발연대 박정희의 이념적 깃발은 자조(self-help)정신에 기초한 신상필벌(信賞必罰)이었으며, 이것이 관치 차별화의 바탕이 되었고 "하면 된다"는 문화유전자의 생성과 복제, 증폭을 가능케 하는 바탕이 되었다.

물론 대외적으로는 이웃에 일본이 있어 일본의 산업화도약의 노하우를 무임승차하여 복제할 수 있었던 것도 결코 간과해서는 안 될 요인이다. 흥하는 이웃을 무임승차하는 것이 아무나 할 수 있는 일은 아니다. 내부적으로 문화적 환경이 새로운 노하우를 습득하여 혁신하는 것이 유리하도록 조성되어야 흥하는 이웃을 따라 배움이 활성화될 수 있는데, 다행히 한국의 경우는 관치 차별화에 의해 성공하는 기업이 유리하도록 유인구조가 차별화되어 있었던 것이다.

그러나 한국경제는 개발연대 이후 1980년대부터 국가 · 지역의 균형과 경제사회적 평등을 추구하는 반 차별화를 선진화 전략으로 채택하였다. 개발연대가 초래한 대기업 중심의 경제를 청산하고자 대기업을 특별규제하고 중소기업을 획일적으로 지원하여 중소기업 중심의 경제를 구축하고, 수도권의 집적을 해체하여 자원을 지방에 재분배함으로써 지역균형을 이루고, 교육평준화를 강화함으로써 수월성 교육을 청산하여 '모든 학생이 행복한' 교육환경을 만들고 궁극적으로 모든 국민을 대졸자로 만들고자 하였다. 나아가 중소기업육성정책이나 농업육성정책이나 지역육성정책이나 대학육성정책이나 R&D육성정책이나 모든 경제사회 육성정책들이 차별화에 기초한 경제정책이 아니라 반 차별화, 평등주의에 기초한 사회정책으로 추진되었다.

우리의 신 발전원리에 의하면 실패는 이미 예정된 것이었다. 오늘날 한국은 반 부자, 반 (대)기업, 반 수도권, 반 기득권(강남지역, 서울대학교 출신, 조선일보 · 중앙일보 · 동아일보(조중동) 등등) 정서라는 독특한 발전역행적인 반 차별화 이념의 함정에 빠져 있다. 그동안 한국의 민주주의는 바로 이러한 발전역행적 이념들을 재생산해냄으로써 한국의 문화유전자를 발전역행적으로 바꾸어내는 전형적인 포퓰리즘 정치가 되었다. 이러한 정책이념들을 일컬어 "경제민주화"라 할 수 있다.[8] 1980년대 이후 한국경제 내에서 진행된 이런 현상들을 일컬어 "중진국 함정"이라 부를 수 있을 것이다. 신상필벌을 내세운 박정희의 차별화 리더십은 지난 30여 년간 더 이상 일상적인 현상이 아님을 확인하게 된다. 그래서 발전 또한 일상적인 현상이 아님을 배우게 된다.[9]

---

8. 소위 민주헌법이라 부르는 1987년에 개정된 대한민국의 헌법, 제119조는 경제장의 중심으로서 그 제2항에서 "경제민주화"를 위한 정부의 광범위한 시장개입을 허용하고 있다.

9. 한국경제발전사에 대한 상세한 논의는 좌승희(2006, 2012, 좌승희 · 김창근(2010))을 참조.

7. 중국경제의 비약적 발전:
20세기 말 중국경제의 눈부신 약진은 어떻게 가능했나?

중국의 약진은 흥하는 이웃, 즉 한국, 일본의 산업화 노하우를 무임승차하는 과정이다. 차별화 발전원리의 중국식 변형이 바로 등소평의 선부론(先富論)이다. 일본의 명치유신 후의 3대 차별화 전략이 그대로 이식되고, 박정희의 신상필벌에 따른 차별화가 선부론으로 변용되었다. 선부론이란 부자가 앞서 이끈다는 의미로 흥하는 이웃이 앞서고 흥함이 없는 이웃이 성공노하우를 따라 배워야 한다는 명제이다. 중국의 사회주의적 시장경제란 사실상 흥하는 이웃이 있어야 나도 흥한다는 발전원리의 실천과정인 셈이다.

등소평은 선부론의 이념에 따라 1970년대 말 개혁개방 직후 집단농장에 자본주의식 가구별 책임경영체제(일명, 가정승포제 : 家庭承包制)를 도입하였으며, 1980년대부터는 국유 공기업경영에도 임대경영이라는 유사한 책임경영체제를 도입하여 농업부문과 기업부문에 경제적 차별화를 통한 동기부여장치를 강화하였다. 이 제도는 열심히 노력하여 성과를 내는 농가나 공기업이 더 우대 받도록 하는 장치인 셈이다.

한편 지역경제발전을 위해서는 상대적으로 앞서고 지리적 이점이 큰 연안지역을 먼저 개방하고 세계 일류기업들을 유리한 조건으로 유치할 수 있는 자치권을 부여하였다. 각 지방정부에 조세수입의 60-70%를 지방재정으로 사용할 수 있도록 재정 차치권을 강화시킴으로써 모든 지방성들이 자발적, 경쟁적으로 일류기업 유치에 나서게 하였다.[10] 노력에 따라 그에 상응하는 보상을 받을 수 있도록 허용함으로써 모든 지역들이

10. 최근 들어 중국은 중앙정부의 재정비중을 확대해왔으며 지금은 중앙이 오히려 60-70%의 자원을 사용하는 것으로 알려져 있다.

흥하는 이웃의 대열에 자발적으로, 적극적으로 참여하게 되었다. 흥하는 발전친화적인 문화유전자의 보편화가 빠르게 진전되었다. 중국 국적의 포춘 500대 기업 수는 아직 적지만—물론 그 증가속도는 무척 빠르다—이미 중국에는 세계 500대 기업이 거의 전부 진출하고 있는 것으로 알려지고 있다. 어떤 면에서 지금의 중국경제 역동성은 바로 이들 기업들이 만들어내는 것이라 해도 과언이 아니다.

최근 연안과 내륙의 경제적 불균형과 소득불균형을 완화한다고 균부론, 조화사회라는 이념이 제시되고 있으나 아직 중국의 정책패러다임은 선부론이 중심이라고 생각한다. 내륙 개발과정을 보면 우리나라와 같은 1/n의 산술적 균형발전이 아니라 기존의 대도시를 더 집적화하여 내륙의 거점 도시로 발전시켜 주변지역과의 시너지효과를 내도록 함으로써 전체적인 발전을 유도하는 지역집적을 통한 불균형 속의 균형을 추구하고 있다. 즉, 내륙발전을 위해서도 연안의 성장을 억제하고 자원을 연안에서 내륙으로 재분배하는 발전역행적인 산술적 지역균형정책을 추구하는 것이 아니라, 선부론이 추구해온 흥하는 이웃을 먼저 육성하는 경제차별화전략을 지속 추진하고 있는 것이다.

III. 세계경제의 미래

1. 선진국함정: 오늘날 G-7의 경제정체는 어떻게 설명할 것인가? 그리고 미래는 어떠할까?

앞의 그림 5에 의하면 서구를 중심으로 하는 G-7은 20세기 후반들어 지속적으로 그 부가 상대적으로 축소되고 있다.[11] 주지하는 바와 같이 이들 국가들은 20세기 말에서 21세기 초에 걸쳐 연간 1%의 성장도 하지 못하면서 재정적자는 쌓이고 실업률은 두 자릿수대를 유지하는 등 경제의 정체국면을 지속 경험하고 있다.

우리의 관점에서 보면, 이들 나라들은 사회민주주의의 과잉 약속(복지)의 대가를 치르는 중이라 할 수 있다. 정부가 국민의 의식주를 보장하고, 교육을 보장하고, 건강을 보장하고, 노후를 보장하는 등 국민생활의 모든 부문을 보장하는 과도한 정치적 약속이 국민들을 도덕적 해이에 빠지게 하고 있으며, 이러한 과잉 약속을 실행하기 위한 과도한 재정지출 혹은 금융부문을 앞세운 부실금융(결국은 재정이 보전)은 적자재정과 국가 부채를 누증시키고 있는 것이다. 지금의 상황은 재정수입원의 지속적 증가 없이는 지속 불가능함에도 재정수입을 지탱해줄 경제성장은 회복기미를 보이지 않고 있다.

또한 우리의 관점에서 보면, 소득과 자원의 재분배를 통해 부의 평등을 달성할 수 있다는, 결국은 발전친화적인 문화유전자를 억제할 수밖

11. 여기서 G-7은 미국을 제외한 유럽선진국과 일본을 주로 지칭하고 있음.

에 없는 '사회주의'적 이념에 기초하여 형성된 20세기 후반의 사회민주주의 혹은 수정자본주의 체제가 그동안의 선진국 경제정체의 원인인 셈이다. 지금 이들 선진국들은 그동안 능력 이상으로 즐긴 대가를 지불하고 있는 셈이다. 우리의 관점에서 보면 이들 나라의 정치경제체제는 지속 가능하기가 어렵다. 결국은 G-7이 자신들의 생활수준하락을 감수하지 않으면 안 되는 상황에 부딪칠 것이며 그렇게 하지 않고 지금의 과도한 재정적자문제와 경제정체문제를 원천적으로 해결할 방법은 없어 보인다. 지금의 G-7, 특히 유럽 선진국들이 빠진 사회민주주의적 복지함정을 '선진국 함정'이라 부를 수 있을 것이다.

2. 미국과 중국의 미래: 미국 주도 서구의 시대는 영원할 것인가? 아니면 동북아시대가 도래할 것인가?

언젠가는 중국을 중심으로 하는 동북아시대의 도래가 필연일 것으로 보인다. 21세기의 추세는 G7의 시대가 가고 새로운 경제적 강자가 등장하는 세기가 될 것으로 보인다. 미국은 아직 유럽에 비해 더 젊은 선진국이다. 사회민주주의적 색채가 상대적으로 덜 하고 그래서 소득분배가 OECD 국가 중 거의 가장 나쁜 편이지만 강한 기업이 여전히 세계에서 압도적으로 많은 수를 유지하고 있으며, 기업환경 또한 최고의 여건을 제공하고 있다. 경제사회 거의 모든 부문에서 세계 최고의 경지를 유지하고 있으며 문화 자체가 흥하는 일류를 일류답게 대접하는 문화로서 여전히 발전친화적인 문화유전자가 지속적으로 복제, 증폭되는 사회이다. 미국은 차별화 발전원리가 가장 역동적으로 실천되고 있는 경제이다.

이 원리가 이미 시장제도 속에 깊이 내재되어 있어 시장에 의한 차별화가 어느 경제보다도 역동적으로 실현되고 있는 경제이다.

그럼 미국경제에 무엇이 문제인가? 첫째 문제는 '일등의 저주'이다. 흥하는 이웃을 무단복제, 혹은 무임승차하는 발전의 과정은 문명이나 국가나 기업이나 개인이나 어느 경우든 영원한 일등을 허락하지 않는다. 반드시 후발자에 의한 추격(캐치-업, catch-up)이 일어날 수밖에 없다. 다음으로 미국 민주주의마저도 빠르게 유럽식 사회민주주의로 접근해가고 있다. 최근의 미국 주택금융 위기는 바로 전 국민의 자가 주택보유라는 이상사회를 실현하는 과정에서 터진 문제이며 오바마정부 출범이후 포퓰리즘적 성향은 강화되고 있다. 일인일표의 서구식 민주주의는 자칫 잘못하면 자유보다도 평등을 중시하는 평등민주주의, 포퓰리즘 민주주의, 혹은 사회민주주의로 변질될 가능성이 대단히 높다. 미국이 유럽 대륙 국가의 전철을 밟지 않기는 쉽지 않을 것이다. 결국 영원한 세계 일등 국가는 없었으며, 여기에 미국도 예외일 수는 없을 것이다.

미국의 성공 노하우는 교훈이 되어, 때로 실패는 반면교사가 되어 끝없이 중국에 의해 무임승차되고 있다. 중국이 당분간 서구식 민주주의, 혹은 사회민주주의를 채택할 가능성은 낮아 보인다. 따라서 차별화원리를 쉽게 포기할 것 같지도 않아 보인다. 당분간 중국경제의 역동적인 성장과 추격은 지속될 것이다.

그러나 질문에 대한 분명한 답을 내리기는 어렵다. 설령 미국은 영원할 수 없다 하더라도, 미국이 유럽이 빠진 "선진국 함정"을 효과적으로 관리함으로써 경제적 차별화원리의 실종을 어느 정도 막아낼 수 있다면 세계경제 주도력을 상당기간 유지할 수도 있을 것이기 때문이다. 그리고 또한 중국의 경우는 미국을 추격하는 과정에서 예컨대 한국이 빠진 "중진국 함정" 혹은 유럽과 일본이 빠진 "선진국 함정"을 피해, 도약을 지속할 수 있을 것인가에 대한 확신을 하기는 아직 이르기 때문이다.

3. 한국과 일본의 미래: 한국은 일본을 추월할 수 있을 것인가?

지난 세기 중 일본은 경제발전의 여러 면에서 한국의 무임승차대상이 되었다. 일본의 조선, 철강 산업이 한국에 의해 추월당하고 일본의 소니가 삼성에 의해 추월당하고, 토요타 등 세계 일류기업들이 어려움에 직면하게 되는 현실을 어떻게 해석해야 할까? 바로 일등의 저주 현상이다. 일본의 제조 산업과 일류 기업들은 그동안 한국을 포함한 전 세계 국가와 기업들의 무임승차 대상이 되었다. 이러한 후발 주자들의 무임승차와 일본의 사회민주주의 체제가 일본경제 어려움의 뿌리가 되고 있는 것이다. 그런데 오늘날 한국은 일본의 성공노하우를 따라 배우던 것처럼 일본의 실패하는 정책마저도 관행처럼 따라 배우는 우를 범하고 있다. 대표적인 것이 바로 지역균형발전정책이라 할 수 있다. 나아가 한국은 선진국들을 흉내 낸다 하여 유럽식 사회민주주의 체제를 빠르게 그것도 무비판적으로 수용하고 있다.

결국 일본과 한국의 미래는 얼마나 현명하게 일본이 현재의 선진국 함정을, 그리고 한국이 중진국 함정을 탈출할 수 있을 것인가에 달려 있다 할 것이다. 한국이 지금의 중진국 함정을 보다 현명하게 벗어날 수 있다면 일본을 추월하는 일도 그만큼 빨라질 수 있을 것이다. 한국이 경제적 차별화 전략을 선용하여 다시 한번 우리의 문화를 "흥하는 이웃이 있어야 나도 흥한다."는 성공친화적인 문화로 바꿔낼 수 있을 때 다가오는 동북아시대의 주도국가 역할을 해낼 수 있을 것이다.

Ⅳ. 요약 및 시사점: 흥하는 이웃이 있어야 나도 흥한다, 그러나 영원한 일등 국가는 없다

인류의 경제발전역사는 "흥하는 이웃이 있어야 나도 흥한다"는 자본주의 신 발전원리의 실현과정이었다. 흥하는 이웃의 성공노하우가 사회 전체에 퍼져 흥하는 이웃이 양산될 수 있는 문화적, 사회경제적 여건을 갖추는 데 성공한 문명, 국가, 사회는 발전을 이루었지만 역으로 흥하는 이웃의 등장을 어렵게 하는 문명, 국가, 사회는 정체를 경험하였다.

인류는 1만 5000년의 시장경제생활 중 1만 4800년간 빈곤의 악순환을 못 벗어났다. 근대와 현대로 불리는 지난 200여 년을 제외하면 인류는 발전을 경험하지 못했다. 그 이유는 바로 인류가 부를 축적하여 흥할 수 있는 문화적, 사회경제적 여건을 향유할 수 없었기 때문이다. 인생성공의 노하우를 창출하고 전파하는 교육제도가 체계화되지 못하여 흥하는 문화유전자를 복제(複製), 양산하는 데 실패하였고, 여기에다 체계적인 사유재산권제도의 미비, 법치의 미비, 주식회사 기업제도의 미 정착 등으로 부의 창출과 집적을 주도하는 흥하는 이웃의 양산체제를 체계화하지 못했기 때문이었다.

19세기 영국의 산업혁명은 이러한 빈곤의 악순환을 깨는 변화를 가져왔다. 이는 바로 영국사회가 흥하는 이웃의 양산체제를 갖춤으로써 가능했다. 인구구조의 변화, 인권보호와 법치의 확립, 재산권제도의 확립, 현대적 기업제도의 도입 등으로 흥하는 이웃의 양산체제가 조성되면서 영국의 산업혁명이 가능하였다. 그러나 19세기 당시 부의 축적에서 영국을 앞섰던 중국은 바로 이런 영국이 경험했던 문화, 사회경제적 여건

변화를 만들어내는 데 실패하면서, 산업혁명에 실패하였다. 그 이후 유럽대륙의 독일, 프랑스 등이 영국의 성공노하우를 무단복제하고, 북미는 영국의 체제를 그대로 이식하여 산업화에 성공하면서 '서구의 시대'가 열렸다. 흥하는 이웃, 영국이 있어 이를 무임승차하여 서구가 번영을 이룬 것이다.

지난 20세기 부의 변천사는 흥미롭다. 영국에 무임승차한 미국은 20세기 들어 영국을 추월하여 세계최강의 경제, 미국의 시대를 열었다. 과거 문명사가 그렇고 20세기 역사가 그렇고, 영원한 일류 문명, 일류 경제는 없어 보인다. 성공노하우의 무단복제와 무임승차가 발전의 전형(典型)인 한 후발자의 선발자 추월은 불가피한 현상이다. 흥하는 이웃은 결국 그 자리를 후발자에게 넘겨줄 수밖에 없는 것이다.

20세기 일본의 도약은 또 하나의 자본주의 신 발전원리의 실현과정이었다. 19세기 후반 명치유신 후 독일을 무임승차하여 산업화에 성공하고 서구의 기업제도를 무단복제하여 재벌을 일으킴으로써 아시아 최초의 선진화에 성공하였다. 일본이 독일과 2차 세계대전 동맹국이 된 것은 우연이 아니다. 무임승차가 지나친 것이었다. 일본은 국내적으로도 흥하는 이웃을 우대하는 '경제적 차별화' 전략으로 흥하는 기업과 산업의 양산체제를 만들어내는 데 성공하였다.

그러나 20세기 후반의 세계경제 부(富)의 이동은 더 흥미롭다. 영국과 유럽 대륙의 선진국, 일본은 점차 그 역동성을 상실하였다. 사회주의에 대항한다고 '사회민주주의', '수정자본주의' 체제를 내걸었던 소위 선진 G-7 경제의 성과는 사회주의권의 몰락처럼 보잘것없게 되었다. 이들 나라들이 그동안 걸어온 길은 "흥하는 이웃을 폄하하고 흥함이 없는 이웃을 우대하면 부가 평등한 사회를 이룰 수 있다"는 이념을 구현하는 길이었다. 그러나 그 결과는 실망스러운 것이었다. 이는 바로 이 이념이 자본주의 신 발전원리인 "흥하는 이웃이 있어야 나도 흥한다"는 원리에 반하는 것이기 때문이다. 우리는 선진국의 경제정체를 가져온 사회민주주의 체제를 "선진국 함정"이라 불렀다.

그러나 동시에 20세기 후반은 새로운 도약의 시대이기도 하다. 일본의 성공노하우를 무임승차한 한국의 도약과 한국을 무임승차한 중국의 놀라운 도약과 성장은 이제 서구의 시대, 미국의 시대를 넘어 동북아시대를 예고하고 있다. 한국과 중국의 도약은 어떻게 가능했을까? 한국은 박정희의 신상필벌의 "경제적 차별화" 전략을 통해 흥하는 산업, 기업, 마을, 이웃을 우대하고 양산하는 문화적, 사회경제적 여건을 조성하여, 이웃 일본의 성공노하우를 성공적으로 무단복제함으로써 한강의 기적을 이뤘다. 중국의 등소평은 박정희의 흥하는 이웃을 우대하는 "경제적 차별화" 전략을 무단복제하여, "선부론(先富論, 부자를 따라 배운다)"이라는 흥하는 이웃을 우대하는 자본주의 신 발전원리를 내걸고 성공친화적인 문화적, 사회경제적 여건을 조성함으로써 오늘날의 도약을 가져왔다.

중국이 미국을 추월하고 한국이 선진화를 앞당겨 동북아시대를 열 날은 언제일까? 한국은 일본을 추월할 수 있을까? 이 질문에 대한 답은 결국 자본주의 신 발전원리를 제대로 실천하는 경제가 승자가 될 것이라는 것이다. 미국은 흥하는 이웃이 가장 대접받는 사회이다. 그러나 최근 미국은 유럽 선진국이 빠진 '선진국 함정'을 향해 점점 더 가까이 나아가는 듯하다. 일본은 이미 1970년대 이후 "선진국 함정"에 빠져 있다. 한국은 1980년대 이후부터 정치민주화와 더불어 경제민주화를 추구하면서 서서히 흥하는 이웃을 폄하하는 평등주의 함정에 빠져 들었다. 우리는 한국의 평등주의 함정을 "중진국 함정"이라 했다. 오늘날의 한국경제의 여러 어려움은 바로 여기에서 연유한다. 최근 중국은 한국을 반면교사로 삼아 서구식 민주주의를 맹종하지 않을 것임을 천명하고 있다. 서구식 민주주의가 포퓰리즘을 통해 소위 "중진국 함정", 더 나아가 "선진국 함정"을 초래할 것임을 우려하고 있는 것이다.

역사의 경험에 비춰 동북아시대의 도래는 필연인 듯하다. 그러나 관건은 미국이 얼마나 오래 '선진국 함정'을 회피할 수 있을 것이며, 중국은 또 얼마나 오래 "중진국 함정"을 회피할 수 있느냐에 달려 있다. 한국이 일본을 추월하는 일도 필연인 것으로 보이나 그 시점은 일본이 지금의 '선진국 함정'을 탈출할 수 있을 것인가, 또한 한국이 얼마나 빨리 '중진국 함정'을 탈출할 수 있느냐에 따라 결정될 것이다.

제7장

대한민국, 환상을 좇는 나라?

이제 우리나라의 얘기를 해야 할 차례이다. 필자는 그동안 한국경제가 나아가야 할 길에 대해 너무 많이 얘기해왔다. 그러나 이 책을 한국경제에 대한 얘기 없이 마친다는 것은 독자들의 기대를 너무 무시하는 일이 되리라 생각된다. 한국경제에 대한 관심 없이 이 책을 잡을 독자들은 아마 많지 않으리라고 생각되기 때문이다. 그래서 한국경제에 대해 간략하게 기술하고자 한다. 이 내용이 너무 간략하여 충분치 않다고 느끼는 독자들은 필자의 저작 중 관련 책을 참조하기 바란다.[1]

여기서는 본서의 새로운 경제발전원리에 따라 지난 60여 년의 한국경제의 발전경험을 간략하게 설명하고 앞으로 나아가야 할 개혁의 방향, 즉 발전친화적 개혁의 방향을 제시하고자 한다. 그리고 이런 개혁방향에 비춰 우리 사회의 현안화두가 되고 있는 공정사회, 양극화와 동반성장문제 등에 대한 의견을 제시하고자 한다.

---

1. 참고문헌에 열거된 저자의 저작들 중 『신 국부론』(2006), 『발전경제학의 새 패러다임』(2012), 『대한민국 성공경제학』(2010), 『이야기 한국경제』(2010) 등을 참조하기 바람.

I. 한국경제발전의 역사

1. 성장과 일자리 추세를 중심으로 본 역사: 성장 없이 일자리 없다

한국경제는 1960년대 이후 30여 년간 연평균 8% 이상의 초고속성장을 시현하였다. 물론 성장과 분배 모두 개선되는 세계적으로 모범적인 성장사를 기록하였다. 그러나 1980년대 후반 이후부터 성장잠재력이 지속 하락하고 있으며, 1990년대 들어서는 소득분배마저도 악화내지 정체과정을 지속하고 있다. 특히 최근에는 경제양극화, 일자리부족, 청년실업, 비정규직차별, 저 출산, 고령화 문제 등으로 몸살을 앓고 있다.

그림 6은 한국경제 60년의 장기성장잠재력추세를 보여준다. 개발연대에서 1980년대 중반까지 30여 년간의 연평균 8% 이상의 초고속성장 기간이 이어진 뒤, 그 후 30년 가까이 성장잠재력이 지속 하락하고 있다. 그림 7과 그림 8은 우리나라 전체 취업자와 청년(15-29세) 취업자의 증가추세를 보여준다. 흥미롭게도 잠재취업자증가율 추세는 잠재성장추세와 거의 동일하게 움직이고 있음을 알 수 있다. 성장이 없이 일자리는 없다는 점을 확인하게 된다. 1990년대 이후 성장잠재력 하락이 결국 1990년대 이후의 전체취업자 및 청년취업자 증가율의 하락을 주도하고 있는 것이다. 결국 오늘날의 경제 어려움의 뿌리는 바로 성장잠재력추세 하락의 결과인 셈이다.

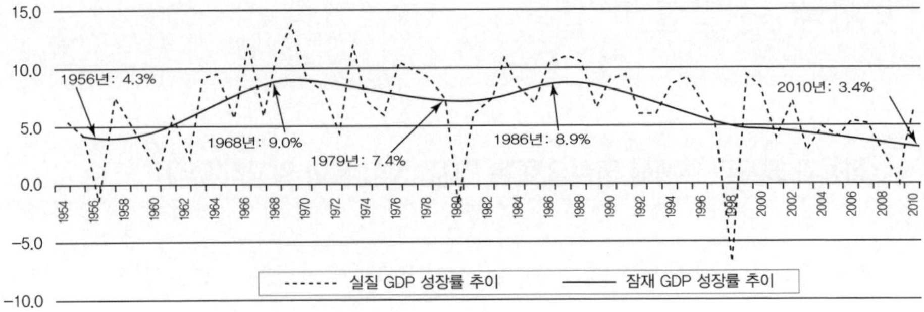

그림 6 한국 실질 GDP와 잠재 GDP 증가율 추이

주: 1) 실질 GDP는 1954–2008년까지 2005년 기준 고정 가중법에 의해 계산된 성장률이며 2009–2010년은 연쇄 가중법에 의해 계산된 성장률임.
2) 잠재 성장률은 호드릭–프레스커 필터(H–P filter) 이용

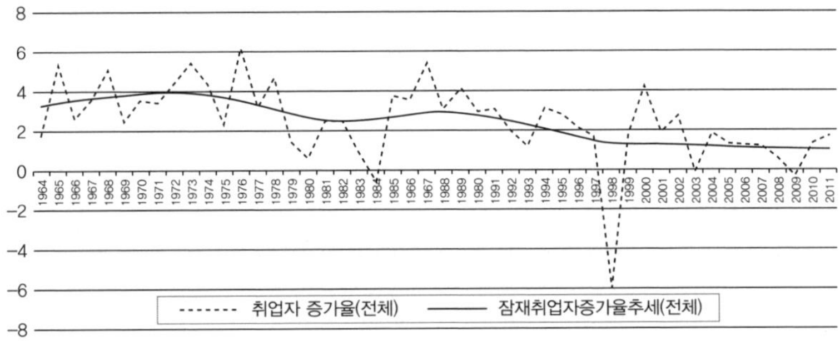

그림 7 전체 취업자 수 증가율 추이(1964~2011년)

주: 추정방법은 〈그림 6〉과 동일.

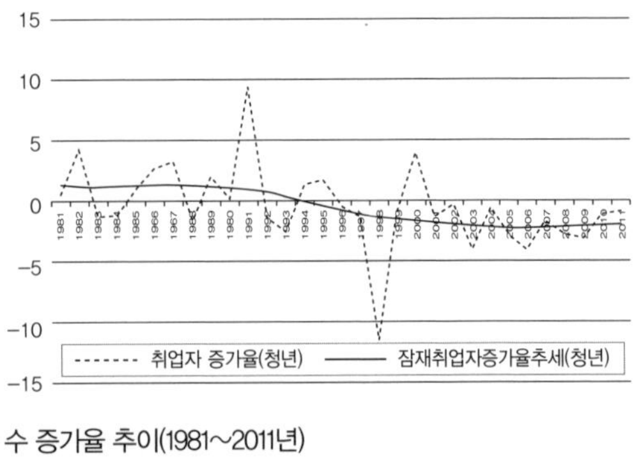

그림 8 청년층(15~29세) 취업자 수 증가율 추이(1981~2011년)

주: 추정방법은 〈그림 6〉과 동일.

한편 또 다른 연구에 의하면 1990년 이후 전체 경제의 고용창출능력(탄성치)은 크게 낮아지지 않았지만 부문별로 보면 제조업보다 생산성이 낮은 서비스업부문의 탄성치가 높아진 것으로 나타났는데, 이는 성장의 하락에 따른 전체고용량증가의 하락 속에 고용의 질도 악화되고 있음을 의미하는 것이다.[2] 더구나 우리나라 전체 고용의 88% 가까이를 중소기업이 창출하고 있고 내수 서비스업이 주로 중소기업임을 감안하면 상대적으로 제조대기업의 고용창출 능력이 크게 낮아지고 있음을 알 수 있다. 제조업의 경우 일부 업종을 중심으로 1990년 이후 고용탄성치가 음(–)으로 바뀌었다. 한국경제의 제일의 과제인 일자리문제는 결국, 성장의 회복과 동시에 제조대기업부문과 고부가가치서비스 부문의 일자리 창출능력을 제고하는 데서 그 해법을 찾을 수밖에 없어 보인다.

한편 이런 경제문제를 푼다고 정치권이나 정부에서는 공정사회, 공생발전, 동반성장, 재분배강화 등의 정책제안들이 봇물을 이루고 있다. 최근에는 서유럽의 사회민주주의체제와 다르지 않은 개혁주장들이 나오고 있다. 여야 정당들에서는 헌법 119조 2항(속칭 경제민주화조항)을 내세워 자본주의를 바꾸자는 경제민주화주장이 난무하고 있다. 그러나 필자는 1987년 헌법 개정에서 2항이 도입된 후 이미 경제민주화를 지향해왔으며, 오늘날의 경제현실도 경제민주화의 결과와 무관하지 않다고 생각한다. 이제 한국경제호는 어디로 가야 할 것인가?

---

2. 유경준 · 신석하(2012)

2. 한국경제 60년사 개관: 시장의 동기부여기능을 강화하는 정부가 성공한다[3]

한국의 지난 60여 년 경제발전사는 바로 우리의 신 발전원리의 실험장이었다. 개발연대를 중심으로 한 한강의 기적은 정부가 적극적으로 스스로 노력하여 남보다 더 나은 성과를 내는 주체들을 우대함으로써 동기부여를 통해 모든 주체들이 흥하는 이웃이 되고자 하는 경쟁에 나서게 유도하였다. 신 발전원리의 실천을 통한 경제의 창발, 도약의 과정이었다. 그러나 최근 30여 년간은 정부가 오히려 시장의 동기부여기능에 역행하는 방향으로 흥하는 이웃들을 폄하하는 정책적 개입을 시도하여 경제의 역동성이 지속적으로 하락하였다. 오늘날의 양극화, 일자리 부족 문제는 바로 이러한 정책개입의 결과로 이해된다.

1) 개발년대: 신상필벌, 흥하는 이웃이 대접받았던 시대

개발연대의 주요 정책들을 살펴보면 거의 모든 경우가 주류경제학에서는 극구 말리는 산업정책적 개입을 했으나 결과적으로 성공을 거두었다. 성공요인에 대해서는 그동안 다양한 의견들이 제시되었으나 대부분 일반화되기 어려운 사안별 설명에 그친 경우가 많았다. 필자는 모든 주요정책들이 주류경제학의 입장에서 보면 정부의 보호와 육성이라는 문제 있는 방식을 택했지만 그 내용을 잘 살펴보면 성과에 따른 엄격한 보상의 차별화를 통해 시장보다도 더 강력하게 동기부여기능을 수행했기 때문이라고 생각한다. 당시 정부의 산업정책은 신상필벌의 원칙하에 스

3. 앞의 제6장, II절의 6항의 한국경제발전사에 대한 논의와 일부 중복이 없지 않지만 논의의 전개상 중복논의가 불가피하였다. 그러나 일부 보완적인 면도 없지 않다.

스로 돕는 자만을 우대하는 차별화전략을 통해 시장의 동기부여기능을 살려낼 수 있었다고 생각한다. 또한 이것이 우리의 신 발전원리가 시사하는 정부산업정책의 성공전략이기도 하다.[4]

2) 경제민주화연대(Era of economic democracy): 흥하는 이웃이 홀대 받은 시대

개발연대이후, 특히 1980년대 후반이후 한국의 경제정책 패러다임은 소위 '경제민주화'로서 흥하는 이웃을 폄하하고, 대신에 취약한 주체들을 우대하는 그것도 차별화하지 않고 평등하게 1/n로 지원하는 정책이 주를 이루었다. 이에 따라 우수한 경제주체들은 열심히 부의 창출에 나설 유인을 잃고 취약한 주체들은 도덕적 해이에 빠져 한국경제의 성장동력이 지속적으로 약화되게 되었다. 시장의 동기부여기능에 역행하는 방향으로 정부정책개입이 일반화되었으며 국민의 정부, 참여정부 동안 이러한 경향이 강화되었다. 지금의 이명박 정부의 공정사회 패러다임도 자칫 같은 맥락의 연속선상에 있다는 비판을 피하기 어려워 보인다. 발전 역행적, 혹은 시장의 차별화기능에 역행하는 정부개입이 오늘날의 어려움의 원인인 것이다.[5]

---

4. 개발연대 성과중심의 차별적 지원제도하에 성공한 정책들의 예는 다음과 같다. 수출증대정책, 새마을운동, 중화학공업 육성정책, 중기육성정책, 새마을 공장육성정책. 이들 정책들에 대한 상세 논의는 제3장 참조.

5. 지난 30여 년간 발전역행적인 경제민주화, 경제적 평등의 이념하에 추진된 반 차별화 정책들의 주요 예는 다음과 같다.
   1) 경제민주화정책: 경제력집중규제를 중심으로 한 30대 대기업에 대한 획일적 규제정책, 잘하기 때문이 아니라 작기 때문에 지원하는 획일적 중기육성정책, 전투적 노조 방치 및 조장 등
   2) 지역균형발전정책: 수도권규제, 대기업의 수도권 입지규제, 지방에 대한 획일적 지원정책, 지방대학 육성과 수도권대학 규제, 행정수도이전과 지방에 각종의 특성, 혁신, 기업도시 건설, 공공기관의 지방 이전, 모든 지방에 수요도 없는 공항과 월드컵경기장의 건설 등
   3) 반 수월성 교육정책: 학교와 학생 서열 없애는 교육평준화정책, 200개가 넘는 4년제 대학의 난립과 고졸자 80% 이상의 대학진학으로 전 국민의 대졸자화 등

II. 한국경제 신 발전모형

1. 한국경제와 선진경제: 서로 다른 차원의 경제

이제 자본주의 경제의 본질과 작동원리에 대한 새로운 이해를 바탕으로 중진국으로서의 한국경제와 선진국이나 후진국경제 등과의 차이를 비교해보고자 한다. 이는 한국경제의 미래 도약을 위한 전략을 구상하기위해 필요한 일이기도 하다.

2010년 현재, 한국경제는 인구가 세계의 0.7%에 세계 GDP의 1.6%를 점유하고 있는데, 미국은 4.5% 인구로 23.1%를 차지하고 독일은 1.2%의 인구로 5.2%를 차지하고 있다(표 2 참조). 우리의 신 발전원리의 관점에서 보면 한국경제와 선진국경제, 혹은 후진국경제와는 서로 다른 상호작용메커니즘을 보여주고 있는 셈이다. 미국경제는 두 사람이 1+1=>10.2인의 역할을, 독일 경제는 두 사람이 1+1=>8.6인의 역할을 하고 있으며, 그 외 선진국들의 경우도 대체로 두 사람이 1+1=>8인 수준의 역할을 함으로써 높은 시너지를 창출하는 비선형적, 창발경제라 할 수 있다. 한편 브라질이나 멕시코, 러시아는 대체로 2인이 2인의 역할(1+1=2)에 그치는 선형경제라고 할 수 있다. 중국과 인도는 빠른 성장을 시현하고 있지만 세계평균에 비해서는 여전히 선형적 관계에도 못 미치고 있는데, 아직은 두 사람이 상호작용을 해도 평균적으로 두 사람의 역할을 못하는 즉, 1+1<2인 부(負)의 시너지를 창출하는 경제라 할 수 있다. 한국경제는 두 사람의 경제주체가 1+1=>4.6인의 역할을 하고 있어, 상호작용 메커니즘이 선형적 관계(1+1=2)를 벗어나 초보적인 비선형적 경제로 진입하고 있는 셈이다. 상호비교해서 보면 우리 경제는 중국이나 인도, 브라질, 멕시코, 러시아 등 선형적인 경제들에 비해서는 월등한 비선형성을 보이지만 선진국들에 비해서는 비선형성의 차원이 크게 떨어지고 있는 것이다.

우리 경제가 선진국으로 도약한다는 것은 경제 내의 상호작용메커니즘이 지금의 차원에서 보다 고차원의 비선형성으로 바뀔 수 있도록 시장경제제도를 바꾸어낸다는 것을 의미한다. 물론 이는 예컨대 1+1=>8이

표 2 주요국의 GDP와 인구의 세계비중 (2010년, 단위: %)

국가	GDP	인구	1인당 GDP(달러)
세계	**630,488(억달러)**	**69(억명)**	**9,197**
미국	23.1	4.5	47,084
EU	19.3	4.8	36,715
독일	5.2	1.2	40,542
불란서	4.1	0.9	39,460
이태리	3.3	0.9	33,866
스패인	2.2	0.7	30,452
중국	9.3	19.5	4,393
일본	8.7	1.9	43,161
인도	2.7	17.1	1,477
영국	3.6	0.9	36,084
러시아	2.3	2.1	10,440
브라질	3.3	2.8	10,710
멕시코	1.6	1.6	9,580
카나다	2.5	0.5	46,060
한국	1.6	0.7	20,757

출처: World Bank, World Development Indicators DB

나 10이 되는 경제로의 창발이 가능해지도록 한다는 것을 의미한다. 여기서 중요한 과제는 어떤 경제제도, 혹은 인센티브구조가 거래비용을 낮추고 이러한 고차원의 비선형적 상호작용을 가능케 할 것인가 하는 질문에 대한 답을 찾는 일이다. 물론 답은 이미 제시되었다. 흥하는 이웃이 양산될 수 있는 제도적 환경을 만들어내야 한다.

2. 한국경제 재도약을 위한 발전모형

1) '흥하는 이웃이 있어야 나도 흥한다'는 이념을 제도적으로 구현해야 한다

지금까지의 논의를 통해 얻을 수 있는 한국경제발전의 새로운 모형에 대한 시사점은 '경제적으로 흥하는 이웃'이 양산될 수 있는 경제 · 사회제도적 인센티브구조를 만들어내어야 한다는 점이다. 이를 위해서는 우선 한국 국민의 이념이 흥하는 이웃이 있어야 나도 흥한다는 반 사회주의적 세계관으로 바뀌어야 한다. 그리고 같은 맥락에서 정부는 각종 경제사회제도나 정책을 만들어냄에 있어 흥하는 이웃이 폄하되지 않도록, 남보다 더 나은 삶을 살고자 열심히 노력하는 사람들에게 불이익이 가지 않도록 배려하는 것이 중요하다. 물론 공동체의 유지를 위해 저소득층이나 취약계층에 대한 배려가 중요하지만 동시에 지속가능한 발전을 위해서는 열심히 자기 인생을 성공적으로 살아가는 국민들이 실망하지 않도록 배려하는 것은 더욱 중요한 일이다.

왜 사회주의 국가들이 실패하게 되었는가? 바로 칼 마르크스적인 이념, 즉 '흥하는 이웃이 있어 내가 망한다'는 이념을 제도화함으로써 흥하는 이웃을 청산하는 데 몰두한 결과 흥하는 이웃이 더 이상 복제, 양산되지 못했기 때문인 것이다. 지난 30년 가까이 한국도 정도의 차이는 있지만 칼 마르크스적인 "흥하는 이웃이 있어 내가 망한다"는 이념하에 경제평등주의와 경제민주화를 추구해왔으며 그 결과 기업의 투자기피로 인한 실업과 저임금, 그로 인한 소위 경제사회 양극화 현상이 심화되게 된 것이다.

이제 한국경제의 새로운 도약을 위해 무엇을 해야 하는지는 명백해졌다고 생각한다. 다만 포퓰리즘에 빠진 한국의 정치권이 이러한 새로운 개혁을 해낼 수 있느냐 하는 문제는 남아 있지만 말이다.

2) 시장의 동기부여기능에 역행하는 제도적 장치를 구축해서는 안 된다

시장은 차등과 차이를 만들어냄으로써, 즉 차별화함으로써 모든 시장주체들에게 동기를 부여하는 장치라 했다. 이 기능을 살려내지 않고 경제발전이 시동되고 지속되기는 어렵다는 것이 신 발전원리의 핵심 명제이다. 따라서 지속가능한 발전을 위해서는 경제사회의 문화, 이념이나 제도 등 경기규칙이 시장의 동기부여기능을 훼손하지 않도록 구축될 필요가 있다. 즉, 정부는 시장의 동기부여기능을 경제사회제도 속에 구현할 수 있어야 한다.

3) 실체적 기회균등 혹은 결과평등의 이름으로 경제발전정책을 사회정책으로 접근해서는 안 된다

복잡경제의 신 발전원리와 한국을 포함한 세계 경제발전역사에서 배울 수 있는 한 가지 중요한 교훈은 지속적 발전을 담보하기 위해서는 경제발전정책과 소위 사회정책을 구별할 줄 알아야 한다는 것이다.

우리는 이미 앞의 제2장 V절에서 신 발전원리에 따라 경제발전정책과 사회정책을 정의한 바 있다. 이에 의하면 경제발전정책은 성과가 우수한 경제주체에게 더 잘하도록 동기 부여하고 자원이용 기회를 더 많이 주어 발전의 동력을 유지할 수 있도록 하는 정책을 의미한다. 물론 이 과정은 모두를 발전시키지만 모두 같아지게 만들지는 않는다. 동반성장이지만 다 같아지지는 않는다는 의미이다. 이런 관점에서 보면 산업, 기업, 지역육성은 철저히 성과에 기초하여 지원하는 경제발전정책으로 접근해야 성공할 수 있다. 이러한 발전의 경험은 세계 모든 나라의 발전사는 물론 한국의 발전사가 공통적으로 보여주는 경험인 것이다.

한편 우리는 사회정책을 경제발전정책과는 달리 성과에 관계없이 자원이나 소득을 모두에게 평등하게 배분하는 정책으로 정의하였다. 신발전원리에 의하면 이러한 사회정책은 동기부여기능을 상실하고 있기 때문에 발전을 만들어내지 못한다. 예컨대 만일 산업, 기업, 지역 육성정책을 이런 방식으로 추진한다면, 말은 육성이라 하지만 실제 성공가능성은 낮을 수밖에 없는 것이다. 국가의 대 국민 지원정책이 이러한 평등주의적인 사회정책으로 일반화되면 국민들을 도덕적 해이에 빠지게 만들고 경제의 역동성은 사라지게 된다. 따라서 이런 문제를 최소화하기 위해서는 사회정책이라 하더라도 "생존능력이나 일할 능력이 없는 취약계층"에 한정된 정책으로 추진하여야 부작용을 최소화함으로써 경제발전과 양립할 수 있다. 이런 의미에서 소위 복지정책도 음지에서 안주하도록 하기보다는 음지탈출을 돕는 동기부여장치가 보완된 정책으로 전환되어야 경제발전과 양립가능하다 할 것이다.

그러나 오늘날 포퓰리즘 민주주의가 만연한 상황에서 결과의 평등이나 혹은 실체적 기회평등의 이념을 내걸고, 경제사회발전을 위한다는 경제정책마저 사회정책으로 추진함으로써 오히려 사회를 하향 평준화시키는 일이 곳곳에서 목도되고 있는 것이 현실이다. 선진국경제의 장기정체현상이나 한국의 지난 30년의 경제역동성 하락이 이러한 현실과 무관하다 하기는 어렵다고 생각한다.

III. 결과의 평등이란 환상을 좇는 나라?

1. '공정'을 결과의 평등, 혹은 실체적 기회평등의 안경으로 보면 세상은 언제나 불공정하다

2010년 이명박 대통령이 8.15경축사에서 공정사회문제를 제기하면서 우리 사회에는 '공정'에 대한 논의가 봇물을 이루고 있다. 당시 한 여론조사 결과를 보면, 4명 중 3명이 한국사회가 공정하지 못하다고 응답하고 10명 중 6명이 현 정부가 국정과제로 내세운 공정사회정책이 성과가 없을 것이라며 비관적으로 전망했다.[6] 그렇다면 과연 한국사회는 다른 나라에 비해 정말로 공정하지 못한 나라인가?, 그럼 우리는 공정사회를 위해 아무 일도 안하고 있단 말인가?, 아니면 하고 있지만 제대로 하고 있지 못하다는 것인가?라는 의문이 생긴다. 그리고 우리가 노력하고 있음에도 불구하고 아직도 갈 길이 멀다고 한다면, 보다 근본적으로는 우리 국민들의 공정사회의 잣대는 무엇이며 우리 사회가 이에 대한 이해나

6. 동아일보, 2010년 9월 10일자 보도: " '한국 사회가 전반적으로 공정하다고 생각하느냐'는 질문에 53.2%는 '대체로 불공정하다'고 답했고 17.2%는 '매우 불공정하다'고 답했다. 총 70.4%가 불공정하다고 답한 것이다. 취업의 기회, 분배 등 사회생활의 영역별 공정성에 대해서는 모든 영역에 걸쳐 '불공정하다'는 응답이 절반을 넘었다. 특히 정부 고위직 인사가 불공정하다는 응답이 74.5%로 공정하다는 응답(19.2%)보다 압도적으로 높아 고위직 인사에 대한 불신이 극심한 것으로 확인됐다. 취업 기회는 61.8% 대 32.7%, 경제활동 성과의 분배는 58.3% 대 33.2%, 민형사 사건에 대한 사법부의 판단도 52.6% 대 35.8%로 불공정하다는 응답이 공정하다는 응답보다 많았다. 불공정한 행태가 가장 많이 벌어지는 분야로는 59.0%가 정치권을 가리켰다. 2-4위는 법조(7.9%) 교육(초중고교 · 7.9%) 중앙정부(7.3%) 순이었다." 머니투데이, 2010년 10월 11일자 보도: "국민 10명 중 7명 이상이 우리나라를 공정하지 않다고 보고 있는 것으로 나타냈다. 또 최근 정부가 중점 추진하고 있는 '공정한 사회' 정책에 대해서는 국민 절반 이상이 성과를 얻지 못할 것으로 전망했다. … 한국이 공정한 사회인지에 대한 인식에서 응답자 중 74.3%는 한국사회를 공정하지 않다고 평가했다. … 이와 함께 이명박 대통령이 집권 하반기 국정과제로 내세운 '공정사회' 정책에 대해서는 국민의 10명 중 6명은 '성과가 없을 것'(59.7%)으로 내다봤다."

합의는 있는 것인가? 하는 의문을 제기하지 않을 수 없을 것이다. 설문의 결과가 우리 사회는 불공정하며, 정부가 노력한다고 하지만 별무효과일 것이라는 비관적 전망이 바로 이런 근본적인 의문을 뒷받침한다고 할 것이다.

여기서는 우리 사회의 공정성과 연관된 몇 가지 지표와 정책들을 살펴봄으로써 우리 사회가 공정의 문제를 어떤 잣대로 보고 있는지 가늠해 보고자 한다.

첫째로 불공정, 혹은 불평등 지표의 가장 대표적인 상징이자 그 해소를 위한 가장 대표적인 수단의 하나가 대학교육 수혜 여부이다. 고등학교 졸업생의 대학진학률은 우리나라의 경우 2008년 83.8%로 정점을 치고 2009년 81.9%, 2010년 79%로 하락하고 있지만, 유럽의 경우는 40%대이고, 일본은 50%대이며, 미국은 60-70%대로 알려져 있어 OECD 국가 중 최고 수준이다.[7] 한편 OECD자료에 의하면 25-34세 인구의 대졸자비율은 2008년 기준으로 우리나라가 58%로서 역시 OECD 국가 중에서 가장 높고, 이웃 일본이 55%, 세계 최강국 미국이 42%, 영국이 38%, 그리고 평등의 나라라는 프랑스가 41%이다. 이렇듯 상당수의 국민이 대졸자인 공정한 사회를 이루었지만 대졸자들의 경쟁력이 높아졌다는 평가는 별로 없고 대졸자들의 취업률은 개선되지 못하고 있다. 이제 어느 누구도 대졸자가 넘치는 교육평등사회를 공정한 사회라 생각하지 않고 있다.

둘째로 우리나라의 소위 공정경쟁을 위한다는 대기업 규제는 세계 어느 나라보다도 강도가 높고 직접적이다. 「공정거래법」 제2장은 시장지배적 지위남용 금지의 장으로 제3장은 경제력집중 억제의 장으로 대기업

7. 통계청의 "2010 한국의 사회지표"와 조선일보(2011년 5월 24일자, 탁상훈, "한국 대입 진학률 82%, OECD 최고 수준") 보도에서 인용.

이라는 이유 하나로 정부의 밀착 감시와 규제를 받고 있다. 이에 반해 중소기업은 지난 30년 동안 단지 작다는 이유로 거의 200여 개에 달할 정도로 그물망 같은 촘촘한 지원제도에 의해 국가의 보호를 받고 있다. 그 결과 중소기업의 비중은 99%에 이르러 OECD국가 중 최고 수준을 보이지만 여전히 중소기업과 대기업 관계의 불공정성문제가 가장 정치적으로 인기 있는 화두가 되고 있다.

셋째로 평준화 교육으로 학교 간, 학생 간 차별을 없애고, 수능문제를 쉽게 내어 1등급을 받고도 서울대학교에 들어가기 어려울 정도로 1등급을 양산하는 등, 학교와 학생의 우열을 없애고 실력 차에 관계없이 평등한 자격을 주고자 노력하고 있다.[8] 그런데도 수능을 더 쉽게 낸다는 것이 정부의 방침이다. 이렇듯 모든 학생들에게 동등한 기회는 물론 동등한 결과를 만들어주는 소위 공정교육을 실시하고 있지만 우리 교육 현장을 공정하다고 보는 사람은 많지 않다.

넷째로 종합부동산세로 9억 원 이상 주택보유자에게는 소득에 관계없이 부유세를 부과하는 반면 우리나라 국민의 절반 가까이가 소득세를 납부하지 않을 정도로 면세특혜를 남발해왔다. 그러나 면세 대상인 국민들은 이 사회를 공정사회라 생각하지 않는다.

다섯째로 지역균형발전을 위해 수도권은 너무 과밀하다는 이유로 40년 가까이 대기업의 공장입지와 4년제 대학의 설립 등에 있어 지속적이고 강도 높게 규제를 받아왔다.[9] 최근에는 수도권에서 지방으로 이전하는 기업들에게 특별 세제혜택을 부여하는 등 반 수도권, 친 지방적 평등주의 정책을 제도화하였다. 수도권 주민들은 법적 · 제도적 차별을 일방

---

8. 연간 60만 명 정도의 수능 응시자 중 4%를 일등급으로 정하고 있어 연간 2만 4,000명가량의 일등급학생을 양산하고 있다.

9. 부산시도 같은 이유로 규제를 받아왔다.

적으로 감수하고 있는 것이다. 같은 맥락에서 수도권 대학에 비해 지방 소재 대학을 우대하는 각종의 차별적 정책이 시행되고 있다. 그러나 아직도 지방은 이 나라가 공정하다고 생각하지 않는다.

우리나라의 소득 분배는 경제도약을 이뤘던 개발연대 동안 상대적으로 양호한 수준을 유지했을 뿐만 아니라 1997년 외환위기 이후 다소 악화되기는 했지만 여전히 상대적으로 양호하다는 평가를 받고 있다.[10] 그러나 우리 사회는 양극화가 문제이며, 그래서 공정하지 못한 사회라는 목소리만 크게 들리고 있다.

이러한 예들은 그것이 공정이라는 이름하에 추진되지만 결국 결과의 공정, 혹은 평등을 추구함으로써 오히려 사회발전에 역행할 수도 있음을 시사하는 경우들이지만 그럼에도 불구하고 결과는 국민들의 높은 기대에는 못 미치고 있는 것이다. 좋은 뜻으로 열심히 공정사회를 외치고 그 실현을 위해 노력했지만 결과는 실망스러운 것이다. 우리는 혹시 실현 불가능한 환상—결과의 평등—을 쫓고 있는 것은 아닌가?

이런 시각에서 보면 현재 우리나라에서 소위 정의나 공정이라는 관점에서 논란이 되는 많은 현안들도 표면적으로는 기회의 공정이나 평등을 내걸고 있어 보이지만 사실은 결과의 평등을 염두에 두고 있는 경우가 많음을 감지할 수 있다.

① 대기업과 중소기업의 기회공정(평) 문제도 중소기업에게 대기업 업종을 포함 기업 활동에의 진입의 자유가 보장되고, 대기업의 불공정거래 관행을 방지하는 정부의 노력이 적절히 경주되는 한 중소기업환경은 공정하다고 봐야 할 것이다. 이를 중소기업의 기업

10. '2009년 OECD 통계연보'에 의하면 우리나라의 지니계수는 0.31로 OECD 평균이고 35개 회원국 중 17위로서 그다지 나쁘다고 할 수 없다.

활동 자유보장을 넘어 대기업과 경쟁할 수 있는 동등한 경제적 힘을 보장해야 한다는 실체적 기회평등 의미로 확대 해석하면 결국 결과의 평등을 주장하는 셈이 된다.

② 중소기업에 대한 지원 요구도 잘하나 못하나 차별 말고 평등하게 지원해 달라는데, 부를 보다 많이 창출하는 기업과 그렇지 못한 기업을 같이 취급하는 것이 공정한 것인지 고민할 필요가 있을 것이다.

③ 교육평준화 문제도 '기회평등'의 옷을 입고 있지만 실제로는 결과평등을 추구하고 있어 문제를 야기하고 있는 것이다. 정의니 공정이니 하며 학교차별과 격차를 없애야 한다고 소리 높이지만 실상은 모두 서울대학교를 가고 싶어 그러는 것인데 이렇게 해줄 수는 없으니 어떤 제도를 해도 불공정하다고 할 수밖에 없게 되는 것이다. 격차와 차별을 없애자는 요구는 결국 모두 좋은 학교에 진학할 수 있게 해 달라는 요구가 아니겠는가.

④ 지역균형발전 문제도 똑같이 기회 평등이라는 논리로 포장되고 있지만 사실은 결과평등을 요구하는 것이다. 결과에 대한 책임을 지는 자치, 자율권 주장은 안하고 공정, 평등 재원배분만 요구하는 것이 바람직한 것인지 진지하게 고민해야 한다.

⑤ 소득재분배정책은 최근 선택적 복지냐 보편적 복지냐의 논쟁이 있기는 하지만 이제 보편적 복지주장이 주를 이루고 있다. 그러나 필자의 판단으로는 복지의 최우선 과제는 일자리창출과 공급을 강화하는 것이 되어야 하고, 그 다음은 획일화된 보편적 무상복지에 따른 도덕적 해이와 복지재정 부담증가를 고려하면 선택적 복지에 동기부여(인센티브 차별화) 장치를 보완한 복지제도가 답이라고 생각한다. 물론 복지전달체계의 효율화문제는 언제나 중요한 과제이다.

⑥ 그동안 경제민주화를 통해 대기업이나 부자가 없는, 경제적으로

균형되고 평등한 사회가 되어야 선진국이 된다는 생각들이 여러 가지 형태로 표출되어 왔다. 즉 흥하는 이웃이 없어야 내가 흥하고 선진국이 된다는, 경제발전원리에 역행하는 평등분배 정의관이 그동안 한국경제운영의 패러다임으로 고착되었다. 우리는 그동안 발전 역행적 결과평등의 환상을 좇아온 셈이라 할 수 있는 것이다.

2. 공정한 법과 집행으로 법 앞의 기회평등을 추구해야 한다

우리나라는 국민의 70% 이상이 사회가 공정하지 못하다고 생각한다. 그것도 정부고위직인사가 가장 불공정하고 분야별로는 정치권이 가장 공정하지 못하다고 생각하는 것으로 나타났다. 물론 경제활동이나 분배에 대한 불만도 높지만 사법부의 판단에 대해서마저도 반 이상이 불공정하다고 반응하고 있다.[11] 전 방위적 사회 불신현상이 나타나고 있는 것으로 보인다.

사실상 우리 사회에는 실제로 공정성이 미흡한 부분이 많이 남아 있다. 특히 그 동안 고위직 공직자들의 청문회 과정에서 드러난 것처럼—물론 청문회 자체가 얼마나 합리적으로 그 근본목적에 부응하고 있느냐에 대해서는 부정적인 시각이 많지만—고위층들이 불법을 하고도 법의 처벌을 받기는커녕 오히려 고위직으로 내정되는 모습들이 많은 국민들에게 실망감을 안겨준 것은 사실이다. 아마 이것이 고위공직자인사가 가장 공정하지 못하다는 생각을 하게 만든 원인일 가능성이 높다. 또한 그동안 대통령의 사면권 행사과정에서, 정치인이나 대기업 소유주 등

11. 앞의 주) 참조.

우리 사회에 소위 힘 있는 사람들에게 법이 특혜적으로 적용되어 이들이 형기도 채우지 않은 채 버젓이 사면되는 모습이 되풀이되면서, 법 적용이 공정하지 못하다는 인식을 국민들에게 심어준 것이 또한 정치권이나 법조분야에 대한 불신을 조장해온 것이 아닌가 싶다. 특히 정치권의 경우는 불법과 사면의 되풀이가 일상화되고 있고 법을 제정하는 사람들이 법을 잘 안 지키는 기이한 현상이 반복되면서 그 신뢰가 크게 떨어지고 있는 것이다.

이와 같이 법의 내용이나 적용과 집행의 불공정성과 관련해서는 법의 제정과 집행을 담당하는 정치권과 정부의 책임이 제일 크다고 할 수 있다. 이런 문제는 모든 국민에 대해 지위고하, 빈부귀천을 불문하고 법 앞의 기회평등을 통해 법을 제대로 시행하고 적용하는 것이 바람직한 해법일 것이다. 만일 법이 사회의 공정 기준과 상식 수준에 맞지 않으면 법을 먼저 고쳐 '법 앞의 기회평등' 원칙을 살리는 것이 순리이다. 특히 법, 제도보다 도덕과 정서를 먼저 강조하면 객관적 기준 없이 포퓰리즘과 마녀사냥의 유혹에 빠질 위험이 있으므로 경계할 필요가 있다. 그래서 공정사회 문제는 공정한 법제도의 정착과 그 엄격한 집행을 통한 '법 앞의 공정'의 문제로 실사구시적으로 접근해야지 정치적 이념에 치우치거나 사람의 문제, 즉 도덕의 문제로 접근하면 실익보다 혼란이 더 많을 가능성이 있다.

그러나 위에서 지적한 예에서와 같이 사회가 애를 쓰고 있지만 실제 성과나 국민의 평가가 기대에 미흡한 경우는 보다 근본적인 의문으로 돌아가 우리의 공정의 잣대가 잘못된 것은 아닌가?, 도대체 공정의 잣대는 무엇이어야 하는가? 하는 질문에 대한 답을 찾고 이에 대한 국민적인 합의를 이끌어내는 일에 천착할 필요가 있다고 생각한다. 물론 우리의 권고는 "법 앞의 기회평등"만이 정부가 합리적으로 보장할 수 있는 공정의 잣대이며 이 점을 국민들에게 인식시키는 꾸준한 노력이 필요하다고 본다. 그러나 공동체적 관점에서 보면, 사회가 교육기회의 확대와 직업선택기회의 공정을 확보함으로써 출생이나 양육환경의 차이에 따른 결과의 차이를 최소화하는 노력을 경주해야 할 필요성은 여전히 크다고 할 것이다. 그럼에도 불구하고 일인일표의 민주주의하에서는 정부가 자칫 포퓰리즘 때문에 공정이라는 이름하에 법 앞의 기회평등을 넘어 결과의 평등을 지향하는 개입을 하고 싶은 유혹이 있을 수 있기 때문에 정부가 이를 참아내는 것이 무엇보다도 중요한 일이라 할 것이다.

IV. 무엇이 동반발전을 막는가?

한국은 유난히 경제적 차이나 불평등에 대한 인식이 민감한 사회이다. 미국은 OECD 국가 중에 소득분배가 나쁜 나라에 속하지만 경제양극화(economic polarization)라는 말은 그렇게 잘 쓰지 않는다. 그러나 한국은 소득분배가 상대적으로 양호한 나라에 속하지만 유별나게 경제양극화라는 용어가 인기가 있다. 물론 최근 들어 세계화와 경제통합이 진전되면서 모든 나라가 경제 불평등도의 증가현상을 경험하고 있고—이것이 개방 때문인지 개방이라는 호재를 잘 선용하지 못하는 국가나 경제주체들의 책임인지는 보는 각도에 따라 다를 수 있어 보이지만—일각에서는 이를 경제개방에 따른 글로벌 경쟁의 심화 때문이라고 주장하기도 한다. 어쨌든 한국은 이에 더하여 두 번의 경제위기를 겪으면서 평균 1인당 소득의 증가 속에서도 경제적 불평등도가 증가하고 있으며, 청년 실업의 증가와 비정규직 양산, 내수 자영업과 서비스부문의 어려움 가중 등으로 중산층이 줄어들고 저소득계층이 늘어나고 있어 그동안의 동반성장메커니즘이 약화되고 소위 경제양극화현상이 나타나고 있다는 평가가 많다.

특히 최근에는 이런 문제의 대표적 케이스로 대기업과 중소기업 간의 양극화문제가 크게 부각되고 있고 심지어 이 문제를 다루기 위한 동반성장위원회가 만들어지기도 했다. 중소기업을 돕는다고 지난 30여 년간 온갖 중소기업육성정책과 대기업규제정책들을 양산해왔지만 성과는 기대에 크게 못 미치고 있는데 이제 이 문제는 항상 그렇듯이 경제정책문제를 넘어 정치문제가 되고 있다. 그래서 소위 대기업과 중소기업의 양극화문제는 포퓰리즘정치의 온상이 되고 있다. 이에 대한 올바른 해법을 찾지 않고 한국경제의 지속성장을 기대하기는 어렵게 되었다. 이 절에서는 우선 이 문제에 대한 진단과 해법을 신 발전원리의 관점에서 제시해보고자 한다.

그리고 보다 근본적으로 소위 경제양극화문제의 원인에 대해 신 발전원리의 관점에서 진단하고 처방의 큰 방향을 제시해보고자 한다. 앞에서 지적한 바와 같이 한국의 경제정책은 1980년대 이후 그리고 정치민주화 이후, 지속적으로 경제평등을 강화하는, 즉 양극화를 치유하는 혹은 그 발생을 막는 방향으로 추진되어 왔다. 다른 말로 지난 30여 년간 경제평등을 추구하는 경제정책체제하에 있어왔다는 의미이다. 그러나 경제평등은 실현되지 못하고 오히려 더 심화되고 있다. 최근 들어 경제평등을 내건 정책적 주장은 소위 경제양극화의 심화를 표면적 이유로 내걸고 더욱 그 도를 더해가고 있다. 정치권의 재분배정책강화 주장과 국민들의 요구도 일상화, 보편화되어가고 있다. 소위 경제양극화의 원인은 무엇이며 그 해법은 없는 것인가? 신 발전원리의 관점에서 접근해 본다.

1. 대 · 중소기업 상생문제, 제도와 거래비용의 문제이다

최근 대 · 중소기업 간의 양극화를 해소하기 위해 이 양 부문을 서로 상생시키는 문제가 온 나라의 관심사가 되고 있다. 그러나 한국은 지난 수십 년간 중소기업을 육성하고 대 · 중소기업 간 상생을 위해 노력해왔다. 그런데 그렇게 애를 썼는데 왜 대 · 중소기업 간 상생이 잘 안 되는가? 우리가 혹시 상생을 막는 즉 상생을 하는 데 거래비용을 많이 들게 하는 제도를 안고 있는 것은 아닌가 되돌아볼 필요가 있어 보인다.

1) 우리나라 대 · 중소기업 간 협력환경: 거래비용을 높이는 제도가 문제다

현실 시장에서 기업 간의 시장거래는 기업 내의 거래에 비해 항상 높은 거래비용이 수반된다. 시장거래는 재산권의 이전과정이기 때문에 모든 거래조건에 대해 쌍방 간에 100% 합의가 있어야 하며 합의를 이루기 위해 돈과 시간이 드는 지루한 협상과정이 필요하고 합의의 집행을 담보하기 위한 법적인 장치와 그 운용에 따른 비용도 소요되는데 우리는 이런 모든 불편함과 비용을 일컬어 거래비용이라 했다. 그러나 기업 내 거래는 모든 결정이 협상 없이 사장(CEO)의 명령으로 이루어지기 때문에 이런 거래비용을 회피할 수 있다. 기업은 거래비용이 높은 거래를 인수합병 등을 통해 내부화하는 장치며 기업의 존재이유 또한 여기에 있다. 따라서 거래비용이 높은 시장거래의 대안으로 기업 간 인수합병이 활성화된 경제일수록 경제의 효율은 높아지고, 비선형적 상호작용과 창발

가능성은 높아지게 된다.

대기업은 좋은 부품회사가 있어야 좋은 제품을 만들 수 있다는 정도는 알 것이다. 그런데 대기업이 중소기업을 열심히 지원해서 세계 최고로 만들고 부품조달을 전적으로 이 기업에 의존하게 되면 어떤 일이 생길까? 어느 날 부품회사가 변심해서 부품 값을 수배로 올리거나 경쟁기업과 손을 잡아 부품공급을 안 하겠다면 어떡하나? 이와 같이 부품공급회사가 독점공급력을 이용하여 조립 대기업을 위협하는 경우를 일컬어 홀드업(hold-up) 현상이라 한다. 최근 한 작은 부품회사의 파업으로 전 자동차 생산라인이 멈추는 사례가 있었는데 이것도 일종의 홀드업 현상이라 할 수 있다.[12] 대기업은 이에 대비해 중기에 지분투자를 하거나 인수합병을 해서 경영권을 확보하고 싶어 한다. 그럼 변심을 막을 수 있고 자연히 이익을 공유하고 계열사로서 서로 운명을 같이하게 될 것이다. 중소기업자도 100% 지분소유는 아니지만 대기업과 공동운명체가 되어 경영안정을 꾀할 수가 있다.

대기업의 입장에서 보면 변심할 위험이 있는 부품회사를 묶어두기 위해서는 각종의 거래비용이 든다. 이익공유나 기술공여를 통해 묶어두고 싶지만 이러한 계약의 세세한 내용에 대해 서로 합의하기가 어렵고 계약이 성사되도 집행을 담보하기가 어렵다. 경제학은 아직도 이익의 원천에 대해 통일된 이론을 가지지 못하고 있고 따라서 이익에 대한 재산권을 확정하기가 너무 어려운 것이다. 그리고 기술공여라는 재산권의 양도 또한 기술외부유출방지문제까지 고려하면 복잡한 계약을 필요로 한다. 그러니 대기업의 입장에서는 이런 거래비용을 줄이기 위해 여러 가

12. 피스톤 링이라는 자동차부품을 생산하는 유성기업은 국내물량의 80%를 공급하는 회사인데, 2011년 5월 이 회사가 노사분규로 생산차질이 생겨 공급을 중단함에 따라 현대 등 국내 자동차업계의 생산라인이 모두 멈추는 사태가 일어났다.

지 방법으로 부품회사와 공동운명체를 만들고 싶게 되는 것이다.

그런데 우리나라는 최근까지도 출자총액규제로 대기업의 부품회사지분인수를 어렵게 했을 뿐 아니라 만일 30% 이상 소유하면 계열사로 취급하여 각종 규제를 해왔다. 그뿐인가. 대기업의 경제력 집중을 막는다 하여 계열사숫자가 늘어나는 것을 무슨 악덕 경영인 것처럼 규제 감독하니 어느 대기업이 부품회사에 열심히 기술을 전수하고 단가를 후하게 쳐주고 경영노하우를 전수하는 일을 할 것인가? 열심히 도와주고 나중에 뺨을 맞느니, 기술탈취나 납품가부당인하 등 편법도 마다 않고, 필요하면 해외에서 수입하는 것이 더 편할 수밖에 없다. 결국은 중소기업을 돕는다는 대기업규제제도가 오히려 대 · 중소기업 간 비선형적 상호작용과 창발, 상생을 막아온 셈인 것이다.

여기다 정부도 200여 개가 넘는 중기육성정책을 내놓고 있지만 하나같이 잘하는 중소기업을 역차별하는 획일적 1/n 지원정책으로 성장의욕을 꺾어왔으니 부품자본재산업이 잘 될 리가 없는 것이다. 그러니 수출의 외화 가득률이 1980년 63.2%에서 2007년 53%로 30년 전보다도 더 악화되고 있는 것이다. 대기업들은 대통령 만날 때마다 열심히 상생하겠다 하지만 결국 인센티브구조가 안 맞으니 항상 공염불에 그치게 된다. 중소기업들은 대기업과의 상생도 원활치 못한데, 잘하는 기업이 역차별받으니 중소기업이 대기업으로 성장하기는 더 어려워지는 것이다.

2) 거래비용을 높이는 정책은 오히려 중소기업에 독이 되어 돌아온다

사정이 이러한데도 예컨대 최근 논의되는 것처럼 초과이익공유제를 공식적으로든 비공식적으로든 강제하게 되면 높은 거래비용 때문에 부작용과 왜곡은 오히려 더 심화될 것이다. 대기업은 국내부품회사와의 거래를 꺼리고 해외에서 수입하려 할 것이고, 이렇게 되면 중기의 사정은 더 어렵게 될 위험이 크다. 대기업규제가 중소기업에 부담이 되어 돌아오는 악순환은 계속된다.

초과이익공유제가 한 회사 내에서는 종업원들에 대한 상여금제도를 통해 제도화되고 있으나 대기업과 부품회사와 같이 독립기업 간에는 잘 발견되지 않는 것은 바로 후자의 경우 이 제도의 운영에 거래비용이 너무 많이 들기 때문인 것이다. 업종의 특성상 거래비용이 낮은 경우 일부 기업들 간에도 관찰되는 경우가 있으나 이를 일반화하기는 어렵다.

일부 대기업들의 기술탈취나 납품가부당인하행위도 각종의 규제로 인해 대 · 중기 상생환경이 열악하여 홀드업 문제를 최소화하는 데 거래비용이 너무 많이 드는 상황에서 해당 중소기업들을 지속적으로 같이 가야 할 파트너라고 생각하지 않기 때문에 발생하는 일이다. 그리고 이를 정부가 근절하지 못하는 것도 바로 지재권법 등, 관련법의 정비와 집행에 수반되는 거래비용 때문에 법을 보다 더 엄격히 집행하는 데 한계가 있기 때문인 것이다. 거래비용이 높은 거래를 회피 혹은 내부화하지 못하게 하고 그런 거래를 강제하면 부작용과 왜곡은 뻔한 것이다. 왜곡의 부담은 결국 중소기업이 지게 되는 것이다.

3) 거래비용을 낮추어야 자생적인 지속가능한 협력을 유도할 수 있다

해법은 거래비용을 낮추는 정책으로 돌아가는 것이다. 우선 대기업과 부품회사 간 공정한 바탕 위에서 자본공유나 인수합병 여부에 대한 선택이 자유롭고 쉽게 일어나도록 관련 규제를 풀어주고 정부가 불공정행위를 잘 감시해야 한다. 자본주의경제에서 이익의 공유는 자본의 공유를 전제로 한다. 자본이 공유되지 않은 상태에서 이익을 공유하게 하는 규제는 반드시 거래비용을 높여 오히려 협력을 저해할 가능성이 크다. 자본공유해법은 다음 항(項)에서 상세하게 논의하게 될 것이다.

다음으로 중소부품회사들 간에도 인수합병을 활성화하고 중소기업지원정책도 성과에 따른 차등지원제도로 바꿔 혁신적 중기들은 더 빨리 성장해서 대기업과 견줄 수 있는 협상력을 갖게 만들어야 한다.

그동안 우리나라의 대 · 중소기업정책 패러다임은 대기업과 중소기업은 보완적이고 서로 시너지를 창출할 수 있어야 모두 상생할 수 있다는 흥하는 이웃이 있어야 나도 흥한다는 이념이 아니라 대기업과 중소기업은 이해관계가 대립하는 적대적 관계라는 생각, 즉 흥하는 이웃이 있어 내가 망한다는 이념을 기초로 운영되어 왔다. 이러한 패러다임하에서 경직적으로 추진된 대기업규제 · 중소기업우대라는 제도정책은 비선형적 상호작용은 고사하고 선형적 상호작용도 유도하지 못하는, 1+1=1이거나 0 혹은 마이너스를 초래하는 발전 역행적 결과를 초래하고 있음이 분명해보인다.

오늘날과 같은 네트워크 자본주의 체제하에서 중소부품회사와 조립대기업은 한 운명체이다. 협력하지 않고는 살아남을 수 없는 공동운명체다. 만일 이 협력관계가 잘 이루어지지 않고 있다면 여기에는 경제력의 차이로 인한 불공정거래의 가능성이나 정부의 불합리한 개입과 이에 따른 높은 거래비용이라는 장애요인이 있기 마련이다. 따라서 대증요법에 호소하기에 앞서 무엇이 이들 간의 관계를 적대적으로 만들고 있는지 살피는 것이 중요하다. 상생이 잘 안 되는 것을 당사자의 도덕적 문제로 치부하여 접근하면 규제에 호소하게 되고 정책은 실패할 가능성이 높다. 정부가 할 일은 협력을 조장하는 제도를 정착시키고, 협력에 장애가 되는 제도를 바꿔 협력의 거래비용을 낮춰주는 일이다. 이래야 지속가능한 협력관계를 유도해낼 수 있다.

4) 자본공유를 장려하는 제도가 공생의 해법이다

중소기업 · 대기업의 공생을 위해 이익을 공유하자거나 이미 철폐된 '중소기업 고유업종제도'를 부활하자는 주장이 제기되고 있는데 공생의 문제는 한 가지 중요한 자본주의 경제의 원칙을 제대로 이해하게 되면 보다 합리적으로 접근할 수 있다.

자본주의 경제에서 이익은 자본에 귀속된다. 자본투자가 있는 곳에 이익이 있다는 말이다. 따라서 이익이 공유될 수 있는 전제는 서로 자본을 공유해야만 한다는 것이다. 이 대전제를 받아들인다면 공생의 문제는 훨씬 합리적으로 접근할 수 있다. 이미 지적한대로 중소 · 대기업이 이익을 공유하게 하려면 서로 지분을 공유하게 하는 것이 전제가 되는 것이다. 자본이 공유되지 않는 상황에서 이익을 나누는 문제는 기술적으로, 경제적으로 많은 어려움이 있어 거래비용의 증가를 수반할 수밖에 없게 되는 것이다. 이 점에 동의한다면, 즉 자본주의 경제의 틀을 받아들인다면, 중소 · 대기업의 공생문제는 보다 합리적으로 접근할 수 있다.

우선 조립 대기업과 부품회사 간에는 적극적으로 지분공유를 유도하는 것이 좋다. 대기업의 문어발 확장이라 해서 규제하는 30% 이상 지분보유회사의 계열사 편입과 그에 따른 특별규제를 완화하되, 이 과정에서 중소부품회사들이 불공정거래로 피해를 입지 않도록 감시를 강화할 필요가 있다. 물론 이 과정에서 대기업들도 중소기업들도 강제로 지분을 공유하도록 하는 일이 있어서는 안 될 것이다. 단지 정부는 이런 경제행위에 수반하는 불필요한 제약을 풀어주고 분위기를 조성하는 역할에 그치는 것이 좋다.

다음으로 중소기업고유업종제도를 재도입하는 문제는 이미 폐지하는 과정에서 이 제도의 장단점에 대해 충분히 논의된 사항이라 재론할 필요가 없어 보이지만 그 방법을 보다 합리적으로 하면 왜곡을 줄일 수는 있어 보인다. 결국 공생의 목적이 부작용이 있는 중소기업보호만을 위하는 것이 아니라 중소기업의 성장과 더 나아가 전체경제에 도움이 되는 방향으로 중소기업을 이끌어야 한다는 것이라면, 중소기업만의 영역을 정하여 보호하는 방법은 좋은 방법이 아니다. 대신 중소기업부문에 참여하고자 하는 대기업의 지분한도를 설정하는 방식을 택한다면 왜곡이 최소화될 수 있고 더 나아가 자본주의 원리에 따른 이익공유체제가 형성될 수 있는 길이 열릴 수 있다. 예컨대, 특정업종에 한해서 대기업은 49% 이하의 지분만을 소유하게 하면 51% 지분을 가진 중소기업자가 대기업과의 협력하에 중소기업을 키워나갈 방법이 생길 수 있을 것이다. 물론 지분공유에 따른 이익공유는 당연한 결과일 것이다. 따라서 중소기업고유업종제도의 부활보다 이 방법이 더 좋은 대안이 될 수 있을 것이다. 다만 이 경우에도 대기업계열사규제의 예외를 허용하는 문제가 있으나 이런 문제를 넘지 못하면 좋은 대안은 없어 보인다. 결국 선택의 문제이다.

이런 접근은 유통업에서 납품업자와 대형유통사 간의 문제에도 적용할 수 있을 것이다. 그냥 몇 %의 이익을 납품업자에게 나눠주라는 강제조치보다는 필요시 장래성 있는 납품회사와 자본을 공유할 수 있도록 허용하면 자연스레 이익이 공유될 수 있는 것이다. 물론 이 경우에도 대기업의 문어발 확장을 통한 경제력 집중을 막아야 한다는 이념적, 정치적 접근이 장애가 될 것이다. 납품회사의 지분을 대기업이 30% 이상 보유할 경우 적용되는 계열사 편입과 특별규제문제를 넘지 못하면 이 방법도 채택되기는 어려울 것이다.

5) 경제력집중문제를 넘는 길은 대기업끼리 경쟁을 촉진시키는 길 밖에 없다

우리나라는 대기업의 경제력집중 문제에 대한 해결책 없이는 정상적인 경제정책을 운용할 수 없는 상황이다. 어떻게 해야 할까? 이 문제의 해법은 칼 마르크스적인 이념을 넘는 문제와 동시에 실질적으로 경쟁을 촉진시키는 문제와 직결된다. 이념문제를 논외로 한다면 결국 해법은 더 적극적인 경쟁촉진이다. 삼성이 문제면 또 다른 삼성을 대척점에 세워야 한다는 의미이다. 이미 많은 대기업들이 해외시장에서 피나는 경쟁을 하고 있기는 하지만, 결국 대기업끼리의 더 치열한 경쟁을 촉진시키고 필요하면 해외로부터 더 강한 기업을 유치하는 길밖에 없는 것이다. 그래서 중소기업분야에 한눈팔 여유가 없도록 해야 한다.

우리나라는 그동안 대기업이 문제라고 해서 문어발 하지 말라고 각자의 영역을 묶어 두고 출자규제로 투자까지도 못하게 했는데 이는 결국 모두가 독점화되어 안주할 수 있게 도와주는 "대기업을 도우는 규제정책"을 써온 셈이다. 대기업끼리 서로 타 그룹의 영역에 자유롭게 진입할 수 있게 하지 않고 경쟁을 촉진시킬 방법은 없는데 이를 막아놓은 셈이다. 소위 업종전문화라 하여 그런 정책을 편 것이다. 핸드폰 제조와 서비스업은 왜 분리하여 서로 진입을 억제하며, 자동차는 왜 한 회사에 몰아주는가? 문어발을 막는 것이 자칫하면 결국 대기업 각자에게 편한 길을 만들어 주는 셈인데도 이것이 중소기업에 도움이 된다는 이상한 정치적 논리로 지금도 그 틀을 못 벗어나고 있는 것이다. 왜 보다 더 적극적으로 대기업끼리 경쟁시키고, 세계 일류 기업들을 유치하여 국내 대기업들을 더욱더 긴장하게 하지는 않는가? 그렇게 하면 중소기업분야에 한눈팔 정신도 없게 할 수 있을 것인데도 말이다. 한국은 대기업이 문제라면서 옳은 해법은 마다하고 대기업에 좋은 해법을 찾는 이상한 나라인 셈이다.

같은 업종에서 여러 기업이 각축하고 끝없이 새로운 기업들이 들어올 수 있는 메커니즘을 계속 만들어내지 않고 대기업의 경제력 집중이 가져올 수 있는 잠재적 부작용 문제를 풀 길은 없어 보인다. 물론 대기업형성과정이 불공정하니 대기업을 청산하여 재산을 몰수하여 모두에게 나누어주어야 한다는 방식을 원하지 않는다면 말이다.

2. 동반발전 안 되는 양극화 현상은 인재다

오늘날의 자본주의 경제는 네트워크 경제이다. 그래서 흥하는 이웃이 있어야 내가 흥한다는 명제를 피할 수 없다. 네트워크를 통해 끝없이 발전의 노하우와 시너지가 서로 공유되어 퍼져나간다. 내 주위에 나보다 흥하는 이웃이 많을수록 나의 성공가능성은 커지며, 역으로 성공노하우를 배울 수 있는 흥하는 이웃이 없이 내가 성공할 길은 없다. 그래서 오늘날의 네트워크 자본주의경제는 칼 마르크스적인 계급투쟁의 장이 아니라 성공노하우의 공유를 통한 동반발전의 장이다. 수양산의 그늘, 흥하는 이웃의 성공노하우들이 물이 높은 데서 낮은 곳으로 흐르듯 서로 무임승차를 통해 퍼져나간다. 그래서 자본주의 경제는 그 본질상 동반발전을 만들어낸다.

그러나 실제 이 효과가 잘 나타나는 경우도 있고 그렇지 않은 경우도 있다. 이 차이는 바로 그 사회의 경제제도나 정책이 경제주체들끼리 긴밀한 상호작용을 통해 시너지의 공유를 원활히 할 수 있게 해주고 있느냐의 여부에 의해 결정된다. 동반성장을 막아 소위 양극화를 조장하는 경우는, 우선 평등주의 정책으로 흥하는 이웃, 수양산의 등장을 원활히 도와주지 않아서 아예 수원지가 고갈되거나, 불필요한 규제로 상생의 유인을 약화시켜 수원지의 수문을 닫아 놓아 하류가 고갈되거나, 아니면 국민들의 도덕적 해이를 조장하여 물이 넘쳐흐르지만 손수 물을 길어 올릴 생각은 안하고 정부만 쳐다보고 있게 하는 것이 모두 원인일 수 있다. 바로 이러한 요인들이 소위 자본주의 경제의 적하효과(trickle-down effect)나 혹은 스필오버효과(spill-over effect)나 네트워크 외부경제효과(network external economy)와 같은 동반성장 메커니즘의 작동을 어렵게 만드는 것이다. 어떠한 제도가 이런 문제를 초래할까? 흥하는 이웃이 있어 내가 망한다는 계급투쟁적 이념에 빠져, 흥하는 이웃을 폄하하고 취약한 계층이라고 무조건 지원하여 도덕적 해이에 빠지게 하는 동기부여에 역행하는 경제제도가 문제의 원인이라 할 수 있다. 서구 사회민주주의 국가들이 걸어온 지난 50여 년의 역사와 지난 30여 년의 우리의 경제정책 역사가 이를 웅변하고 있다.

우리나라의 경우 그동안 취약계층을 위한다거나 양극화를 완화한다거나, 동반발전을 이끈다거나 하는 좋은 뜻으로 도입한 정책들이지만 결국 자본주의 동반발전원리에 역행하여 오히려 돕고자 한 계층을 더 어렵게 만든 정책 사례들이 너무나 많다. 지금의 양극화문제는 다분히 인재(人災)에 가까운 것이다. 몇 가지 예를 살펴보면 다음과 같다.

1) 동반발전에 역행하는 거시경제정책사례

(1) 수출과 내수가 동반성장 안 된다?

우리나라는 각종의 규제와 사회분위기로 대기업이 수출해서 벌어들인 돈을 내수에 투자할 수 없게 막아 놓고 수출과 내수가 동반성장이 안 된다고 고민하고 있다. 우리나라 수출 대기업들이 같은 업종이나 혹은 여타 국내 서비스업에 투자하기 어렵게 수도권규제나 경제력집중규제를 하거나 혹은 사회분위기를 만들어가기 때문에 기업들의 해외투자는 과도하게 늘어가고 수출로 번 돈은 해외로 유출되어 수출과 내수는 같이 동반성장 못하는 것이다. 좋은 일자리가 해외에 수출되니 젊은 청년들은 일자리가 없어 결혼도 미루고 결혼해도 맞벌이를 해야만 하니 저 출산은 심화된다. 능력 있는 기업들의 국내투자가 늘지 않으니 좋은 일자리가 늘어나지 않고 양극화도 심화된다. 내수산업에 불리한 정책을 쓰면서 내수, 서비스업 키운다고 하니 결국 연목구어가 될 수밖에 없는 것이다.

(2) 대기업의 수익은 급증하는데 중소기업은 계속 어렵다?

수출을 늘린다고 고환율정책을 지속하면 내수서비스업 등 내수부문과 내수 중소기업은 어렵게 되고, 제조 수출대기업은 유리해진다. 더구나 이미 지적한 대로 수출과 내수가 동반성장하기 어려운 구조 속에서 대기업과 중소기업 간의 동반성장은 더 어려워진다. 또한 고환율정책을 고집하면 수입인플레 압력으로 서민경제가 어려워진다. 결국 고환율 정책의 지속은 수출대기업, 혹은 수출부문의 성장을 촉진시키지만 반면 내수 서비스부문과 중소기업을 어렵게 하고 국내인플레를 조장하여 서민경제를 어렵게 하는 결과를 초래할 수 있다.

2) 동반발전에 역행하는 경제제도 정책 사례

(1) 대기업규제 하면 중소기업이 살아난다?

중소기업을 위한다고 대기업을 특별 규제하면 대기업은 해외투자를 늘리고, 수출과 내수의 연계는 더 약화되어 국내 중소기업과 내수산업만 어려워지고, 좋은 일자리는 해외로 뺏겨 우리 청년들의 일자리 구하기는 더 어려워진다. 대기업규제가 중소기업을 어렵게 만들고 청년들을 어렵게 하는 결과를 초래한다.

(2) 부동산으로 불로소득(?) 얻지 못하게 하여 모든 국민이 자가 주택을 소유할 수 있게 해준다고 애쓰지만 무주택 영세계층만 어렵게 만든다

1가구 1주택 장려정책으로 다주택 소유에 세금폭탄을 매기고 임대사업도 수익을 내기가 어렵게 제도를 만들어 놓아, 결국 돈은 벌지 말고 임대업을 하라 하는 형국이니 임대업이 활성화되기는 어렵다. 결국은 임대 주택 공급이 활성화되지 못하여 주택을 구입할 능력이 없는 월세, 전세 수요자만 피해보게 된다. 전월세 공급을 늘리려면 전월세 임대업이 수익성이 있어야 하는데 우리는 수익은 내지 말고 임대서비스만 열심히 하라는 이상한 정책을 시행하고 있다. 수익성이 보이지 않는데 어떻게 사업자가 몰리겠는가.

(3) 30년 넘게 수도권규제해도 지역경제 활성화는 아직도 요원하다

지역균형발전을 추진한다고 30년 넘게 수도권에 대기업의 입지를 규제하니 대기업들은 지방이 아니라 해외로 탈출하고 있다. 이제 수도권도 어렵고 지방은 전혀 좋아지지 않고, 결국 일자리를 해외에 팔아버리는 일을 하면서 일자리 늘릴 정책을 찾는다고 고생하고 있다. 수도권도 지방도 모두 하향평준화되고 있는데도 계속 지역균형발전을 추진한다고 한다.

발전은 경제활동이 특정 지역이나 산업부문, 기업에 집적되는 과정인데도 자원, 산업, 기업, 공항, 축구장, 공공기관, 도시를 전국에 골고루 분산, 배치시키는 정책을 30년 넘게 지속하고 있어 국토의 경쟁력은 하향 평준화되고 있다. 지역 간 상생, 동반은 고사하고 모두가 동반 하락하는 형국이다.

(4) 중기육성정책이 중기에 독이 된다

중소기업을 육성한다고 가진 애를 쓰는 데도 지난 30여 년간 번듯한 대기업으로 성장하는 중기가 거의 없었다. 이걸 대기업 때문이라 하여 대기업규제를 더 강화하면 대기업은 국내보다 해외 투자를 늘리기 때문에 중기와 대기업 상생은 더 어려워진다. 성장하는 중소기업을 역차별하는 획일적 1/n지원정책이 앉은뱅이 중기 생태계를 만들어내고 있는 것이다.

(5) 근로자를 위하는 정책이 근로자에 독이 되어 돌아온다

근로자를 위한다고 노조를 무소불위의 전투적 노조로 키워놓으니 기업들은 투자에 소극적일 뿐만 아니라 정규직 채용을 꺼리게 되어, 저임금 비정규직만 양산되고 있다. 비정규직 저임금 청년들은 결혼할 엄두도 못 내고, 결혼해도 맞벌이 안 하고 살길이 없으니 애를 낳기는 더 어려워진다. 강성노조가 기득권세력이 되고 신규진입 비노조 비정규직 근로자는 저임금 고용불안에 시달리고 특히 젊은 세대의 미래는 더 불안해지고 출산율도 떨어진다. 근로자를 위한다는 정책이 결국은 근로자 간의 동반성장을 가로막는 결과를 초래하고 있는 것이다.

(6) 교육격차를 없애 가난의 대물림을 막겠다는 평준화 교육은 오히려 가난의 대물림을 고착화시킨다

평준화 교육으로 공교육이 무너지면서 사교육시장에서 경쟁이 불가피해졌다. 이제 부유한 학생들은 좋은 학원을 가는데 가난한 학생들은 학원 갈 길이 없어 결국 가난한 학생들만 피해를 보는 결과를 가져오고

있다. 그래서 가난의 대물림은 고착화되고 동반성장은 더 어려워진다.

(7) 선진국 복지제도 따라하면 동반성장하는 선진국 된다?

동반성장하기 위해 복지제도를 확충해야 한다고 하나 어떠한 방식으로 해야 진정 취약계층에 도움이 되는 방식인지 고민하지 않고 선진국이 실패한 제도를 답습하고 있어 도덕적 해이를 초래할 위험이 상존하고 있다. 무상복지는 복지수요를 팽창시키는 가장 비싼 복지이며, 획일적 보편적 복지는 동기를 부여하지 못하여 오히려 도우려는 사람들을 실패하게 만든다. 따라서 동기부여기능이 없는 보편적 무상복지제도는 최악의 복지제도이다. 도덕적 해이로 인한 복지수요의 증대와 수혜자의 양산에 따른 복지지출증가와 그에 따른 재정부담 증가로 지속가능성을 보장할 수도 없다.

(8) 50m 이상 차지 못하게 하는 앉은뱅이 축구규칙은 무슨 결과를 가져올까?

잘하는 거포 선수들을 규제하는 축구규칙은 축구장을 앉은뱅이 선수들로 가득 채운다. 유능한 거포 선수들을 해외로 나가게 만들기 때문이다.

국가나 정부, 정치권이 계속해서 부자는 싫고 가난한 사람의 편이라고 하면 무슨 일이 생길까? 계속 가난한 사람만 우대한다고 하면 어떤 일이 벌어질까? 대기업은 싫고 중소기업만 사랑한다고 하면, 수도권은 싫고 지방만 사랑한다고 하면 어떤 결과가 일어날까? 포퓰리즘의 결과는 무엇일까 ?

사랑받고 우대받는 주체는 늘어나서 번창하고 싫어하는 주체들은 줄어든다. 경제제도가 특정 조건하의 주체들에게만 유리하게 조성되면 세월이 가면 대접 받는 주체들은 늘어나고 그렇지 못한 주체들은 점차 사라지게 된다. 가난하기 때문에, 취약하기 때문에, 작기 때문에, 지방이

약하기 때문에 특별히 도와준다고 하면 모두 그 상황에서 안주하게 된다. 무엇무엇 때문이라는 것이 대접받을 조건이 되면 기득권이 되고 안주하게 된다. 자조하고 노력하여, 음지에서 양지로 나오는 주체가 대접받도록 동기 부여하는 장치가 없으면 좋은 뜻이지만 좋은 결과를 가져오지 못한다.

3) 부문 간 네트워크와 시너지를 고려않는 정책이 양극화를 조장한다

이상과 같은 실례들은 그동안의 잘못된 경제관과 그에 따른 잘못된 정책선택에 연유하고 있다. 경제는 분해해서 볼 수 없는, 전일적으로 봐야 하는 복잡현상이다. 모든 부문이 서로 네트워크화되어 있기 때문에 어느 한 부문만을 따로 생각하는 정책은 원하는 효과를 얻기가 어려워진다. 수출과 내수부문, 중소기업과 대기업부문, 제조업과 서비스업부문, 도시와 농촌, 수도권과 지방 등은 모두 서로 체계적으로 네트워크화되어 있어, 따로 떼어서 생각해서는 안 되며, 어느 한 부문이 타 부문을 '착취'한다는 관점에서 접근해서는 안 된다. 그러나 그동안의 사고는 종합적 사고가 아닌 환원주의에 빠져 부문 간 상호작용에 대한 고려가 미흡하였다.

중소기업을 (획일적으로) 키우고 동시에 대기업을 묶어놓으면 기업생태계의 균형을 달성할 수 있다고 생각했지만 그 균형은 하향평준화의 죽은 균형임을 인식하지 못하였다. 자금여력이 있는 대기업이 투자하지 않는데 어떻게 중소부품회사의 수요가 일어날 것이며, 중소기업이 혼자 투자를 늘리면 누가 그 제품을 소화해줄 것인가? 수출과 내수를 잇는 투자 주체로서의 역할은 투자할 자금이 있는 기업만이 할 수 있는데 투자능력이 있는 주체를 묶어놓으니 수출과 내수의 네트워크는 약화될 수밖에 없는 것이다. 매사에, 투자할 능력이 있는 기업이 투자해서 돈을 버는 것은 싫어하고 투자할 능력이 없는 기업이 투자해야 한다고 생각하니 세상에 투자가 활성화되기는 어려워지고 명색이 일자리 늘린다는 선심 정책은 난무하지만 정책의 실효성은 낮을 수밖에 없다.

동반발전은 좋은 뜻만으로 되는 것이 아니다. 문제의 근본원인인 경제제도와 거래비용문제를 고민함 없이 현상만을 보고 대증적(對症的)으로 정부의 규제를 통해 결과를 교정하려 하면 시장은 반드시 역공한다. 시장은 '경제 비효율과 정체'라는 무기로 경제주체들에게 그것도 바로 돕고자 원했던 경제주체들을 어렵게 만든다. 대증적 규제효과는 지속가능하지 않다. 동반하라고 강제로 묶거나 재분배시키면 자생적 상호작용성향은 커지지 않고 1+1이 2도 아닌 1이나 0을 만들어내는 부정적 시너지를 창출하게 된다. 왜 동반성장이 우리의 기대에 못 미치는지 그 원인과 이치를 규명하는 것이 급선무이다. 이런 고려가 결여된 대증적, 단순 결과교정적 규제 및 재분배조치는 오히려 거래비용을 높이고 동반성장 메커니즘을 약화시켜 경제주체들을 어렵게 하고 경제전체의 효율을 떨어뜨려 오히려 도우려는 취약계층만 더 어렵게 만드는 결과를 가져온다.

경제부문들을 서로 대립적으로 보는, 즉 한 부문이 커지면 타 부문이 약화되는 관계로 보는 기계론적 환원주의 경제관에서 탈피해야 한다. 흥하는 이웃이 있어 내가 망하는 것이 아니라 흥하는 이웃이 있어 모두 더 높은 차원으로 발전, 창발할 수 있는 것이다. 그래서 전체가 발전, 창발할 수 있어야 모든 부문이 동반성장할 수 있음을 잊어서는 안 된다.

3. 양극화는 자본주의 경제의 문제가 아니라 민주정치의 문제이다

자본주의 경제는 완전하지도 않고 모두에게 경제적으로 동일한 결과를 가져다주지도 않지만, 소위 양극화라는 현상은 자본주의 시장경제 혹은 기업경제—필자는 여기서 자본주의라는 수식어가 적절한 표현이 아니라고 본다. 필자가 생각하는 자본주의 경제란 우리가 사는 자연스런 시장질서를 의미할 뿐이다.—의 본질적 문제라기보다는 민주주의 정치의 부작용이다. 오늘날 전 세계적으로 관찰되는 소위 양극화는 바로 사회민주주의적 이념에 따른 평등주의적 경제정책의 소산이다. 경제적 불평등이라는 시장경제의 조그만 약점을 고친다고 시장의 차별화기능—시장은 항상 성과가 좋은 경제주체에게 더 많은 지원을 한다—에 역행하는 무차별적 보편적 복지에 기초한 재분배정책을 강화함으로써 앞선자나 뒤떨어진 자나 모두의 동기를 차단하여 결국 경제정체를 초래함은 물론 동반발전의 적하효과(trickling-down effect)를 차단함으로써 오히려 조그만 불평등을 증폭시켜 더 큰 양극화를 초래하게 된 것이다. 더구나 소위 2 : 8이니 1 : 9니 하는 '양극화'는 경제평등을 추구하는 민주주의 정치하에서 경제정체로 인해 모두가 가난해지는 과정으로 양극화라기보다는 오히려 경제의 '하향평준화' 과정이라고 불러야 옳다고 생각한다.

일인일표의 민주주의는, 자본주의 경제를 착취와 경제 불평등을 초래하는 모순된 체제로 보는 이념과 만나면 대체로 포퓰리즘 민주주의로 탈바꿈하게 된다. 포퓰리즘 민주주의는 경제적 평등을 추구한다 하여 흥하는 이웃을 폄하하고 그렇지 않은 주체들을 우대하지만, 이는 댐에 물이 고갈되어 하류에 물이 공급되지 않는 결과를 가져오거나 물이 소량 공급되더라도 물을 펴 올릴 생각은 안하고 정부를 쳐다 보는 국민들이 많이 늘어나게 됨을 의미한다. 양극화현상은 바로 평등주의정책의 결과이다.

선진국 민주주의는 자본주의 모순론에 따라 수정자본주의, 복지국가,

사회민주주의를 자발적으로, 물론 사회주의에 대항한다 하여, 추종하게 되었고, 후진국민주주의는 중산층이 얇아 자연스럽게 경제적 평등을 지향하는 사회민주주의로 흘렀다. 경제적 평등을 추구하는 정치체제는 발전역행적이며, 양극화의 온상이 된다. 역동적인 경제주체는 역차별하고 취약한 경제주체만 우대하는 정책들은 동기부여를 차단하기 때문에 경제정체를 가져오고 양극화를 조장하게 되는 것이다. 정치경제적으로 사랑받고 우대받는 주체는 늘어나서 번창하고 싫어하는 주체들은 줄어든다. 경제제도가 특정 조건하의 주체들에게만 유리하게 조성되면 세월이 가면 대접받는 주체들은 늘어나고 그렇지 못한 주체들은 점차 사라지게 된다. 열심히 노력하여 자기인생을 자기 힘으로 개척하는 자보다 자기실패를 남의 탓이라 생각하고 정부와 사회가 모든 것을 책임져야 한다는 사람들을 계속 우대하면 모든 국민이 그런 사람들로 바뀌게 된다. 자조하고 노력하여, 음지에서 양지로 나오기보다 현재에 안주하여 정부의 도움만을 기다리는 주체가 더 늘어나게 된다. 정부의 대국민 지원정책에 동기부여하는 장치가 없으면 좋은 뜻이지만 좋은 결과를 가져오지 못한다. 오늘날 한국의 민주주의도 바로 포퓰리즘 민주주의, 사회민주주의의 길을 가고 있다. 선진국들이 실패하는 길을 따라가고 있는 것이다.

이렇게 보면 이제 경제적 평등이라는 사회주의적 이상은 칼 마르크스 이후 공고하게 인류의 지배적 이념, 혹은 세계관으로 자리 잡은 듯하다. 자본주의가 모순된 체제라는 생각은 이제 일류의 보편적 이념이 된 듯하다. 그래서인지 자본주의를 더 평등한 체제로 바꾸어야 한다는 주장을 담은 저서들이 항상 인기 있는 베스트셀러가 되고 있다. 그런데 전후 60년을 회고해보면 그동안 인류의 경제평등을 위한 꾸준한 노력에도 불구하고 인류는 이제 더 정체되는 경제성장과 더 악화된 경제적 불평등, 즉 소위 경제양극화, 그리고 일자리 부족으로 삶은 더 어려워지고 있는 것이 현실이다. 일부에서는 이를 신자유주의적 자본주의 때문이라 하지만 실상은 모두가 바로 그 자본주의를 바꾸거나 청산하고 보다 경제적으로 평등한 사회를 위한 정책을 추진한다고 애를 써 온 것이 지난 20세기 후반이 아니었든가? 지난 반세기야말로 민주주의가 끝없이 신장되면서 국가가 국민의 생활을 책임진다고 나서서, 재분배정책을 통한 복지제도의 확충으로 경제적 평등을 달성하고자 매진해온 것이 아니었든가? 도대체 인류는 이제 어디로 가야 할 것인가?

그동안 인류는 시장은, 즉 우리가 사는 이 세상은 경제적 불평등을 가져오기 때문에 악이고 민주주의는 평등을 가져다주기 때문에 선이라며 하느님처럼 믿어 왔다. 그러나 경제적 평등을 추구해온 민주주의는 오히려 가난의 보편화에 기여하고 있지 않은가? 이제 던져야 할 질문은, "그럼 모두가 같아지지는 않지만 모두의 발전을 가져오는 (자본주의) 시장은 악이고 모두가 평등하지만 모두를 가난하게 만드는 평등지향 민주주의는 선인가?"라는 질문이다.

최근 아나톨 칼레츠키(Anatole Kaletsky)는 『자본주의 4.0』이라는 저서를 통해 신자유주의의 시장근본주의적 사고에서 탈피하여 정부도 시장도 중요하다는 생각을 중심으로 자본주의체제를 바꾸어야 한다고 주장하고 있다. 그러나 그는 그동안 민주정치에 의해 왜곡된 현실 자본주의체제와 자생적 시장질서로서의 자본주의경제와를 구분하지 못하고 있고 따라서 민주정치의 문제에 대한 성찰은 없으며, 나아가 경제발전을 위한 시장의 진정한 기능은 무엇이며, 정부는 무슨 기능을 해야 하는지에 대한 깊은 성찰도 없다. 시장뿐만 아니라 정부도 중요하다는 주장은 필자의 일관된 주장과 유사하지만 그 내용은 좋은 정부와 좋은 정책이 중요하다는 동어반복(tautology)적 주장이 넘치고 있다. 더구나 이런 분위기 속에서 최근 조선일보는 유사한 『자본주의 4.0』이라는 제하의 대규모 특집을 통해 우리 사회가 자본주의의 모순, 즉 소위 양극화, 불균형문제를 해결하기 위해 '따뜻한 자본주의'라는 재분배 복지국가형 경제운용체제로 가야 한다고 주장하였다. 그런데 이러한 주장 또한 20세기 경제발전사나 경제발전의 원리에 대한 깊은 성찰 없이 좋은 이상이나 희망사항들에 대한 주장들로 넘치고 있으며, 민주정치의 경제왜곡문제를 시장의 문제로 착각하고 있는 것으로 보인다.

오히려 지금은 "자본주의 4.0"이라 하여 또다시 우리의 삶의 현장을 평등주의적 이념의 잣대로 재단하려 할 것이 아니라, 민주정치가 그동안 초래한 경제적 왜곡과 불평등의 심화현상을 풀어내기 위해 "민주주의 4.0"을 고민해야 할 때는 아닐까? 우리는 오래전에 민주주의가 봉착하게 될 평등주의 함정을 예견했던 알렉시스 드 토크빌(Alexis de Tocqueville)과 한스-헤르만 호페(Hans-Hermann Hoppe)의 글을 빌어 이 질문에 대한 답에 대신하고자 한다.

> "특권에 대해서 인간이 갖는 증오심은 특권이 줄어들수록 더욱 증대한다. 그래서 (평등에 대한; 필자 주) 민주주의적 열정은 그 연료가 가장 적을 때 가장 격렬하게 불붙는 것 같다. … 모든 조건이 불평등할 때는, 어떠한 불평등도 눈에 거슬리는 법이 없다. 반면에 전반적인 획일 속에서는 아무리 작은 차별이라 할지라도 밉살스러운 법이다. 이러한 획일이 더욱 완전할수록 차별에 대한 인식은 더욱 참을 수 없는 일이 된다. 그래서 평등에 대한 애착은 언제나 평등자체와 함께 증가하게 되며, 평등해지는 것만큼 더 자라게 되는 것은 당연한 일이다.
>
> 민주국가의 국민으로 하여금 아주 작은 특권에 대해서조차 반대하게 만드는, 이 사라질 줄 모르고 타오르는 증오심은 특히 모든 정

치권력을 국가라는 대표기관의 손에 집중되게 만든다. 최고통치권은 다툴 여지가 없이 반드시 모든 시민 위에 존재하고 있음으로 숫제 그들의 시기를 불러일으키지도 않는다. 단지 개별시민은 자기 동료들에게 최고통치권자에게 인정하는 특권을 인정할 수 없다고 생각할 뿐이다. 민주시대의 인간은 자기이웃에 복종하는 것을 굉장히 못마땅하게 생각한다. 왜냐하면 이웃사람은 자기와 동등한 사람이기 때문이다. 그는 이런 사람에게 어떤 우월한 능력이 있다는 것을 인정하기를 거부한다. 그래서 이런 사람의 판단을 믿지 아니하며, 그가 가진 힘을 시기한다. 그는 그를 두려워하면서 경멸한다. 그리고 그는 그들 모두가 같은 주인에게 의존하고 있다는 것을 끊임없이 일깨우고 싶어 한다.

모든 중앙권력은 그 타고난 경향이 그렇듯이 평등의 원리를 옹호한다. 왜냐하면 평등이야 말로 중앙 권력의 영향력행사를 특별히 쉽게 해주면서 이를 확대 보장해주기 때문이다.

마찬가지로, 중앙권력은 획일성을 숭상한다고 할 수 있다. 모든 사람에게 한 가지 규칙을 무차별적으로 적용하는 획일성은 사람에 따라 다른 규칙을 적용할 경우에 불가피하게 생기는 무수한 개별사항에 대한 고려를 안 해도 되게 해주기 때문에 중앙권력은 획일성을 선호한다. 그래서 정부는 시민이 좋아하는 것(획일성, 평등; 필자 주)을 좋아하고, 시민이 싫어하는 것은 싫어한다."[13]

이러한 토크빌의 관찰과 동시에 호페의 다음과 같은 사고실험이 만나면 어떤 결과가 생길지는 쉽게 예상할 수 있을 것이다.

"전 세계적 규모로, 일인일표의 원리에 따라 민주주의 방식으로 선출된 정부가 있다고 가정해 보자. 선거의 결과는 어떻게 될까? 아마

13. 토크빌(2005), II권 pp. 865-866, 번역서 내용을 원문에 맞게 일부 수정하였음.

도 십중팔구는 중국-인도의 연합정부가 출현할 가능성이 크다. 이러한 정부는 지지자들을 만족시키고 재집권하기 위해서 주로 어떤 일을 하고자 할까? 정부는 아마도 이른바 서방세계가 나머지 지역, 특히 중국과 인도보다 훨씬 더 많은 부를 소유하고 있음을 발견할 것이고 따라서 체계적 부와 소득의 재분배가 필요하다고 생각할 것이다.

혹은 당신의 조국에서 투표권이 일곱 살짜리 아이에게까지 확대되었다고 가정해 보자. 정부가 아이들에 의해서 운영되지는 않겠지만 '공짜' 감자튀김, 레모네이드, 혹은 비디오에 대하여 '충분하고' '평등하게' 접근하고자 하는 아이들의 '합법적 관심'이 정책에 반영될 것은 거의 확실하다.

이러한 사고실험을 통하여, 19세기 중반에 유럽과 미국에서 시작되어 1차 세계대전의 종식에 이르러 결실을 맺게 된 민주화과정이 어떤 결과를 초래할 것인지가 의심의 여지없이 드러난 셈이다. 각국가 내에서 이루진 참정권의 성공적 확대와 보편적인 성인투표권의 확립은 전 지구적 세계 민주주의로 나아갈 것이다. 민주화는 부와 소득의 재분배를 향한 거의 영속적 움직임의 시동을 건 셈이다."[14]

4. 한국의 개발연대 동반성장과 경제민주화연대 양극화의 경험과 교훈

한국의 개발연대, 특히 1960년대 이후 1980년대 말까지의 한국의 경제성장은 성장과 분배를 동시에 개선시킨 모범적 자본주의 경제성장 경험이다. 그림 9에 의하면 1965-89년 평균성장률은 표본국가 중 가장 높으면서 소득불평등지수(상위 20% 소득/하위20% 소득)는 아주 낮은

14. 호페(2004), pp. 175-176.

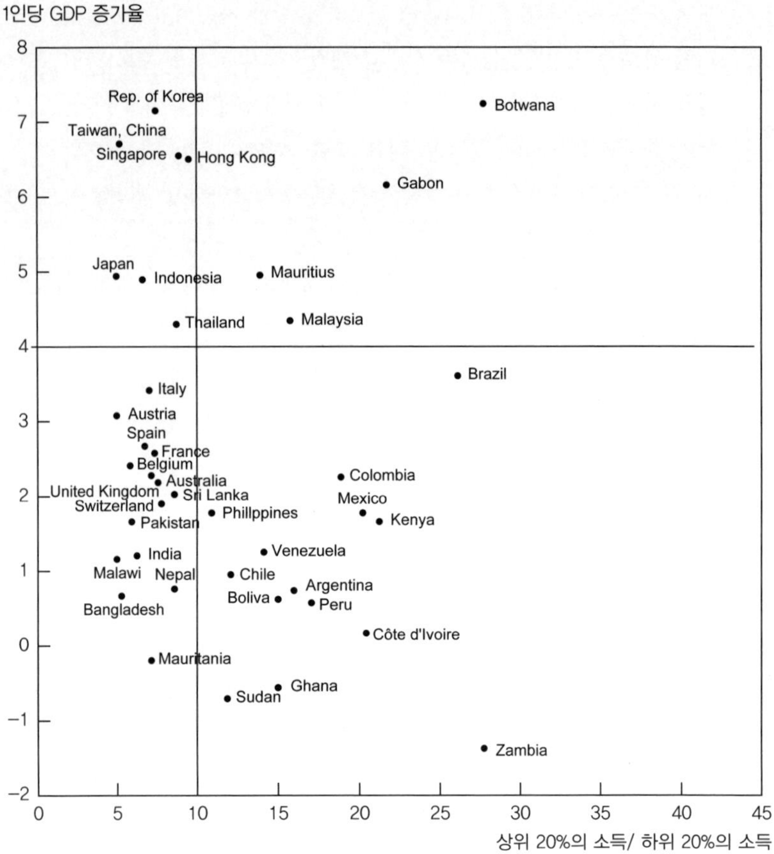

그림 9 1965–1989년간 1인당 소득증가와 소득분배
자료출처: World Bank 자료에서 인용한 고영선(2011)에서 재인용.

것으로 나타나고 있다. 어떻게 이것이 가능하였나? 수출주도 성장으로 성장하는 수출기업들이 수출의 과실을 국내투자로 환원시킴으로써 수출이 국내 내수부문과 고용을 늘리는 선순환구조가 정착되었기 때문에 가능했던 결과이다. 당시의 한국기업들은 정부의 적극적인 독려 하에 내수투자를 늘릴 수 있었다. 당시에는 노조를 지나치게 억압한 문제가 있었지만 1990년대 이후와 같은 세계적으로 유명한 전투적 노조는 없었

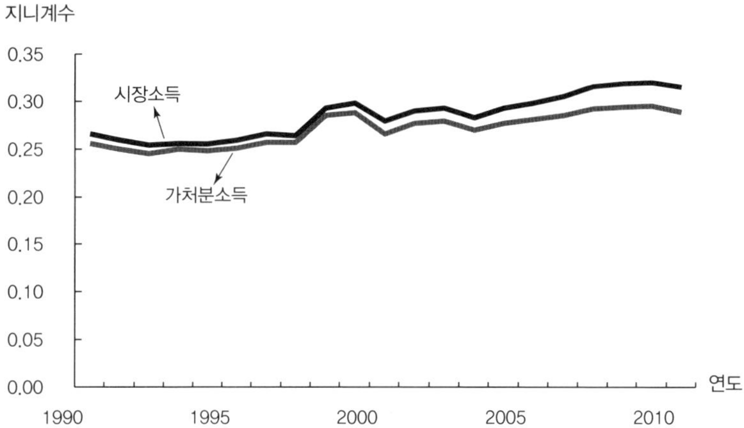

그림 10 1990년대 이후 소득 분배추이(지니계수추이)
자료출처: 고영선(2011)

다. 당시에는 수출을 많이 하여 대기업이 되는 것이 더 많은 투자를 할 수 있는 이점이 되었으며 경제력집중규제(1980년대 중반이후 지속적 강화)라는 이름으로 대기업들의 국내투자를 규제하는 일은 없었다. 또한 당시에는 대기업이기 때문에 수도권에 투자하는 것을 막는 수도권대기업투자규제정책(1982년부터 시작)도 없었다. 대기업들이 수출과실을 국내에 환원하는데 큰 제약이 없었다. 수출종합상사들이 수출을 늘리는 일은 중소기업들과의 연대 없이는 가능하지 않았다. 대기업수출이 바로 중소기업들의 성장과 국내 일자리 창출, 내수활성화로 이어졌다.

오늘날 그럼 왜 소득분배는 악화되고 양극화라는 말이 유행할 정도로 동반성장이 안 되고 있는가? 그림 10에 의하면 1990년 이후 소득불평등도를 측정하는 지니계수는 계속 증가하여 소득분배가 악화되는 것으로 나타나고 있다. 이미 앞에서 지적한대로 1980년대 말 이후 우리나라는 경제, 사회, 지역의 균형발전을 추구하고 소득분배 개선을 위해 소위 경제민주화를 추구했음에도 왜 이런 결과가 나타난 것인가? 근로자를 위한다는 전투적 노조방치문제, 중소기업을 위한다는 대기업투자규제문제, 지방을 위한다는 수도권규제문제, 대기업들의 문어발을 규제한다 하지만 오히려 중소기업들과의 협력(자본제휴 등)을 어렵게 만드는 문제 등등, 경제적 약자를 더 우대한다는 정책들이 역설적으로 투자할 능력이 있는 기업들의 해외투자를 과도하게 조장함으로써 결국은 좋은 일자리를 해외에 팔고 소위 비전 높은 청년들이 기피하는 중소기업 일자리만 양산하는 결과를 초래하고 있는 것이다. 대기업들은 해외로 떠나고 99% 이상이 중소기업이고 88% 이상이 중소기업 일자리인 한국경제, 중소기업이 성장보다 중소기업으로 남아 있음이 더 유리한 인센티브구조를 만들어내는 한국경제가 양극화 문제에 봉착하게 됨은 너무나 당연한 경제적 결과이다.

성장하는 기업이 아니라 작은 기업이 우대받는 경제에서 좋은 일자리를 구하는 것은 연목구어에 다름 아니다. 동반성장을 위한 답은 간단하나 실천은 어렵다. 일자리를 창출할 수 있는 투자할 능력이 있는 기업들이 국내투자를 늘릴 방안을 정부와 기업이 머리를 맞대고 고민해야 한다. 전투적 기득권노조문제를 거론하지 않고 비정규직 문제의 해결책은 없다. 진정으로 기업투자에 도움이 되는 일을 하는 것이 중요하지 기업의 의향은 물어보지도 않고 정부가 나서 일자리를 늘리겠다는 정책은 성공가능성이 없다. 투자할 능력이 있는 기업들이 투자할 수 있도록 도와야 한다는 소릴 할 수 있는 정치인이 한 사람이라도 있을까?

국민들도 이제 선택해야 할 때가 되었다. 일자리와 양극화해소를 위해 대기업들을 국내로 들어오도록 대기업규제, 수도권규제 등등 평등, 균형, 도덕과 명분을 내세운 정치색 짙은 소위 경제민주화 정책들을 폐기할 것인지 아니면 지금의 정책들을 지속 강화하여 모두 어려워지는 오늘날의 선진국 사회민주주의의 길을 계속 따라 갈 것인지를 … 우리 모두가 경제적 차등과 차이가 싫다고 정부로 하여금 시장의 차별화기능을 무력화시키거나, 그에 역행하는 평등주의정책들을 만들어내게 하면 당장은 편해지지만 결국 모두가 하향 평준화되는 실패하는 길을 재촉하게 된다. 국민들도 이제 흥하는 이웃이 되고자 모두 털고 일어나 노력할 것인지 흥하는 이웃의 발목이나 잡고 있을 것인지 선택할 때가 되었다. 정부에게 내 몫을 달라고 요구하기보다, "나에게 더 큰 경제적 자유를 달라, 결과는 내 책임이다"라고 소리칠 수 있는 국민들이 나오지 않는다면 한국경제의 미래는 밝다고 할 수 없다.

V. 기업의 일자리 창출능력 상실이 만병의 근원이다

자본주의 경제는 인류의 대다수가 임금근로자로서 삶의 터전을 땅이 아니라 기업에서 찾는 독특한 경제체제이다. 기업과 분리되면 빈곤층의 나락으로, 좋은 일자리를 잡으면 중산층, 상류층으로 신분상승을 이루게 된다. 일자리를 통해 부의 창출에 참여하느냐, 못하느냐가 신분과 계층의 차이를 가져오는 것이다. 자본주의 신 발전원리는 기업이 경제발전의 주역임을 잘 보여주고 있다. 기업의 성장 없이 발전하는 나라는 존재하지 않는다. 그래서 우리는 자본주의 경제를 '기업경제'라 불러야 옳다고 했다. 우리의 삶의 수준과 질의 향상은 바로 이런 성장하는 기업들이 창출하는 일자리를 통해 이루어진다. 일자리가 자본주의 경제의 제일의 복지수단인 것이다. 따라서 기업의 투자와 일자리 창출능력에 장애가 오기 시작하면 자본주의 사회는 병들 수밖에 없다. 따라서 자본주의 임금근로사회의 만병은 실업에서 오는 것이다.

정의사회니 공정사회니 평등사회니 양극화니 하는 문제제기는 이미 앞의 제5장에서 지적한대로 결국 일자리 없는 문제, 부의 창출에 참여하지 못하는 문제에서 연유한다. 그런데 일자리 문제는 경제발전문제이다. 따라서 경제발전정책으로 접근해야 답이 있다. 재분배 사회정책으로만 접근하면 오히려 나눠야 할 부의 창출이 원활하지 못하고 모두가 하향평준화로 가게 된다. 따라서 모든 경제제도를 일자리를 창출하는 주체에 유리하게 조성하는 것이 자본주의 경제의 지속가능한 발전을 담보하는 길이 된다.

정부도 NGO도 아닌, 기업과 기업의 투자가 대접받는 경제만이 일자리 천국을 만들 수 있다. 일자리 만드는 기업의 생각은 무시하고 규범적 정의관이나 정치적 명분론에 치우친 정책은 역효과를 가져온다. 기업환경을 악화시켜 좋은 일자리를 해외에 수출하는 국내경제제도 문제를 풀지 않는 일자리정책은 연목구어에 다름 아니다. 물론 정부가 나서서 만드는 저임금 일자리도 정답이 아니다. 일자리 늘리기와 관련해서 기업에 유 무언의 혹은 유 무형의 압력을 행사하는 무슨 편법이나 대증요법은 지속가능한 결과를 가져오지 못한다. 결국 일자리를 늘리기 위해서는 일자리 창출 주체인 기업에 친화적이고, 일자리에 친화적 정책이 절대 필요하다.[15] 이와 동시에 국민들의 일할 능력 제고를 위해서 교육기

15. 다음과 같은 고려와 정책변화가 국내기업투자확대에 도움이 될 것이다. ① 노동시장유연성 제고: 정규직해고의 부자유와 그로 인한 비정규직과 청년실업양산과 저 출산 문제의 심화라는 연결고리를 차단하기 위해 노동시장유연성을 높이는 개혁이 필요, ② 노사관계의 개선: 전투적 노조를 발전친화적인 노조로 변신유도, ③ 기업규제완화: 국내대기업에 대한 역차별 규제 등 대기업규제, 수도권규제 등 국내자본의 해외 탈출을 장려(?)하는 규제들을 철폐, 완화, ④ 중소기업육성정책을 성장하는 기업이 역차별받지 않도록 성과있는 기업이 우대받는 차별화정책으로 추진.

회의 확대와 의료서비스 접근을 강화하는 문제는 재론할 필요도 없다.

이제 정의, 공정 문제를 규범적 배분정의차원을 벗어나 실증과학적 차원에서 부의 창출문제로 접근해야 한다. 모든 경제제도의 개혁은 기업투자의 유도를 통한 일자리창출과 국민들의 고용극대화에 초점이 맞추어져야 한다. 이를 통해 보다 많은 국민들이 국부의 창출에 참여함으로써 그에 상응하는 분배를 향유할 수 있도록 해야 한다. 이렇게 해야 정의롭고 공정한 부의 분배와 지속가능한 발전을 같이 이룰 수 있다. 그러나 일할 능력이 없는 주체, 일시적 어려움에 봉착한 주체들에게 선택적 복지를 제공하는 것은 공동체유지를 위한 최소한의 과제일 것이다.

에필로그

발전친화적 이념을 지향해야 한다

학문의 패러다임은 그 패러다임을 창안하는 사람의 이념 혹은 세계관을 반영한다. 그리고 이렇게 형성되는 패러다임이 일반화되면 그 학문을 따르는 모든 사람의 세계관을 바꾸어낸다. 특정 학문의 주류 패러다임은 그 학문이 세상을 보는 세계관이 된다. 경제학의 주류인 신고전파 경제학의 완전경쟁모형은 경제학자들이 세상을 이해하는 창으로서 주류 경제학자들의 세계관이라 할 수 있다. 그리고 이러한 주류의 생각은 국가경제사회정책의 틀을 결정하게 된다.

우리는 신고전파 주류경제학은 배분경제학으로서 주어진 자원과 재화의 효율적 정태적 배분문제에 탁월한 답을 주지만, 발전이라는 복잡경제의 새로운 차원으로의 동태적 창발을 설명하기에는 역부족이라 했다. 물론 주류경제학은 결과적으로 배분경제학적 관점에서 발전 경제학 문제를 풀고자 노력해왔다. 주류경제학은 그래서 배분경제학적 세계관을 가지고 세상을 이해하고 정책을 제안하게 된다. 배분경제학적 세계관은 그럼 무엇인가? 주류경제학의 세계관은 완전경쟁모형에 적절히 담겨 있다. 완전경쟁모형의 제일 중요한 가정은 경제적으로 그 크기가 동일한 무한대의 많은 기업과 소비자들이 존재해야 한다는 것이다. 모두가 모든 경제적인 면에서 평등(동일)해야 최적의 배분이 가능해지는 것이다. 따라서 남보다 흥하는 이웃이 있어서는 안 된다. 남보다 더 흥하는 이웃이 있다는 증거는 경제학이 그리는 이상향인 니르바나, 즉 완전경쟁균형에 역행하는 일이다. 모두가 같이 흥할 수 없다면 받아들일 수 없는 결과이다. 이러한 관점에서 기업규모의 불균형이나 부나 자원의 불평등소유를 시정하는 것은 경쟁을 촉진시킴으로써 완전경쟁균형을 달성할 수 있는 환영할 만한 일이다. 그래서 오늘날 세계 거의 모든 나라의 공정거래법이 추구하는 이상적인 시장이란 바로 완전경쟁모형이 그리는 시장에 다름 아니다. 지나친 단순화의 위험은 있지만 이것을 주류경제학의 세계관이라 할 수 있을 것이다. 그래서 이러한 세계관하에서는 현실적으로 발생하는 경제적 불평등은 이 세상의 모순이라 생각하기 쉽다. 이러한 세상에서는 흥하는 이웃이 있으면 내가 망한다는 세계관이 쉽게 자리 잡게 된다. 공교롭게도 이러한 세계관은 부자와 빈자 간의 계급투쟁과 부의 불평등이라는 자본주의 모순론의 원류이면서 사회주의, 공산주의 이념의 바탕이 되는 "흥하는 이웃이 있어 내가 망한다."는 칼 마르크스의 세계관과도 일맥상통한다. 그래서 완전경쟁모형은 사회주의 계획경제의 기초가 되기도 하고, 주류경제학은 평등주의적 재분배 사회정책을 부담스럽게 생각하지도 않는다. 그래서 주류경제학은 민주주의 정치의 평등이념이 주도하는 포퓰리즘 정치로부터도 자유롭지 못한 것이 현실이다.

그러나 우리의 자본주의 신 발전원리에 의하면 이상과 같은 배분경제학적 세계관은 논리적으로 발전경제학적 세계관과 충돌할 수밖에 없다. 우리의 신 발전원리는 이미 경제적 차별과 차등, 다름이 모든 발전의 본질적 현상임을 확인하였다. 그리고 발전하는 경제는 모두 같아지지는 않지만 반드시 동반발전을 수반하며, 모두를 절대적으로 향상시킨다는 점도 확인하였다. “흥하는 이웃이 있어야 나도 흥한다”는 명제가 발전경제학의 기본원리인 것이다. 그래서 이념이나 정의와 공정의 개념에 대한 발전친화적 관점의 재정립도 필요함을 확인하였다. 또한 이러한 세계관하에서는 항구적, 호혜적 만남이 중요하다. 배분경제학은 ‘시장’을 중시하고 조직은 이단아 취급하지만, 발전경제학은 시장도 중요하지만 ‘조직’의 발전에의 기여를 높이 평가한다. 조직은 항구적, 호혜적 만남의 전형이며 새로운 창발의 모체이다. 그래서 발전경제학은 기업과 정부라는 조직의 역할을 긍정적으로 평가하게 된다. 시장과 정부, 혹은 시장과 기업조직은 더 이상 ‘시장이냐 정부냐’ 혹은 ‘시장이냐 기업조직이냐’ 하는 이분법적 선택의 대상이 아니라, 서로 보완적으로 자본주의 경제의 발전을 이끄는 필수불가결한 협조자들이다. 시장, 기업, 정부 3자 모두 경제발전에 없어서는 안 될 필수적 요소들이다. 특히 기업조직은 시장의 영역을 확대하는 시장개척자이다. 그래서 자본주의경제를 시장경제라 하기보다 ‘기업경제’라 부르는 것이 더 적절하다 했다.

자본주의 경제는 기업의 성장 없이 발전할 수 없다. 따라서 성장하는 기업을 우대하는 경제만이 발전을 만들어낼 수 있다. 우리 모두는 경쟁력 있는 기업이 공급하는 재화와 서비스를 선호한다. 은행도 투자자도 경쟁력 있는 기업을 선택하여 이에 더 많은 지원을 한다. 근로자도 경쟁력 있는 기업을 선호한다. 그래서 시장을 구성하는 우리 모든 경제주체들은 강한기업을 선택하여 더 지원함으로써 그 기업에 더 많은 자원을 집적시키는 일을 한다. 시장은 그래서 경제력 집중과 경제적 불평등을 조장하는 일을 한다. 우리는 이런 시장의 기능을 경제적 차별화기능이라 불렀다. 그러나 한편 인간은 평등을 선호하는 수평적 세계관의 소유자로서, 바로 자신들이 만들어내는 경제력집중이나 경제적 불평등을 혐오하기도 한다. 경제적 자유와 그에 따른 경제적 차등을 선호하는 수직적이고, 발전친화적 세계관의 인간상은 경제력의 차이와 집중을 인정함으로써 경제발전에 기여하지만 또 다른 반대의 수평적이고, 발전 역행적 인간상은 항상 거대기업의 횡포니 재벌의 횡포니 하며 경제력 집중을 혐오한다. 이 두 가지 서로 상반되는 인간상의 합이 바로 우리 인간이다. 경제발전의 문제는 우리가 어떤 인간상을 더 중시하느냐의 문제이다. 흥하는 이웃을 우대하는 발전친화적 경제제도를 정착시킴으로써 전자의 인간상을 적극 수용하고 키워내는 사회는 경제발전의 역동성을 만들어내지만, 역으로 흥하는 이웃을 폄하하는 발전역행적인 평등주의 경제제도를 구축하여 후자의 인간상을 더 선호하여 키워내는 사회는 경제발전의 정체를 대가로 지불하게 된다.

한편 인류는 역사상 최고로 민주정치가 만개한 21세기를 맞이하였다. 그러나 선진국도 후진국도 아주 일부국가들을 제외하면 그 경제적 성과는 기대에 못 미치고 있다. 세상은 보다 더 통합되고 시장은 더 확대되고, 소위 경제성장의 원천이라는 자본과 노동, 기술에 대한 접근은 그 어느 때보다도 더 용이해졌지만 우리가 추구하는 보다 더 많은 일자리와 더 평등한 부는 점점 더 요원해지는 듯하다. 모두가 소위 소득과 부의 양극화라는 칼 마르크스의 자본주의 모순관을 확인하는 듯하다. 인류는 지난 반세기 이상을 수정자본주의와 사회민주주의라는 이상을 내걸고 바로 부의 불평등 해소를 위해 노력해왔지만 그 결과는 기대에 미흡한 것이다.

우리는 지난 반세기를 소득과 부의 평등이라는 정치이념을 내건 포퓰리즘 민주주의시대였다고 본다. 그리고 바로 이것이 오히려 없애려던 양극화를 조장해온 원인이었다고 본다. 왜냐하면 경제적 평등을 내건 포퓰리즘 민주주의는 결코 시장의 차별화기능과 같이 갈 수 없기 때문인 것이다. 그럼 우리의 자본주의 신 발전원리는 무슨 대안을 제시할 수 있는 것인가? 소득과 부의 불평등을 최소화하면서 지속가능한 발전을 담보할 수 있는 새로운 패러다임은 무엇인가?

오늘날 일인일표의 민주정치하에서 재분배 사회정책은, 그 명분이 부와 소득의 평등분배를 위한 것이든 아니면 공동체의 존속을 위한 최소한의 소득수준을 담보하기 위한 것이든, 공동체관리자인 국가에 주어진 일종의 명령이나 다름없다. 따라서 재분배정책은 민주주의 정치를 버리지 않는 한 피할 수 없는 필요악이 되었다. 이제 이분법적 흑백논쟁으로 흐를 수밖에 없는 "재분배 사회정책을 해야 하나 말아야 하나" 하는 논쟁은 큰 의미가 없게 되었다. 보다 현실적으로는 오히려 국가의 공동체관리기능을 감안할 때, 어떤 재분배사회정책이 경제발전과 상충되지 않고 지속가능한가? 라는 질문을 던지는 것이 실용적일 수밖에 없게 되었다. 이제 불행하게도 국가, 혹은 경제학이 할 수 있는 일이란 지속가능한 재분배사회정책의 내용을 선별하는 일에 불과할 수밖에 없게 되었다. 어떤 재분배사회정책이 지속가능한가? 본서의 답은 재분배사회정책에 동기부여기능을 가미함으로써 경제발전정책과 상충되지 않을 때라야 지속가능한 재분배사회정책을 유지할 수 있다는 것이다. 이런 정책은 음지의 국민들을 양지로 이끌어내는 동기부여장치가 내제된 재분배사회정책을 의미하는 것으로 이를 일컬어 "차별화된 재분배사회정책"이라 명명할 수 있을 것이다. 스스로 노력하는 자를 더 우대하는 차별적 인센티브구조가 결여된 획일적 무상복지, 성과와 연계되지 않은 보편적 복지는 동기부여기능을 수행할 수 없다. 일할 능력이 있는 공동체 구성원들에게는 항상 스스로 돕는 주체들에게 더 많은 인센티브가 제공되도록 그들의 노력과 성과에 따라 복지수혜가 더 가도록 정책을 구상할 필요가 있다.[1] 물론 일할 능력이 없는 주체들에게 삶의 최저수준을 보장하도록

1. 미국은 1975년 그동안 동기부여장치가 결여된 무차별적, 무상복지정책이 초래해온 수혜자

노력하는 일은 공동체가 해야 할 최소한의 책임일 것이다. 이런 동기부여 장치가 내제될 때라야 재분배사회정책도 발전친화적 정책이 될 수 있는 것이다. 또한 이렇게 되면 그동안 경제학의 난제였던 성장과 분배, 효율과 형평 등의 오랜 문제를 풀어낼 수 있는 길도 열릴 것이다.

이제 우리는 배분경제학적 세계관에서 발전경제학적 세계관으로 전환하는 노력이 필요하다고 주장한다. 그동안 경제학은 배분의 메커니즘으로서 '경쟁시장'은 강조해왔으나 경제발전의 원동력인 시너지의 창출원천인 비선형적, 호혜적 만남과 상호작용은 별로 중시하지 않았다. 한편 칼 마르크스적 계급투쟁의 자본주의 모순관은 수용하면서도 흥하는 이웃이 있어야 내가 흥한다는 호혜적 동반발전의 자본주의관은 깨닫지 못하였다. 부의 평등분배를 선호하는 평등주의 이념과 평등분배 사회정의관은 중시했지만 부의 창출문제는 소홀히 취급하였다. 그래서 인류는 20세기 후반을 배분경제학적 관점과 마르크스적 자본주의 모순관에 기초하여 재분배를 추구하는 평등분배 이념과 정의관을 기반으로 경제생활을 관리해왔으나 그 결과는 기대에 크게 못 미치고 있다. 세계 부의 변천사가 웅변하는 것은 이들 세계관에 기초하여 부의 평등을 달성하기 위한 경제운영은 부의 평등을 이루지도 못하면서 발전을 희생시키고 있

의 근로의욕저하문제를 완화하기 위해 EITC(Earned Income Tax Credit; 근로장려세제)라는 인센티브가 차별화된 소득보전정책을 채택했으며 우리나라도 2008년부터 도입시행하고 있는데, 이런 제도가 우리의 차별화된 재분배사회정책의 한 예가 될 수 있을 것이다. 전통적인 소득보전방식은 일정소득 이하의 계층에 대해서는 많이 일하나 적게 일하나 관계없이 획일적으로 일정수준의 소득을 보장하는 방식이기 때문에 많이 일하는 가계는 상대적으로 더 높은 한계세율을 부담하는 결과가 되어 결국 복지대상계층의 근로의욕을 떨어뜨리는 부작용이 있었다. 그런데 EITC제도는 소득이 일정 수준이하인 소득계층에 대해 소득을 보전하되 급여를 근로소득과 연계하여 열심히 노력하여 더 많은 근로소득을 올리는 가계에 대해서는 그만큼 더 많은 급여를 받을 수 있도록 하는 제도로서 저소득층이라 하더라도 근로성과에 따라 차별적 급여를 받도록 하여 일하고자 하는 동기를 강화하기 위한 것이다.

다는 점이다. 인류는 이제 모두 불행해지는 하향 평준화된 마차경제를 선택할 것인가 아니면 상대적 불평등이 있더라도 모두가 향상하는 자동차, 비행기경제를 지향해야 할 것인지를 고민해야 할 때가 되었다고 생각한다. 경제학도 배분경제학적 세계관과 자본주의 모순관에서 탈피하여 비선형적, 호혜적 만남의 발전경제학적 세계관으로, 그리고 이념도 사회정의관도 발전친화적으로 그 패러다임을 전환해야 할 될 때가 되었다고 생각한다.

[참고문헌]

고영선(2011), 「소득분배의 현황과 복지정책의 과제」, 10. 21, KDI(제도경제학회 월례세미나 발표자료).

그레고리 클라크(2009), 『맬서스, 산업혁명, 그리고 이해할 수 없는 신세계』, 이은주 옮김, 한즈미디어(Gregory Clark, 2007, *A Farewell to Alms: A Brief Economic History of the World*, Princeton University Press).

다니엘 돌링 · 마크 뉴만 · 안나 바포드(2009), 『리얼 아틀라스 리얼 월드』, 김화경 옮김, 디자인하우스(Daniel Dorling · Mark Newman · Anna Barford, 2008, *Atlas of the Real World*, W.W.Norton).

로버트 라이시(2011), 『위기는 왜 반복되는가?』, 안진환 · 박슬라 옮김, 김영사(Robert Reich, 2011, *After shock: The Next Economy and America's Future*, Vintage).

리처드 도킨스(2007), 『만들어진 신: 신은 과연 인간을 창조했는가?』, 이한음 옮김, 김영사(Richard Dawkins, 2007, *The God Delusion*, Transworld).

리처드 탈러 · 캐스 선스타인(2009), 『넛지: 똑똑한 선택을 이끄는 힘』, 안진환 옮김, 리더스 북(Richard Thaler · Cass Sunstein, 2008, *Nudge: Improving Decisions about Health, Wealth, and Happiness*, Penguin Books).

마이클 샌델(2010), 『정의란 무엇인가?』, 이창신 옮김, 김영사(Michael Sandel, 2009, *Justice : What's the Right Thing to Do?*, Farrar Straus Giroux).

매트 리들리(2001), 『이타적 유전자』, 신좌섭 옮김, 사이언스 북스(Matt Ridley, 1900, *The origins of virtue*, Penguin Books).

민경국(2007), 「롤스와 하이에크: 서민층과 자유주의」, 『철학과 현실』, 여름호.

밀턴 프리드만 · 로즈 프리드만(2003), 『선택할 자유』, 민병균 · 서재명 · 한홍순 역, 자유기업원(Milton Friedman · Rose Friedman, 1900, *Free to Choose*, Blackstone Audiobooks).

복거일(2005), 『정의로운 체제로서의 자본주의』, 삼성경제연구소.
스튜어트 카우프만(2002), 『혼돈의 가장자리』, 국형태 옮김, 사이언스 북스(Stuart Kauffman, 1995, *At Home in the Universe: The Search for Laws of Self-Organization and Complexity*, Oxford University Press).
스티븐 호킹 · 레오나르드 믈로디노프(2010), 『위대한 설계』, 전대호 옮김, 까치(Stephen Hawking · Leonard Mlodinow, 2010, *The Grand Design*, Transworld).
아나톨 칼레츠키(2011), 『자본주의 4.0』, 위선주 옮김, 컬처앤스토리(Anatole Kaletsky, 2010, *Capitalism 4.0: The Birth of a New Economy*, Readhowyouwant).
아담 스미스(2007), 『국부론』, 김수행 역, 비봉출판사(Adam Smith, 1776, *The Wealth of Nations: An Inquiry into the Nature and Causes of the Wealth of Nations*, W. Strahan and T. Cadell).
알렉시스 드 토크빌(2005), 『미국의 민주주의 II』, 임효선 · 박지동 옮김, 한길그레이트북스(Alexis de Tocqueville: translated by Arthur Goldhammer, 2004, *Democracy in America*, Penguin Putnam).
유경준 · 신석하(2012), 「한국경제의 고용창출능력은 저하되었는가?」, 1월, KDI.
유정호(2004), 『관치청산-시장경제만이 살길이다』, 책 세상.
이영희(2005), 『정의론』, 법문사.
존 롤스(2004), 『정의론』, 황경식 옮김, 이학사(John Rawls, 1999, *Theory of Justice*, Yale University Press).
좌승희(1998), 『진화론적 재벌론』, 비봉출판사.
_____(2002), 『기업의 본질에 대한 새로운 조명』, 한국경제연구원.
_____(2006), 『신 국부론』, 굿 인포메이션.
_____(2010), 『대한민국 성공경제학』, 일월담.
_____(2011), 「대한민국의 헌법과 경제질서-발전 친화적 경제질서의 모색」, 『Global Affairs』, 2011 가을호, 세종대학교.
_____(2012), 『발전경제학의 새 패러다임』, 율곡출판사(『진화를 넘어 차별화로』, 2008, 지평의 신판).
좌승희 · 김창근(2010), 『이야기 한국경제』, 일월담.
좌승희 · 황상연(2009), 「서브프라임 금융위기에 대한 새로운 해석: 반시장적 정부개입의 실패사례」, 『제도와 경제』 3권 2호, 한국제도 · 경제학회.
통계청(2010), 『한국의 사회지표』.
현경대(1988), 『신헌법』, 반문각.
한스헤르만 호페(2004), 『민주주의는 실패한 신인가?』, 박효종 옮김, 나남출판(Hans-

Hermann Hoppe, 2001, *Democracy: The god That failed,* Transaction Publishers).

Amsden, Alice H.(1989), *Asia's Next Giant*, New York and Oxford: Oxford University Press.

Beinhocker, Eric(2006), *The Origin of Wealth-Evolution, Complexity, and the Radical Remaking of Economics*, Harvard Business School Press.

Chang, Ha-Joon(1994), *The Political Economy of Industrial Policy*, St. Martin's Press.

Coase, Ronald (1937), "The Nature of the Firm," *Economica* 4, pp. 86-405.

_____(1960), "The Problem of Social Cost," *Journal of Law and Economics & Organization*, Vol. 3 (Oct.), pp. 1-44.

_____(1988a), "The Nature of Firm: Origin," *Journal of Law, Economics & Organization*, vol.4. No.1 (Spring), pp. 3-17.

_____(1988b), "The Nature of Firm: Meaning," *Journal of Law, Economics & Organization*, vol.4. No.1 (Spring), pp. 19-32.

_____(1988c), "The Nature of Firm: Meaning," *Journal of Law, Economics & Organization*, vol.4. No.1 (Spring), pp. 33-47.

_____(1992), "The Institutional Structure of production," *The American Economic Review*, Sept., pp. 713-719.

Dahl, Robert(1985), *A Preface to Economic Democracy*, Cambridge: Polity Press.

Dawkins, Richard(1976), *The Selfish Gene*, New York and Oxford: Oxford University Press.

Demsetz, Harold(1969), "Information and Efficiency: Another Viewpoint," *Journal of Law and Economics*, vol.12, pp. 1-22.

_____(2008), *From Economic Man to Economic System: Essays on human behavior and the Institutions of Capitalism*, New York: Cambridge University Press.

Eggertsson, Thra'inn(1990), *Economic Behavior and Institutions*, Cambridge: Cambridge University Press.

Friedman, Milton(1953), "The Methodology of Positive Economics" in *Essays in Positive Economics* (Part Ⅰ. Introduction), The University of Chicago Press.

Fukuyama, Francis(1992), *The End of History and the Last Man,* New York: Free Press.

Hayek, Friedrich Von(1982), *Law, Legislation and liberty*, London: Routledge and Kegan Paul Ltd.

Hedengren, David, Daniel B. Klein and Carrie Milton(2010), "Economist Petitions: Ideology Revealed", *Economic Journal Watch*, Vol. 7, Number 3,

September 2010, pp. 288–319.

Jwa, Sung–hee(2002), "Why Firms and Markets in Economics?", *Seoul Journal of Economics*, vol. 15, No.2.

_____(2005), Firms, Markets and Economic Development, paper presented at the AEA/ASSA Annual Meeting in Philadelphia, January.

_____ & Yoon, Yong (2012), "Economic institution and Development", in *Institutional Economics and National Competitiveness*, (ed. by Choi, Young B.) London, Routledge and Kegan Paul Ltd.

Little, Reg(2006), *A Confucian-Daoist Millennium?*, Connor Court Publishing Pty Ltd, Ballan, South Australia.

Maddison, Angus(2003), "The World Economy," historical statistics, Developmental Centre Studies, OECD.

Micklethwait, John, and Wooldridge, Adrian(2003), *The Company: A Short History of a Revolutionary Idea*, Modern Library(유경찬 역, 2004), 『기업의 역사』, 을유문화사.

North, Douglas(1990), *Institutions, Institutional Change and Economic performance*, Cambridge University press.

_____(1992), Transaction costs, Institutions, and Economic performance, Inter–national center for Economic Growth, San Francisco, California.

Parente, Stephen(2001), "The Failure of Endogenous Growth", *Knowledge, Technology, & Policy*, Winter 2001, vol. 13, No. 4, pp. 49–58.

Rawls, John(1963), Constitutional liberty and the concept of Justice, Nomos IV, *Justice*, New York, p. 102.

Romer, Paul(1986), "Increasing Returns and Long–Run Growth", *Journal of Political Economy*, 94 (5), 1002–10037.

_____(1990), "Endogenous Technological Change", *Journal of Political Economy* 98, (5), part 2, S. 71–102.

Schumpeter, Joseph(1974), *The Theory of Economic Development*, (trans–lated by Redvers Opie), Oxford University Press.

_____(1962), *Capitalism, Socialism, and Democracy*, Harper Torchbooks.

Sen, Amartya(2000), *Development as Freedom*, New York: Random House.

Simon, Herbert A.(1991), "Organization and Market", *The Journal of Economic Perspectives*, Vol. 5, No. 2(Spring), pp. 25–44.

[찾아보기]

ㄴ

ㄷ

ㄹ

ㅁ

ㅂ

ㅅ

ㅈ

ㅊ

ㅋ

ㅌ

ㅍ

ㅎ

[Abstract]

For the resolution of ideological disputes in economic policy

Philosophical Basis for Economic Development

An introduction to a positive theory of political economy

Sung-Hee Jwa

Richard Dawkins has recently tried to disprove the existence of the God, and Steven Hawking has also argued against the doctrine of creation and the existence of the afterlife. Both make strong cases against the existence of God and the afterlife. However, even if they are correct, their mission remains incomplete because human beings cannot live without a God and will soon search for another type of God. Therefore, it may be the case that, rather than disproving God, showing which type of God is good for you, your family, and your society and, from an economic standpoint, for the economic wellbeing of all of the seven billion people on earth is more worth while. We need to find a development-friendly God, as the type of God in which people believe can greatly influence their economic behavior and performance levels and therefore their economic wellbeing.

For ideology this works the same way. It is a view of the world which dictates the pattern of one's everyday life, in the economic as well as the social sphere. However, ideology stands outside of economic analysis. It not only constitutes informal institutions together with factors such as culture, convention, and norms but also affects the contents of formal institutions such as laws, rules, and regulations through the political process, as political parties tend to be formed along ideological lines. Ideology as a part of an economic institution greatly affects the society's rules of the game. However, to economists as well as economics, ideology is not an economic choice variable; it remains as an exogenous variable, as does God.

Who is the main player in the creation of economic institutions and economic policies to set the rules of the game? This would be the political party, driven by their political ideology, especially in this one-man-one-vote electoral democracy. Positive economics has only a limited role in leading the economic policy-making process. Economic policy-making has fallen into the hands of political philosophy, which is mostly beyond the reach of positive economics. Ideology becomes the key variable determining the economic policy regime, thereby affecting the economic wellbeing of people. By considering ideology as an exogenous variable, economics has in fact surrendered the role of the science of economic development. This book argues that developmental economics should be able to perform the task of selecting development-friendly ideologies on the basis of their respective effects on economic development, thereby reconstructing a positive theory of political economy.

This book seeks to develop an analytical framework with which to evaluate the development-friendliness of ideologies and thereby provide a basis for selecting an ideology suitable for economic development, from which the title of the book, "Philosophical Basis for Economic Development" arises. This book argues that ideology should be endogenized and chosen on the basis of its development-friendliness. From an economic standpoint, the criteria for choosing ideology should be its developmental contribution rather than its beauty or ideals. For this purpose, this book introduces a new developmental economic theory so as to provide a guideline for judging the development-friendliness of ideologies. This new theory was originally developed in another book by the same author entitled "A New Paradigm of Developmental Economics" (in Korean) by utilizing the complexity science, evolutionary economics, transaction cost economics, and new institutional economics.

The new theory rediscovers or argues that economic development is an emergent behavior of a complex economic system, the emergence of a critical mass of successful economic performers subject to the cultural evolutionary process which involves the propagation of success-knowhow (the developmental gene) through free replication by which the replicators free-ride on successful economic performers. It also argues that the market is an economically motivational discriminator which helps only those who help themselves. The market always supports successful economic performers and thereby creates economic differences among economic agents, through which it can motivate market participants to work hard and help themselves and therefore promote economic development. Therefore, economic motivation and economic development are impossible unless economic differences are allowed in the market. Finally, it is shown that the market fails in fully supporting successful economic performers and in creating critical mass of these performers because their success-knowhow tends to be free-replicated by followers. The market cannot, however, prevent such free replication due to the high transaction costs. Therefore, high economic performers tend to disappear from the market. The market alone fails in creating economic development, leading to developmental failure. Corporations, the emergent organization from the owner-managed small firm, can solve the market's (developmental) failure, because they, as an organization different from the market, can avoid transaction costs and therefore overcome the free-replication (free-riding) problems by treating high economic performers better within the organization. However, if successful, they also face the free replication of their success-knowhow by followers, and as a result, strongly performing corporations tend to disappear from the market. Good, high-performance corporations fail to occupy the market and generate the developmental process. The government can improve upon private market outcomes by solving developmental failures at both levels of individuals and corporations by adopting discriminatory institutions as well as policy regimes which help those agents who help themselves. For economic development, the government should serve as an economically motivational discriminator, akin to the market and thereby supplementing the market. Development, thus, requires the government and corporation as well as the market, all playing the role of an economic discriminator which treats economic differences differently by helping those who help themselves. Finally, this book supports the contention that economic discrimination is a necessary condition for economic development, whereas economic egalitarianism is a sufficient condition for economic stagnation.

Through this analysis, the theory clearly shows that any ideologies, political regimes and economic policy regimes and even economic arguments cannot be development-friendly regardless of their intention unless 1) the economically differential distribution of wealth, income, and resources among people, organizations, and regions are fully allowed; 2) the role of the corporation is fully recognized and promoted; and 3) the motivational-discriminator role of government is maintained. These are the key findings to be utilized as the criteria for judging the development-friendliness of ideologies.

As an extension of this theory, it is argued that a capitalist economy should be termed a corporate economy rather than a market economy. This is because the corporation has been shown to be more powerful concerning the creation of economic development than the market. Theoretically, the market alone, without the help of the corporation, cannot bring economic development. The corporation is the mechanism to expand rather than to cut back the extent of the market, as usually assumed in the literature led by the theory of firm centering on the theories of Ronald Coase. The growth of corporations is the engine of economic development, and economic development without such growth is an illusion. It is also shown historically as well as empirically that corporations have played a key role in the industrialization process and in the post-industrial, modern capitalist economy. Therefore, any ideology, political regime, economic policy regime and economic arguments will be development-unfriendly if they do not allow the growth of corporations and the creation of large corporations. In this context, it is also important to realize that the corporate organizational nature of the vertical command system and low transparency of internal transaction relative to the market transaction is the reason for the corporation's superiority over the market in dealing with transaction costs.

Based on this analysis, this book goes on to investigate the development-friendliness of specific ideologies, political regimes, economic policy regimes and economic arguments, as follows:

① Socialism, a social democracy, and a populist democracy which seek economic equality of outcomes are development-unfriendly.

② A liberal democracy, allowing economic differences in outcomes is development-friendly.

③ Marxian ideology is obviously development-unfriendly because it sees economic differences in market outcomes as a contradiction and considers that the capitalist system should be transformed into a system guaranteeing the equal economic outcomes.

④ Revised capitalism, or the Keynesian paradigm, is destined to become development-unfriendly and to be open to the populist argument because it regards the inequalities of market outcomes as factors to be rectified and equality-seeking income redistribution as the key role of government. Therefore, it tends to go against the market's discrimination function.

⑤ Hayekian neo-liberalism tends to be development-unfriendly because it does not suitably recognize the role of the corporation in supplementing the market as well as the motivational discriminatory role of government in the developmental process, while it rightly argues for the importance of economic freedom for economic development. The market to neo-liberal fundamentalists even becomes an ideology, like a God. Remember, the market alone is not enough for economic development.

⑥ Regarding the economic policy regime and economic argument, The mainstream neoclassical paradigm based on the perfect competition model is not development-friendly, as the strategic nonlinear interactions among the agents for success-knowhow propagation are not allowed and because the role of the corporation is very limited under the perfect information assumption.

This book also looks at the issue of social justice in the context of economic development. It is argued that the argument for distributive justice, seeking equal economic outcome, is misoriented and skewed too much towards the wealth and income distribution or redistribution issue without paying due attention to the issue of how to create the wealth and income before distribution. Therefore, the social justice argument used to be development-unfriendly because it always goes against the market's motivational discriminatory function by arguing that the government should intervene against the market outcome. This book recommends that economic philosophy regarding economic differences in market outcomes as normal rather than as contradiction should be established for economic development by respecting and helping those who help themselves rather than seeking economic equality.

This book briefly reviews the history of world development by applying a new theory to determine if the North-East Asian era will arrive by catching up to the west and if the Korean economy can catch up to the Japanese economy. The key issue for answering these questions is connected to who will maintain or revive the motivational discriminatory function of government. It is clearly observed that the world has been moving towards and/or trapped under development-unfriendly political and economic policy regimes since WWII with only a few exceptions; social democracy and revised capitalism supplemented by redistribution policies, both of which go against the motivational discriminatory roles of markets, corporations and governments.

This book also briefly reviews the modern history of the Korean economy. It is argued that Korea's developmental era from the 1960s to the 1980s can be identified as an era of the strong government role of an economically motivational discriminator helping only those who help themselves and thereby motivating all Korean people as well as corporations and awakening the can-do spirit, whereas the 30 years since the late 1980s can be considered as the era of an egalitarian trap that discriminates against those who help themselves, thereby de-motivating people and resulting in a long-term declining growth trend.

This book suggests that an ideology believing that the capitalist economy is an economically unequal contradictory system and therefore that prospering neighbors harm our economic future will always be development-unfriendly whereas an ideology believing that prospering neighbors benefit us because we can learn success-knowhow freely from these types of better neighbors will tend to be development-friendly. It is further argued that the latter ideology is a more correct and objective view of a modern capitalist economy. From this standpoint, the situation known as economic polarization is argued to be a side effect of egalitarian intervention against the market by asocial democracy or by a revised capitalist system rather than the intrinsic nature of capitalist economy. It should therefore be rebranded as a process that makes everybody economically standardized downward through economic de-motivation.

For a brighter economic future for the seven billion people on earth, this book suggests that the current social policy regime, helping everybody equally and thereby de-motivating people, should be transformed into a development-friendly social policy regime that helps those who help themselves, thereby motivating people to move up the vertical ladder. For this purpose, social policy should introduce a built-in differential incentive system which helps those who help themselves to thereby motivate rather than de-motivate the beneficiaries of social policy. This modified social policy can be termed a discriminatory social policy. At the same time, the burden of high performing people to fund social policies should and can be alleviated with this new regime of discriminatory social policy. The modified regime may be an improvement on the current regime which has led to downward economic standardization for all.

좌승희

KDI 국제정책대학원 초빙교수

서울대학교 경제학부 겸임교수

한국제도 · 경제학회 회장 역임

한국비교경제학회, 한국규제학회 회장 역임

경기개발연구원 원장 역임

서울대학교 국제대학원 초빙교수 역임

한국경제연구원 원장 역임

KDI 선임연구위원 역임

미연방준비은행, Economist 역임

UCLA대학원 경제학 박사

서울대학교 경제학 학사, 석사

저서

『발전경제학의 새 패러다임』, 2012, 율곡
『좌승희 박사의 대한민국 성공경제학』, 2010, 일월담
『하룻밤에 읽는 이야기 한국 경제』(공저), 2010, 일월담
『진화를 넘어 차별화로』, 2008, 지평
『신국부론』, 2006, 굿인포메이션
『명령으로 안되는 경제』, 1999, 나남
『진화론적 재벌론』, 1998, 비봉
『내생적 금융제도론』, 1995, 다산
A New Paradigm for Korea's Economic Development: From Government Control to Market Economy, 2001, London: Palgrave(formerly Macmillan Press Ltd).
The Evolution of Large Corporations in Korea: A New Institutional Economics Perspective of the Chaebol, 2002, London: Edward Elgar Publishing Ltd.